NCS(국가직무능력표준) 기반의 자격 취득 기본서

커피 바리스타

한국외식음료연구회 편저

신화

머리말

인류와 음료의 필요조건, 오랜 세월 인류와 함께 해온 음식인 음료는 생존을 위해 필요했던 과거에서 벗어나 문화로서 자리하며 그 존재의 가치를 더해가고 있다. 과학과 의료 기술의 발전과 더불어 이젠 문화의 가치는 특정 계층만이 누리는 것이 아닌 대중들 모두가 즐기는 사회적 현상이 되었다. 그 결과 인류의 기본 욕구인 식생활은 문화와 결합하며 세분화되고 전문화되어 인류의 삶을 더욱 윤택하고 풍요롭게 만드는 가교 역할까지 하고 있다.

그 중 커피의 문화적 발전은 현대에 들어서 질적으로나 양적인면 모두에서 제 2의 르네상스라고 할 수 있을 만큼의 평가를 받고 있다.

이제 커피 산업은 다양한 제품의 생산과 유통은 물론 관련 산업 전반으로 확대되며, 커피로 인한 경제적가치가 하나의 독립된 산업으로 인정받을 만큼 자리 잡았다.

이 교재는 커피산업의 중심에서 사업체의 경영자나 관리지인 바리스타가 익히고 학습해야 할 내용들을 담아내기 위해 학계, 업계 전문가로 구성된 저자들이 NCS(국가직무능력표준)를 기반으로 심사숙고하여 완성하였다.

현장에서 바리스타가 가져야 할 직무적인 역량을 우선으로 하여 교육 과정과 교재를 선정해야하는 향후 교육환경을 반영하여 카페 경영자, 커피바리스타, 학생, 교육자들의 교육 지표가 되어 커피바리스타 기본서로서 모든 독자들의 학습에 도움이 될 수 있기를 바래본다.

저자 일동

Contents

Chapter 01 커피 알아보기

Chapter 02 커피 원두선택

Chapter 04 커피 그라인더 운용

Chapter 05 커피추출

Chapter 06 커피음료 우유 스티밍

Chapter 07 에스프레소 커피음료 제조

부 록

Chapter 01

커피 알아보기

1.1 커피의 유래와 전파에 대해서 알아보기

1.2 커피의 품종과 주요 생산지에 대해서 알아보기

1.3 커피의 재배와 수확 및 가공에 대해서 알아보기

Coffee Barista

1.1 커피의 유래와 전파에 대해서 알아보기

1. 커피의 기원과 어원에 대해서 알아볼 수 있다.
2. 시대에 따른 커피의 전파에 대해서 알아볼 수 있다.
3. 시대에 따른 국가별 커피의 역사에 대해서 알아볼 수 있다.

필요지식

01 커피의 유래

고된 노동자와 수도승의 졸음을 쫓아주던 신의 선물 커피열매는 6~7세기경 최초로 발견된 것으로 추정된다. 한편 원예학자들은 현재까지 자라고 있는 야생종을 근거로 아프리카의 고대왕국인 아비시니아Avysinia(현재의 에티오피아Ethiopia)가 커피의 기원이라 보고 있다. 문헌상 최초 기록은 아라비아의 내과 의사인 라제스Rhazes의 의학서적에서 찾아 볼 수 있다.

인류의 사랑을 받으며 일상 속에 스며든 커피의 기원은 여러 가지가 전해지고 있으나 크게 두 가지 설이 유력하다.

커피의 기원Origin of Coffee

칼디Kaldi의 전설

6~7세기경 아프리카 에티오피아의 염소 치는 목동 '칼디'는 자신의 염소들이 풀숲에 있는 붉은 열매를 따 먹고는 흥분하여 이리저리 뛰어오르더니 잠을 자지 못하는 광경을 목격한다. 이를 이상히 여긴 칼디는 염소를 따라 열매를 따 먹어 보았는데 점점 기

분이 상쾌해지고 기운이 넘치는 것을 느끼게 되고, 가까운 수도승에게 설명하였으나, 수도승은 이를 악마의 열매라며 불에 태워 버린다. 하지만 열매가 태워지며 나는 그윽한 향기에 매혹되어 그것을 가져다 물에 타 먹어 보았더니 머리가 맑아지고 기운이 나는 것을 느낀다. 그리하여 수도승은 자신의 설법을 들을 때마다 잠이 드는 제자들에게 이 음료를 마시게 하여 졸음을 막았다고 한다. 이로 인해 커피는 여러 사원으로, 전 세계로 점차 퍼져 가기 시작한다.

오마르Sheik Omar의 전설

아라비아Arabia에서 전해지는 이야기이다. 1258년 아라비아의 수도승인 오마르는 성지순례를 하던 중 예멘의 모카 마을에 역병이 돌아 난리를 겪고 있는 환자들을 치료해주었다. 그러다 수호성주 딸의 불치병을 고쳐주고는 그녀와 사랑에 빠졌다는 모함을 받아 오우삽Ousab 산으로 추방당하게 된다. 굶주리며 산속을 헤매던 그는 새 한 마리가 붉고 아름다운 열매를 쪼아 먹는 것을 발견하게 된다. 그러나 빨간 열매는 보기와 달리 매우 쓴맛이 나서 날로 먹을 수 없었기 때문에 물에 넣어 끓여 마셨는데 신기하게도 온몸의 피로가 풀리고 하루 종일 힘이 솟는 것처럼 느껴졌다. 열매를 먹고 활기를 찾은 오마르는 열매의 효능을 가지고 또 다시 많은 환자들을 구하게 되고, 그를 추방했던 영주는 뒤늦게 오해한 사실을 깊이 뉘우치고 죄를 사하여 다시 마을로 불러들인다. 또한 오마르를 위해 암자를 지어주었고, 그는 성자로 추대 받으며 커피를 전파하였다.

커피의 어원

커피의 어원은 크게 두 가지 견해로 나눠진다. 첫째로는 커피가 처음 발견되었다고 알려진 칼디의 전설 속에 나오는 에티오피아의 지명 '카파Kaffa'라는 견해이다. 이는 아랍어로 힘을 뜻하는 말로 커피의 어원이자 커피나무가 야생으로 자라는 곳이다.
이 말이 터키를 거쳐 유럽으로 전파되면서 아래와 같이 변형되었다고 추정한다.

국가별 커피의 명칭

국가	명칭	국가	명칭	국가	명칭
터키	Kahweh	프랑스	Café	이태리	Caffè
독일	Kaffee	네덜란드	Koffie	영국	Coffee
일본	コーヒー	러시아	Kophe	말레이시아	Kawa
베트남	Cà phê	에스페란토	Kafva	덴마크	Kaffe
핀란드	Kahvi	헝가리	Kave	폴란드	Kawa
루마니아	Cafea	크로아티아	Kafa	세르비아	Kava
스웨덴	Kaffe	그리스& 캄보디아	Kafe	체코 슬로바키아	Kava

또 다른 견해로는 아랍어인 '카와Kahwa'라는 학설이 있다. 이는 '기운을 돋우는 것'이라는 의미로 커피를 마신 후의 기운이 술을 마셨을 때와 비슷하다 하여 와인을 칭할 때 불려 지던 용어였으나, 술이 금지된 이슬람교도들 사이에서 점차 커피로 바꿔 부르게 되었을 것이라 추측한다.

02 커피의 전파

1600년대 이전

10세기 경 아라비아 의학자 라제스가 저술한 '의학백과서'에 커피나무 열매의 효능이 기록되어있다. 그는 커피를 '번컴Bunchum'이라고 적었는데, '따뜻하면서도 독한, 그러나 위장에 유익한 음료'라고 표현했다. 이어 서기 1000년 경 무슬림 의사이자 철학자였던 아비세나Avicenna는 커피나무와 생두를 '분Bunn', 그 음료를 '번컴'이라고 구별해 적으면서 약리효과도 기술했다. 커피는 초기에 약용, 식용으로 사용되어졌으나 이슬람 제국에 의해 점차 음료로 발전되었다. 에티오피아의 야생에서 자라던 커피는 11세기 경 수피교 지도자인 알리 벤 오마르 알 샤딜리Ali ben Omar al-Shadili에 의해 예멘으로 옮겨지게 되었고 이 곳에서 대량 경작이 처음 시작되었다. 12~13세기에 걸친 십자군원정은 이슬람지역을 침입한 십자군 기사들에 의해 커피의 맛이 유럽으로 전파되는 계기가 된다. 13~15세기 무렵 종교 수행자들에 의해 커피가 이집트와 예멘을 거쳐 페르시아 지역의 터키와 북아프리카 지역으로 전파되면서, 1575년 이스탄불에 최조의 커피 하우스 '키브 한Kiv Han'과 '카흐베하네kaveh kane'이 생겨난다. 카흐베하네는 사람들이 장기놀이를 하고 대화를 즐기며, 노래와 음악과 춤이 있는 화려하고 유쾌한 장소이다. 이곳을 중심으로 사교와 사업이 이루어졌고, 커피 한 잔 값만 지불하면 누구든지 자유롭게 드나들 수 있어, 이슬람 전역에 카흐베하네의 숫자는 급속도로 늘어났다.

1600년대~1700년대

과거 예멘Yeman의 모카Mocha항은 커피의 주요 수출 항구였다. 16세기 유럽 각 국의 커피 수요가 증가하며 엄청난 부를 누리게 되었고 이로 인하여 커피재배는 이슬람 제국에 의해 철저히 독점되었다. 또한 이를 유지하기 위해 이슬람 세력의 강력한 보호와 외부인의 커피농장 방문이 금지되었으며, 원두를 수출할 경우 생두에 열을 가해 발아가 되지 않도록 승인 했는데 이것이 모카 항을 통해서 수출된 커피를 '모카'라 부르게 되는 계기가 되었다.

1600년경 인도 출신의 바바 부단Baba Budan이라는 이슬람교 승려가 아라비아로 성지 순례를 왔다가 돌아가는 길에 커피 종자를 몰래 숨겨와 인도의 마이소르Mysore지역에 커피를 심었는데 여기서 싹이 나고 열매를 맺는데 성공하며 인도 전체로 퍼져나갔다. 17세기 말, 인도의 실론 섬에서 소규모 커피농장을 경영하던 네덜란드 인이 커피묘목을 자바에 옮겨 심어 재배에 성공하였고, 자바의 묘목을 본국 암스테르담 식물원에 보낸 것을 계기로 본격적인 커피나무 연구가 시작된다. 그 후 커피는 유럽에 빠르게 전파되었고, 제국주의 강대국들이 인도와 인도네시아 등의 아시아 식민 국가들에 커피를 대량으로 재배하면서 전 세계에 알려지는 계기가 되었다.

03 국가별 커피의 역사

유럽의 전파

16세기 독일, 이탈리아, 네덜란드의 식물학자와 여행가들에 의해 지중해 동부로부터 커피에 관한 정보가 전해지고, 1615년 베니스의 무역상들이 처음 커피를 유럽에 소개하며 빠른 속도로 퍼져나갔다.

네덜란드Netherlands

커피 묘목을 지켜내려는 이슬람 제국의 철저한 통제는 유럽인들에게 점차 커피가 주요 기호품이 되면서 소비량 급증으로 인한 수요증가로 마침내 네덜란드 동인도회사에 의해 무참히 깨지고 만다.
1616년 네덜란드 상인 '피터 반 덴 브뢰케Piter van den broecke'는 모카에서 커피묘목을 네덜란드로 가져오는데 성공하고, 1658년 식민지였던 실론 섬에서 커피를 경작하기 시작한다. 또 일부는 1650년 이슬람 수도승인 바바부단이 성지 순례 중 커피종자 7개를 밀반출하는데 성공하게 되면서 1695년 인도 말라바 마이소르 Malaba Mysore 지역에 재배하기 시작하였다. 1696년에는 마이소르의 커피 묘목을 동인도회사의 감독관이었던 니콜라스 위트슨에 의해 네덜란드로 가져와 온실재배에 성공하고, 그것을 당시 네덜란드 식민지였던 인도네시아의 자바 섬에 이식하여 재배하였는데, 이것이 오늘날까지 유명한 자바커피의 시작이다.

1706년 자바의 커피나무를 암스테르담 식물원에 이식하고, 재배에 성공하여 유럽의 유명 식물원에 배포되었는데 이로써 이슬람이 독점하던 커피교역이 유럽인의 손에 넘어가게 된다.

이탈리아Italy

1600년대 초반 터키 커피가 베네치아에 전해지자 가톨릭 신자들은 이를 아랍인들의 음료라는 이유로 '악마의 음료'라며 탄원을 한다. 논쟁이 계속되자 이 음료를 판결하기 위해 1605년 교황 클레멘트 8세(1592~1606)가 시음해 본 후 이교도들의 커피에 세례를 줌으로써 카톨릭 신자도 마실 수 있도록 공인한다.

이후 일부 귀족들과 상인들의 중심으로 커피가 유행처럼 널리 번져나갔다. 1645년 유럽 최초의 커피하우스가 이탈리아 베네치아 Venezia에 문을 열었다고 전해지며, 산마르코 광장에 가면 1720년에 문을 연 이탈리아 최고(最古)의 커피하우스인 '카페 플로리안 Cafe Florian'을 만나볼 수 있다.

프랑스France

1669년 루이 14세 때 '쉴레이만 아아Soliman Aga'가 마호메트 4세의 사절로 베르사유 궁전에서 접견할 당시 투르크식 커피를 내리는 모습을 보고 이를 계기로 프랑스 상류층에서는 커피를 담당하는 하인을 고용하는 것이 사회적 지위의 상징이 되었다. 1670년 프랑스 '디종'에서 커피 재배를 시도하였으나, 기후가 맞지 않아 실패하였고, 커피 재배에 거듭 실패하던 프랑스는 마침내 1714년 네덜란드 암스테르담 시장과의 조약에 의해 루이 14세가 커피나무를 전달 받아 파리의 식물원에서 온실 재배를 성공한다. 1720년 프랑스의 식민지인 마르티니크Martinique 섬에 복무하던 프랑스 해군장교 '가브리엘 마티유 드 클리외Gabriel marthieu de Clieu'는 커피나무를 프랑스에서 마르티니크 섬으로 가져와 재배에 성공하게 되고, 이 후 중남미 지역인 기아나, 아이티, 산토도밍고 등으로 전파되었으며, 이것이 대부분의 중앙아메리카, 남아메리카 멕시코 지역까지 커피 재배지가 확산되는 시작이 되었다. 1686년 이탈리아의 기업가 '프란체스코 프로코피오 콜텔리Francesco Procopio del Coltelli'에 의해 '카페 르 프로코프Cafe Le Procope'가 문을 열었으며, 이곳은 파리에 현존하는 가장 오래된 역사를 지닌 카페로 건재하다.

영국United Kingdom

1637년 터키 유학생에 의해 커피가 들어왔으며, 1650년 영국 옥스퍼드에 최초의 커피하우스인 '야콥스'가 레바논계 유태인인 야곱Jacob에 의해 문을 열었고, 1652년 파스콰로제Pasqua Rosee가 런던에 최초의 커피하우스를 열었다. 이후 수많은 커피하우스가 생겨났으며 1700년경에는 런던에 수천 개의 커피하우스가 개점할 정도로 급속도로 유행했다. 당시 커피하우스는 정치인, 학자, 예술가들이 주로 이용하였으며, 1페니만 내면 커피를 마시며 대화에 참여할 수 있어 '페니 대학penny university'이라고 불리기도 했다. 1688년 '에드워드 리로이드Edward Lloyd's'는 런던에 '로이즈 커피하우스'를 열었고 이곳은 항해정보, 해상무역, 보험 등의 중개소 역할을 하며, 세계적인 로이드 보험회사Lloyd's of London로 발전하였다.

1730년 영국은 자메이카에서 커피 재배에 성공하여 블루 마운틴 재배의 시작을 알렸다. 그러나 18세기 중반 이 후 정부는 식민지에서 수입된 막대한 양의 홍차 소비를 촉진하기 위해 홍차 장려 정책을 펼쳤고, 청나라와의 교역으로 자연스럽게 차 문화가 형성된다.

오스트리아Austria

1683년 오스만제국(터키)의 유럽정벌을 위해 벌였던 함스부르크(오스트리아)와의 비엔나 전투에서 정찰병 '콜쉬스키Kolschitzky'는 투르크 진영을 드나들며 전투를 승리로 이끌어 공로를 인정받아 전리품인 커피를 하사 받는다. 아랍문화에 익숙한 콜쉬스키는 커피의 가치를 알고 사업구상에 나섰고, 1683년 현재의 돔가세에 '푸른 병 아래의 집'이라는 오스트리아 최초의 커피하우스를 열었다. 당시 커피가루가 입에 걸리는 것에 대한 거부반응을 염두해 헝겊으로 가루를 걸러내는 방식을 선보여 인기를 끌었고, 여기에 설탕, 꿀, 우유를 더하는 빈 특유의 전통도 이때 생겨났다. 지금 빈의 남쪽에는 콜쉬스키의 이름을 딴 거리가 있어 아랍복장을 하고 커피를 따르는 조각상을 볼 수 있다.

아메리카의 전파

미국United States of America

커피가 신대륙인 미국으로 들어가게 된 것은 네덜란드인들이 뉴암스테르담(현재의 뉴욕)에 정착하기 시작한 1624년경이다. 1668년 영국으로부터 미국 버지니아 지방으로 전파되며 뉴욕, 필라델피아와 같은 동부지역에 커피하우스가 문을 열게 된다. 1670년 영국 식민지였을 당시, 보스톤에 '커트리지 커피하우스Gutturidge coffee house'라는 최초의 커피숍이 문을 열었고, 1696년 뉴욕에서는 '더 킹스 암스The king's Ams'가 최초의 커피숍으로 문을 열었다. 독립 이전까지 영국의 식민지였던 미국은 차를 주로 마셨으나, 1773년 차에 과도한 세금을 부과한 타운젠트 법안이 통과되며 일어난 보스톤 차 사건Boston Tea Party 이후 커피를 마시게 되었다. 이는 미국 독립운동의 계기가 되었으며 커피는 미국 독립의 상징이 되었다.

쉬어가기

보스턴 차 사건Boston Tea Party

미국 독립전쟁 전에 보스턴 항구에서 인디언으로 위장한 미국의 식민지 반군이 영국 동인도 회사(1602년 설립된 네덜란드의 무역회사로 1642년 32,000kg의 커피를 인도의 콜카타에 들여와 식민지인 스리랑카에 이식하였으나 병충해로 실패 후 대신 차를 심어 경작에 성공하였다.) 소유의 값비싼 차가 실려 있던 배를 파괴한 사건(1773.12.16.)이다. 이는 1773년 4월 영국의회가 차조례(茶條例)를 통과시켜 대중 음료였던 차에 막대한 세금을 부과하자 이에 식민지인들이 가장 강력히 저항한 사건이다. 그 보복으로 영국의회는 손상된 차를 배상할 때까지 보스턴 시의 해상무역을 봉쇄하는 보스턴 항구 폐쇄법Boston Port Bill을 포함하여 식민지들 사이에 참을 수 없는 법Intoerable Acts으로 알려진 일련의 징계조치를 통과시켰다.

아시아의 전파

일본Japan

1690년경 나가사키 섬의 네덜란드 상점을 방문한 소수의 사람들이 최초로 커피를 시음한 것을 시작으로 초기에는 커피 소비가 느리게 증가했다. 낮은 소득수준과 전통적인 녹차의 영향으로 일본 식문화에 지대한 영향을 미치지 못하였으나 네덜란드와 활발한 교역으로 인해 다양한 식문화와 국민소득향상으로 커피의 수입량도 급속하게 늘어나기 시작했다. 1854년 개항한 애도시대 말부터 메이지시대로 들어서며 커피의 수입량은 약 15만 톤 이상에 이르렀다. 일본은 자동판매기 보급이 확산되면서 캔 커피 문화도 발전시켰으며, 매년 10월 1일은 '커피의 날'로 정해져 있어 전국에서 다양한 행사가 열리고 있다.
1980년대 중반부터는 인스턴트커피 소비량보다 원두커피 소비량이 많아졌으며, 전 세계 블루마운틴 생산량의 90%를 소비할 만큼 커피 애호국이다.

쉬어가기

블루마운틴Jamaica Blue Mountain의 소비

1932년에 블루 마운틴의 생산량은 최고 155,000kg에 달하면서 품질 하락이 시작되었다. 그러나 1969년 일본은 막대한 자금을 지원하여 제품을 프리미엄 가격으로 전량 인수하고 품질을 향상시키고자 노력한다. 이후 3500feet 이상에서 생산되는 커피만 '블루마운틴'이란 명칭을 부여하고 엄선하여 출하하는 차별화에 성공하였다. 1992년 이후 1등급 커피의 90%를 일본으로 수출하고 나머지 10%만이 전 세계로 출하하고 있다.

우리나라Republic of Korea

1890년 최초의 미국 유학생인 유길준은 유학 중 유럽을 순방하며 쓴 '서유견문'을 통하여 커피와 홍차가 중국을 통해 조선에 소개되었고, 서양 사람들은 주스와 커피를 우리나라 사람들이 숭늉이나 냉수 마시듯 한다고 기록한 바 있다.
문헌에 의하면 "우리나라에서 최초로 커피를 마신 사람은 고종황제로 1895년 아관파천으로 러시아 공사관에 머물면서 커피를 마셨다."라는 기록이 있다. 1902년 러시아 공사 '칼 아이바노비치 베베르Karl Ivanovich Veber'의 처형인 독일의 '손탁Sontag' 여사의 영향으로 고종은 커피 애호가가 되었고, 덕수궁으로 돌아온 후 당시 정동에 정관헌(靜觀軒)이라는 서양식 건물을 지어 손탁에게 하사하였다. 이곳은 1897년부터 호텔로 운영하며 1층에 정동구락부라는 최초의 다방을 열어 고종과 대신들이 함께 커피와 다과를 즐기고 서양의 고전음악을 들었다고 한다. 당시 커피는 고위층에게 가배차

(珂琲茶), 평민들에게 가비차(加比茶), 일반민가에서는 커피를 서양에서 들어온 국물이라 하여 양탕(洋湯)이라 불려졌다.

한편 일본인 나까무라가 서울에 '다방 나까무라'라는 다방을 열게 되는데 이것이 최초의 근대식 다방이라고 전해지며, 이러한 일본식 다방은 일본 고위층만이 드나들던 곳으로 일반인들은 출입 할 수 없었다고 한다. 이곳을 시작으로 1920년대부터 명동, 충무로, 종로 등에 커피숍들이 다수 문을 열었고 사람들에게 알려지기 시작했다. 이 시기에 다방은 예술과 문학, 철학의 중심지였으며 주로 예술인들이 모여들어 삶과 사랑, 예술에 대하여 토론하는 장소였다. 1945년 이후 6.25를 겪으면서 가배차란 단어가 사라지고 미군이 주둔하면서 '커피'라는 단어를 사용하게 되었다. 원두커피 문화가 정착되어 있던 미국은 싸고 편리한 인스턴트커피를 만들어 냈으나 판매가 부진하여 제 2차 세계대전의 군사 보급물자로 쓰여졌고, 이것이 1950년 6.25전쟁 때 선진문명이 미군 부대를 통해 우리나라에 전해지면서 커피문화가 없었던 우리나라에 싸고 편리한 인스턴트커피가 일반인에게 대중화되기 시작하였다. 1970년 동서식품에서 국내 최초로 인스턴트커피를 생산하였으며, 1975년 세계 최초로 커피믹스 개발에 성공한다. 1990년에 점점 인스턴트커피의 인기가 사그라지고 원두커피 소비가 급속히 상승하며 국내에 미국식 테이크아웃 커피숍들이 소개되고, 1999년 7월에 이화여대 앞에 스타벅스 1호점이 문을 열면서 우리나라 원두커피문화가 정착한다.

Coffee Barista

1.2 커피의 품종과 주요 생산지에 대해서 알아보기

1. 커피의 정의와 구성에 대해서 알아볼 수 있다.
2. 커피나무의 재배조건과 커피벨트에 대해서 알아볼 수 있다.
3. 커피의 3대 품종별 특성과 주요 생산지에 대해서 알아볼 수 있다.

필요지식

01 커피의 식물학적 정의와 구성

식물학적 정의

열대성 상록교목Perennial evergreen으로 꼭두서니과Rubiaceae의 코페아coffea에 속하는 다년생 상록관목 쌍떡잎식물로 세계적으로 25종 이상이 분포하고 있다. 커피는 현재 약 70개국 이상의 국가에서 생산되고 있으며, 1753년 스웨덴의 식물한자인 린네Linnaeus에 의해 과학적인 연구가 시작되었다.

커피의 구성

커피나무

커피나무는 아프리카 에티오피아가 원산지이며 2대 원종(原種)에는 코페아 아라비카Coffea Arabica와 코페아 카네포라Coffea Canephora가 있다. 나무 높이는 보통 6~8m 정도이고 야생에서는 10m 이상도 자라지만 수확을 위해 계속해서 가지치기를 하여 나무의 키를 2m 정도로 유지시켜 준다. 커피나무의 잎은 1년 내내 진한 녹색을 띄고 광택이 나는 긴 타원형으로 두껍고 가장자리가 밋밋하다. 잎 모양은 아라비카 종은 가늘며 섬세하고, 로부스타 종은 아라비카 종에 비해 더 넓고 둥근 형태이다.

커피나무가 첫 꽃을 피우기 시작하는 시기는 1.5~2m까지 자라는 약 2년이 지나는 시점이며, 그때 지름은 약 10cm 정도로 가지는 옆으로 퍼지고 끝이 처진다.

또한 정상적인 열매를 수확할 수 있는 시기는 커피나무가 완전히 성숙한 시점인 심은지 3년이 지나서이며, 현재 상업적으로 재배되는 종은 아라비카Arabica, 로부스타Robusta, 리베리카Liverica 3가지이다.

커피 꽃

커피나무에 꽃이 피기 시작하는 시기는 산지에 따라 차이가 있으나, 심은지 2~3년이 지나면 첫 꽃을 피운다. 꽃잎은 흰색이며 항상 2~3개가 마주보고 피며 크기는 1cm 정도로 곁가지의 잎겨드랑이에 맺힌다. 자스민Jamine향과 비슷한 향이 나며 꽃잎은 아라비카 5장, 로부스타는 5~7장, 리베리카 7~9장이지만 개화하고 나서 2~3일 후면 바로 져버린다. 꽃은 보통 건기에 피게 되는데 우기와 건기의 구별이 명확하지 않은 적도지역에서는 1년에 여러 차례 꽃이 피기도 한다.

커피 열매

커피 열매는 식물학적으로 핵과(核果)이며, 붉은 체리를 닮아서 체리cherry 혹은 베리berry라고 부른다. 체리의 크기는 아라비카 종은 약 12~18mm, 로부스타 종은 약 8~16mm 정도로 동그랗고 가루받이 후 꽃이 떨어진 자리에 열매를 맺는다. 대체로 초기에 초록색을 띄던 체리는 익으면서 빨간색으로 변하는데, 브라질에서 발견된 아라비카 카투아이 아마렐로 종의 열매는 노란색을 띄기도 한다. 일반적으로 가지에서 가까운 부분이 먼저 익고 중간, 끝 순으로 익어간다.

보통 아라비카 종은 6~9개월, 로부스타종은 9~11개월 동안 지름 1.5cm 정도의 붉은색 열매로 성숙한다. 커피 체리는 과육은 달고 신맛이 나지만 과육이 차지하는 부분이 적어서 과일로 이용되고 있지는 않다. 씹을 때의 촉감은 대추와 비슷하다. 우리가 마시는 커피는 이 커피나무 열매 속의 씨앗을 분리하고 건조시켜 볶은 후 물에 녹는 성분만을 추출한 것으로, 이 열매 속의 씨앗을 '생두'라고 하며, 이 생두를 볶은 것을 '원두'라고 부른다.

커피열매의 구성

외피/외과피outer skin

잘 익은 커피 체리는 빨갛거나 노란 겉껍질 부분

과육pulp(펄프)

외과피를 벗기면 풋콩냄새가 나는 당과 수분이 풍부한 과육부분

내과피parchment(파치먼트)

펄프 속에서 생두를 감싸고 있는 단단한 껍질

은피silver skin(실버스킨)

내과피 내부에 있는 생두를 감싸고 있는 얇은 막

생두Green bean(그린빈)

커피열매인 커피체리에서 과육을 제거한 상태로 길이는 평균 10mm 정도이고 폭은 6mm 정도이다.

센터 컷center cut

생두 가운데에 나 있는 홈

평두Flat bean(플랫빈)

한 개의 체리 안에 평평한 면으로 마주보고 있는 2개의 생두

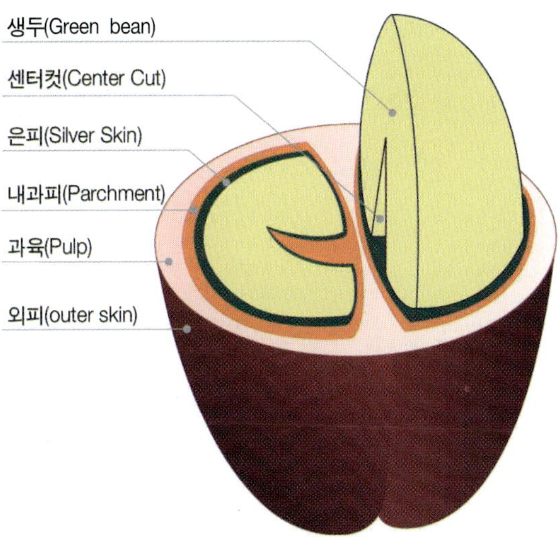

쉬어가기

피베리peaberry

일반적으로 체리 속에는 두 개의 생두가 마주보고 있는데 간혹 체리 속에 한 개의 작고 둥근 모양의 생두가 발견되기도 하는데, 이것을 피베리라 한다. 평균적으로 커피나무 한그루에서 생산되는 수확량의 10% 정도가 피베리이며 희소성이 가치 있게 여겨져 피베리만으로 구성된 생두를 스페셜티specialty로 판매하기도 한다. 일반적인 생두보다 신맛이 강하고 향이 뛰어난 것으로 알려져 있다.

02 커피나무의 재배조건과 커피벨트

커피나무의 재배조건

지형과 해발고도

평지나 약 경사의 배수가 잘되는 지형이 좋으며 해발 1000~3000m의 고지대에서 좋은 품종이 생산된다. 고지대에서는 재배가 쉽지 않으나 단단하고 밀도가 높아 향이 풍부하고 품질이 좋은 원두를 얻을 수 있다. 로부스타는 비교적 낮은 지대에서, 아라비카는 상대적으로 고지대에서 재배가 가능하다.

온도

연평균 기온이 15~24℃ 정도로 30℃를 넘거나 5℃ 이하로는 내려가지 않아야 하고 일교차는 19℃ 미만 이어야한다. 서리가 내리지 않아야 하며, 기온이 높을 경우 잎에 녹병이 잘 번성하고 -2℃ 이하에서 약 6시간 이상 노출 시 치명적인 피해를 입을 수 있다.

강우량

커피는 주로 열대성 기후의 강우량이 많은 곳에서 재배되며, 커피가 자라고 열매 맺는데 가장 이상적인 연간 강우량은 아라비카 1,200~1,500mm, 로부스타 1,500~2,000mm 정도이다. 강우량이 과할 경우 토양 침식으로 커피재배가 불가능함으로 열매가 맺을 때 까지는 우기, 열매가 맺고 나서는 건기가 계속되어야 좋은 품질이 나올 수 있다.

토양

커피 경작에 적합한 토양은 화산성 토양으로, 뿌리가 쉽게 뻗을 수 있는 다공질의 토양이 적합하고 점토는 70% 이하, 굵은 모래는 20~30% 이하가 좋다. 표토층은 깊이 2m 이상으로 깊고 투과성이 좋으며 약산성(pH5~6)이 적합하다.

바람과 일조량

일조량은 연평균 2,200~2,400시간 정도가 적당하며, 지나치게 강한 햇빛으로 건조할 경우 좋지 않다. 커피나무가 잘 자라기 위한 최적의 온도 조건은 연중 15~24℃사이를 유지하는 것이다. 이 이상 온도가 올라가면 광합성 작용이 둔화되고, 0℃근처까지 내려가면 서리 피해를 입게 되어 커피 경작에 막대한 피해를 입히게 된다. 이런 이유로 커피를 재배할 때 바나나나무나 아보카도나무 Shade Tree와 같이 잎이 넓고 큰 나무를 사이사이에 함께 심어 직사광선이나 서리, 강한 바람으로부터 커피나무를 보호한다. 이러한 재배방법을 쉐이드 그로운 커피shade grown coffee라 부르고, 반대로 쉐이딩을 하지 않고 햇살 아래에서 그대로 재배하는 방식을 썬 그로운 커피sun grown coffee라고 한다. 그늘진 나무숲이 아닌 일반 평지 위에 조성된 커피농장에서 주로 사용하는 방식이며, 현재 상업적으로 재배되는 거의 모든 커피의 일반적인 재배형태이다.

커피벨트Coffee Belt

적도를 중심으로 북위 28°~남위 30°의 해발 1,000~3,000m 사이의 열대, 아열대 지역, 일부 온대 지방이 커피 재배에 알맞은 기후와 토양을 갖추고 하나의 띠를 형성하고 있는데, 이를 커피벨트coffee belt 혹은 커피 존coffee zone이라고 한다. 이 중에서도 남북회귀선 23.5° 사이의 고산지대가 커피 재배의 최적지이다.

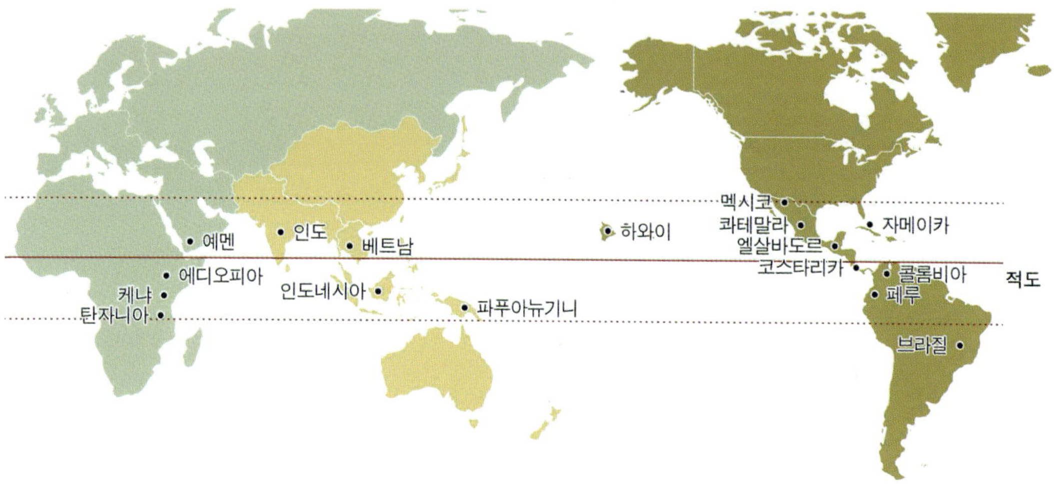

03 커피의 3대 품종과 특성

커피의 품종은 크게 아라비카, 로부스타(카네포라Canephora), 리베리카(라이베리카liberica) 세 가지로 분류되며 자연적으로 변이가 되거나 교배 품종을 포함하면 훨씬 더 다양하다. 로부스타는 카네포라를 대표하는 품종이기 때문에 통상 카네포라=로부스타로 통용된다. 이 세 가지 중 아라비카 종이 전 세계 산출량의 70%를 차지하며 30%는 대부분 로부스타 종이고, 리베리카 종은 커피나무의 키가 너무 커서(5~10m) 재배가 어렵고 과육이 두꺼워 가공 또한 어려워 아프리카 서부지역(기니)과 아시아의 일부지역

(말레이시아, 필리핀)에서만 아주 소량 생산되며, 로부스타에 비해 품질도 낮아 거의 자국에서 소비한다. 이 외에 자주 접하게 되는 종으로 엑셀사coffea excelsa가 있으며 야생에서 자라는 종으로 강한 신맛이 특징이다.

아라비카Arabica

아라비카는 가장 많이 소비되는 품종이며, 우리가 현재 즐겨 마시고 있는 원두커피의 대부분을(70%) 차지하고 있다. 원산지는 아프리카 에티오피아로 알려져 있으며 재배조건이 까다로워 건조한 기후, 서리, 병충해에 약하나 높은 지역에서 재배되어 밀도가 좋기 때문에 품질이 우수하다. 헥타르ha당 평균 1500~3000kg 정도 생산되는 품종이며, 씨앗을 발아시켜서 수확까지 3~5년이 걸린다. 단맛, 신맛, 감칠맛이 뛰어나 대체로 가격이 비싼 편으로 성장 속도는 느리지만 향미가 풍부하고 카페인 함유량도 낮은 편이다.

아라비카 종은 자연변이나 교배에 의해 각양각색의 품종으로 다시 나눠진다. 대표적으로 타이피카typica 종, 버본bourbon이 가장 오래되고 널리 알려진 품종이며, 전 세계적으로 카투라, 카투아이, 문도노보, 마라고지페, 카티모르 등의 변종이 생겨났다.

- 타이피카 종은 아라비카 원종에 가까운 품종으로 마르티니크 섬에서 전파된 커피나무의 종자로 2대 재래 품종의 하나이며. 모양은 긴 타원형이고 끝이 뾰족하고 좁은 편이다. 녹병CLR에 취약해서 생산성이 낮지만 상큼한 레몬향, 꽃향 등의 좋은 향기와 달콤한 뒷맛이 있는 품종이다.
- 버본은 작고 둥근 편이며 센터컷(생두 가운데 있는 굽은 도랑)이 s자형이며, 수확량은 타이피카에 비해 20~30% 많다. 타이피카종과 비교 했을 때 버본 종의 나뭇잎이 넓고 체리는 더 둥글며 작고 밀도가 높다. 버본은 와인에서 느낄 수 있는 새콤한 맛, 달콤한 뒷맛 등이 느껴지는데 이것을 버본 플레이버bourbon flavor

라고 부르기도 한다. 콜롬비아, 중앙아메리카, 아프리카, 브라질, 케냐, 탄자니아 등에서 주로 재배되고 있다.

- 카투라Catura 종은 브라질에서 발견된 버본의 변이 품종으로 1937년 상업적으로 재배되기 시작했다. 녹병에 강해 비교적 생산성이 높고 레몬과 같은 상큼한 신맛이 있으나, 타이피카나 버본 보다 단맛이 적으며 생두의 크기가 작고 단단하다.
- 켄트Kent 종은 인도 고유의 품종으로 생산성이 높고 녹병에 강하다.
- 문도노보Mundo Novo는 버본과 타이피카의 자연 교배종으로 1950년 브라질에서 재배하기 시작했으며, 환경적응력이 좋고 병충해에 강해 현재 카투라, 카투아이와 함께 브라질의 주력상품이다.
- 카투아이Catuai는 문도노보와 카투라의 교배종으로 병충해와 강풍에 강하고 매년 생산되나 생산기간이 10년으로 짧은 것이 단점이다.
- 마라고지페Maragogype는 타이피카의 변종으로 일반 생두에 비해 비정상적으로 크며 코끼리빈Elephant Bean으로 불린다. 브라질의 마라고지페라는 곳에서 처음 발견되었으며, 부드럽고 미묘한 단맛을 지녔지만 생산성이 낮다.
- 카티모르Catimor는 1959년 포르투갈에서 처음 시도된 품종으로 아라비카종인 카투라와 로부스타종인 티모르의 교배종으로 병충해에 강하고 생산성이 높아 동아프리카에서 재배되기 시작했다. 신맛과 함께 후미에서 짠맛이 느껴지는 품종이다.

로부스타Robusta

로부스타는 19세기말 콩고에서 발견 되었으며, 평지와 해발 800m 이하의 저지대에서 자란다. 전체 생산량의 30% 정도를 차지하는 품종으로, 전제적으로 동그라며 센터 컷이 일자이고 위가 평평한 모양이다. 아라비카에 비해 병충해에 강하고 성장이 빠르며 고온 다습한 저지대에서도 무난하게 자란다. 생육조건이 까다롭지 않으나 아라비카 품종에 비해 향기가 부족하며 신맛이 거의 없고 쓴맛이 강하기 때문에 원두커피보다는 대부분 인스턴트커피나 다른 커피와 배합하여 저렴한 레귤러커피의 재료로 많이 쓰인다. 그러나 품질과 맛이 뛰어난 일부 로부스타 생두는 아라비카보다 비싼 가격에 거래되기도 한다. 주요생산지는 베트남 등 동남아시아 국가이다.(마다카스카르, 우간다, 콩고, 카메룬, 코트디부아르, 인도, 인도네시아, 타이, 베트남)

리베리카Liberica

리베리카는 서부열대의 고온 다습한 저지대에서 재배가 가능하고 수확량도 많다. 쓴맛이 강해 수요가 주로 자국에서 소비되고 있으며 종자개량을 위한 연구용으로 재배되고 있다.

아라비카와 로부스타의 특징 및 재배조건

아라비카

생장조건이 까다로운 아라비카종은 연평균 기온이 15~24℃, 최저 5℃ 이하로는 내려가지 않아야 하며 30℃ 이상으로 올라가지 않아야 한다. 서리가 없고 일교차가 크며, 짧지만 강한 햇볕과 서늘한 바람, 그리고 화산재가 덮여있는 배수가 잘되는 다공질의 비옥한 토양으로 2m 정도 되는 커피나무의 뿌리가 잘 뻗을 수 있고 또 잘 지탱해 줄 수 있어야 한다. 평지나 경사진 언덕으로 표토층이 깊고 물 보유 능력이 좋은 지역이 적합하며 이러한 지역에서 자란 콩은 밀도가 높고 청록빛을 띄며, 깊은 맛과 향을 낸다.

로부스타

로부스타는 서로 다른 유전자를 가진 두 식물 사이에서 수분이 일어나는 자가불임성 나무이기 때문에 수많은 변종이 있다. 해발 800m 이하의 저지대에서 재배하기 적당하고 어떠한 토양에도 잘 적응하며 병충해에 강해 재배가 용이한 편이며, 아라비카에 비해 카페인 함량이 높다.

아라비카와 로부스타의 비교

	아라비카	로부스타
주요 생산지	• 중남미 : 브라질, 콜롬비아, 과테말라 • 카리브해 : 쿠바, 자메이카 • 동아프리카 : 탄자니아, 케냐, 에티오피아, 예멘(아라비아 반도) • 인도, 인도네시아 등	중앙아프리카 및 서아프리카, 동남아, 남아메리카
생두의 모양	녹색의 타원형으로 납작하고 길다. 표면에 파진 홈이 굽어 있다.	아라비카보다 작고 갈색의 둥근 모양이다. 표면에 파진 홈이 일자형태이다.
잎	짙은 녹색으로 긴 타원형이다.	아라비카에 비해 비교적 크다.
나무 높이	4~6m	12m
기온	15~24℃	25~30℃
강수량	1,200~1,500mm	1,500~2,000mm
해발	1,000~2,000m	0~800m
열매가 익는 시간	약 6~8개월	약 9~10개월
카페인 함량	1~1.3%	2~3%
사용 용도	고급 원두커피 (품질이 좋음)	인스턴트 커피 (맛이 거칠고 향이 약함)
비고	마라고지페는 일반 원두보다 두 배 가량 크고 비싸지만 향미는 별다른 장점이 없어 재배가 줄고 있다.	로부스타는 카네포라의 한 종류로 로부스타가 대표적인 품종이기 때문에 동의어로 많이 쓰인다. Nganda와 Canephora 두 종이 가장 잘 알려져 있고, 이외에 브라질의 로부스타는 코닐론(Conilon)으로 알려져 있으며 아라비카에 비해 2배의 카페인이 있다. 우리나라는 인스턴트 커피 소비국 1위이다.

04 커피의 주요 생산지

커피벨트에 해당하는 모든 나라에서 커피가 재배되는 것은 아니며 적정한 강우량과 평균 기온이 20℃ 전후로 온난 기후 지역이어야 생두의 품질이 우수하다. 또한 각 재배지의 특성에 따라 재배 방법에 차이가 있기 때문에 토양과 기후에 맞는 재배 방법을 적용한다. 대표적인 생산지는 중남미, 아프리카, 아시아 지역으로 현재 약 70~90여 개국에서 생산되고 있으며 특히, 중남미 지역의 생산량이 약 70% 정도로 대부분의 아라비카 종이 생산된다. 중남미 지역 중에서도 브라질은 전체 커피 생산량 1위를 차지하고 있고, 그 뒤를 이어 베트남, 인도네시아, 콜롬비아, 인도 순이다. 로부스타종은 베트남에서 활발한 생산이 이루어지고 있고, 이 외에도 에티오피아, 자메이카, 멕시코 등에서도 생산된다.

희소가치가 있어 세계 3대 커피로 알려진 것으로는 자메이카 블루마운틴Jamaica Blue Mountain, 하와이안 코나Hawaiian Kona, 예멘 모카 마타리Yemen Mocha Mattari가 있다.

중남미

중앙아메리카 지역의 커피 생산지는 브라질, 콜롬비아, 멕시코, 과테말라, 코스타리카, 엘살바도르 등이 있으며, 남아메리카 지역에서는 페루, 온두라스, 니카라과, 베네수엘라, 에콰도르 등이 커피를 생산하고 있다. 특히, 남미 지역에서는 세계 원두 생산량의 약 50%를 차지하고, 그 중에서도 브라질은 세계 최대 커피 생산지이다.

카리브해Caribbean Sea 안에 속한 생산지의 커피는 자메이카 블루마운틴이나 헤밍웨이의 커피로 알려진 쿠바의 크리스탈 마운틴처럼 완벽한 균형감으로 최고의 바디감과 풍부한 향미, 나지막한 신맛을 자랑한다. 다양한 향미를 담은 니카라과Nicaragua 커피는 훌륭한 균형감과 풀바디감으로 재평가 되고 있다. 중앙아메리카와 콜롬비아의 초

고산지대에서 재배된 커피는 뚜렷하고 강렬한 신맛과 풀바디감을 가지고 있고, 상대적으로 낮은 중앙아메리카의 고산지역 커피는 페루 커피가 보여주는 절묘한 단맛처럼 부드럽고 무난한 맛을 보여준다.

브라질Brazil

브라질은 세계 최대의 커피 생산국이자 수출국으로서 전체의 약 30%를 생산하고 있다. 생산량의 80%가 아라비카종으로, 양에 치우친 생산증대정책으로 대부분 저급커피로 평가되었으나 국가 차원에서 스페셜티 커피 산업의 성장을 위해 브라질 스페셜티 커피 협회Brazil Specialty Coffee Association을 창설하는 등의 노력을 보이고 있다. 비옥한 암자색 흙인 테라로사terra rossa라는 커피재배에 적합한 토양이 널리 분포되어져 있으며, 재배지역이 넓어 지역 별 기후조건과 토양 특성에 따라 생산량의 변동이 심한편이지만 다양하고 많은 양의 커피를 생산한다. 대부분 기계로 수확이 이루어지고, 상대적으로 낮은 고도에서 재배되기 때문에 생두의 밀도가 낮은 편이다. 산지별로 큰 차이를 나타내나 대체로 중성적인 특징을 지닌 커피가 생산되며 스트레이트용으로도 사용하지만 에스프레소 블랜딩의 베이스로 많이 쓰인다.

브라질 생두는 황녹색의 둥글고 납작한 모양을 띄고 있다. 이들은 다양한 생두 처리방식을 거쳐 색다른 맛을 선보인다. 건조방식으로 처리된 전통적인 브라질 산토스는 낮은 톤의 향신료향이 복잡하면서도 풍부하게 느껴지지만, 전통적인 수세방식으로 제조된 브라질 커피는 중앙아메리카에서 재배된 커피처럼 절제된 기분 좋은 신맛을 느낄 수 있다. 또한 반건조방식으로 처리된 커피는 부드럽고 정교하게 과일향을 증가시킨다,

브라질커피는 '예멘 모카'처럼 상파울루의 산토스Santos(브라질 제1의 무역항이며, 세계 제2의 커피 수출항)로부터 대부분이 거래되었기 때문에 항구 이름에 유래되어 '산토스'라고 칭하기도 한다.

콜롬비아Colombia

콜롬비아는 베트남에 이어 세계 3위의 커피 생산국으로 최고의 품질을 자랑하는 생산국이다. '카페테로'라 불리는 해발 1,400m 이상 고지대의 양질의 화산토로 이루어진 중소규모의 자영농장을 중심으로 재배하고 있다. 재배된 최상의 커피는 풍부한 향미와 조화로운 맛으로 마일드 커피의 대명사로 불리며 커피 최대 소비국인 미국에서 좋은 커피로 인정받은 커피이며, 콜롬비아커피생산자협회Federacion Nacional de Cafeteros de Colombia, F.N.C의 철저한 감독하에 로부스타종Robusta의 재배를 엄격히 규제하여 100% 아라비카종Arabica만을 재배한다. 콜롬비아의 생두는 일반적으로 청록색을 띠는데 신맛, 단맛을 풍부하게 가지고 있다. 콜롬비아는 생두 크기에 의한 등급분류법이 사용되고 있는데, 스크린사이즈Screen size 17 이상은 '수프리모Supremo', 15~16 사이는 '엑셀소Excelso'로 분류하고, 14 이하인 U.G.Q 등급은 자국 내에서 소비되지만, 13 이하의 생두는 수출을 금지하고 있다.

보통은 생산지역 이름을 따 커피 이름을 짓지만 최상급 커피에는 항상 최고등급인 수프레모Supremo와 엑셀소Excelso를 붙인다.

대표 커피로는 콜롬비아 수프레모Colombia Supremo, 콜롬비아 엑셀소Colombia Excelso가 있다.

쉬어가기

후안발데즈Juan Valdez

'콜롬비아커피 생산자 협회'는 자국커피 홍보와 콜롬비아 커피의 차별성을 확실히 하기 위해 가장 큰 소비국인 미국시장에서 광고회사와 콜롬비아 커피를 상징하는 캐릭터와 로고를 만들게 된다. 마침내 마케팅의 일환으로 탄생한 가공의 커피 농부 '후안 발데즈'와 커피자루를 맨 당나귀 '콘치타'는 이렇게 해서 1958년 등장하게 된다. (실제로 콜롬비아는 커피 수송에 당나귀를 이용하기도 한다.)
이 캐릭터는 고급커피의 상표로 사용되며 커피농부들의 자부심을 나타내기도 한다. 현재까지도 전 세계로 퍼져나가서 콜롬비아 커피만의 우수함을 세상에 알리고 있다.

Café de Colombia

자메이카Jamaica

자메이카 동쪽에 있는 블루 산Mt. Blue에서 생산되는 커피는 타 지역에 비해 밀도가 높고 향미가 뛰어나 '커피의 황제'로 불린다.
세계 3대 커피 중의 하나인 블루마운틴Blue Mountain은 바로 이 산맥의 최고봉의 이름딴 것이다. '블루마운틴'은 해발 1,100m 이상에서 생산되며 전체적으로 깨끗하고 부드러우며 조화로운 맛이다. 자메이카 블루마운틴은 1950년 설립된 자메이카 산업위원회의 철저한 관리감독 하에 생산되며, 엄격한 품질관리와 가격정책, 상품의 희소화 정책을 펼치고 있다. 또한, 일반적으로 수출용 커피를 포에 담는 것과 달리 나무상자에 담아 수출하여 다른 커피와의 차별성과 고급스러움을 강조한다. 한때 국가적 커피 생산 사업이 자금조달문제에 막혀 침체기를 겪었으나 일본의 대대적인 투자와 대폭적인 생산 지원의 도움을 받아 그 명성을 유지할 수 있었다. 현재 자메이카 블루 마운틴은 전체 생산량의 90%가 일본으로 수출되고 나머지만 유통되기에 높은 가격에 거래되는 실정이다.
자메이카 커피는 재배고도에 따라 해발 1,100m 상에서 생산되는 블루마운틴, 해발 1,100m 이하에서 생산된 하이 마운틴, 해발 750~1,000m에서 생산된 프라임 워시드, 저지대에서 생산되는 프라임 베리 등의 4가지로 등급이 분류된다.

멕시코Mexico

멕시코는 아라비카종과 로부스타종을 모두 생산하는 국가이지만 전체 생산량의 97%가 아라비카종이 재배됨으로써 아라비카 생산량으로는 세계 3위 국가이다.
1990년 이전에는 멕시코 커피연합회IMC에서 저가 커피 수출에 주력하면서 세계 4위의 커피생산국이면서도 저급 커피 이미지를 벗어나지 못하였으나, 유기농법과 그늘 경작법으로 커피 품질 향상에 노력을 기

울이고 있다. 북미 자유 무역협정으로 미국과 교역이 활발하게 이루어짐에 상대적으로 낮은 가격에 비해 품질이 우수하므로 커피 구매자들에게 인기 있는 커피로 각광받고 있다.
멕시코 국토의 1/3이 고원지대로써 고지대에서 생산된 커피라는 뜻의 '알투라Altura'가 멕시코 대표 커피이자 최상등급의 커피로서 백포도주를 연상케 하는 상쾌한 신맛과 가벼운 바디감을 가졌다. 최근에는 브라질 커피의 대안으로 블렌딩용에 활용되기도 하며, 공정무역 운동에도 적극적으로 참여하고 있다.

과테말라Guatemala

과테말라의 대표 커피는 단연 안티구아Antigua로서 그윽한 스모크 향미와 독특한 신맛을 가진 고급커피로 평가되는데 이는 33개의 화산으로 이루어진 산맥의 고원지대가 주 생산지이고 대부분이 화산재 토양에 경작되기 때문이다. 건기와 우기가 뚜렷하고 일교차가 크기 때문에 생두의 크기가 크고 뛰어난 신맛과 감칠맛을 가졌다.
과테말라 커피의 최고등급인 SHBStrictly Hard Bean는 커피협회의 엄격한 기준을 통과해야 얻을 수 있기 때문에 일반커피는 생산지의 명칭 표기를 넣을 수 없다. 국가적으로 커피사업에 많은 투자를 함으로써 품질관리에 힘쓰며, 커피산업에 종사하는 인구가 전체의 1/3을 넘을 정도로 열정적이다.
전형적인 커피품종인 타이피카와 버본종이 주로 경작되고 있으며 대형농장과 소규모농장 상당부분이 그늘에서 경작되는 쉐이드 그로운Shade Grown기법을 사용하고 있다.

코스타리카Costa Rica

코스타리카는 아라비카 커피 생산국으로 로부스타 커피의 재배는 법적으로 금지하고 있다. 엄격하고 효율적인 커피산업정책으로 면적당 생산량이 가장 높으며 전 세계 시장에서 품질을 인정받고 있다. 건기와 우기가 뚜렷한 열대우림 지역으로 활화산이 여러 곳에 있는 화산지대에 위치하고 있으며, 고지대에서 재배된 커피가 좋은 커피로 평가 되어 재배 고도에 따라 1,190m 이상에서 재배된 커피를 SHBStrictly Hard Bean라 하여 최상품으로 여긴다. 유기농법으로 경작되어 생두는 작으나 그 맛과 향은 최고급이라 할 수 있다. 대표커피인 '타라주Tarrazu'는 감귤류, 베리류를 연상케 하는 밝은 산미와 초콜릿, 향신료계열의 매력적인 향미, 적당한 바디감이 조화를 이루어 부드럽고 깔끔한 것이 특징이다.

엘살바도르El Salvador

엘살바도르는 내전과 정치적 혼란 속에 정부차원의 교육이나 투자가 제대로 이루어지지 않아 경작 및 가공법이 세련되지 못하고 농장에 따른 향미차이가 크다는 지적에도 불구하고 천혜의 자연 조건으로 엘살바도르 고유 품종의 클래식한 맛을 잘 보존하고 있다는 평가를 받는다. 1990년대 이후에는 엘살바도르 전체의 12%가 커피 농장으로 조성되고, 전체 인구의 10%가 커피산업에 종사하며 커피산업이 본격화되었고 대체적으로 중급 이상의 마일드 커피로 평가되고 있다.

마라고지페 품종과 파카Paca지방의 카투라 품종을 접목시킨 슈퍼콩 '파카마라'는 깊은 맛과 향을 지녔으며, 엘살바도르 SHG, 피필Pipil등이 유명하다. 엘살바도르의 커피는 대체적으로 다크 초콜릿의 묵직함과 크림의 부드러움, 깊고 풍부한 향을 느낄 수 있다. '파카마라Pacamara' '펜시 SHBFancy SHB'가 대표적이다.

페루Peru

페루는 안데스 산맥Los Andes의 계곡지대를 따라 소규모 영세농가에서 재배가 이루어진다. 유기농커피와 공정무역커피로 알려진 페루 커피는 조직화된 판매 전략이 갖추어지지 않아

세계적인 판매량을 보유하고 있지는 않으나 남아메리카에서는 세 번째로 생산량이 많은 국가이기도 하다. 아라비카종만 재배하고, 고르지 못한 품질에 비해 맛이 부족하지는 않다.
대체로 페루 커피는 산미와 깊은 향미, 적절한 바디감이 조화롭게 어우러져 전반적으로 부드러운 느낌이다. 때문에 블렌딩 커피의 베이스로 많이 사용한다. 최상급의 페루 커피는 산뜻하면서도 깊이 있는 향과 단맛으로 스페셜티로써의 가치가 있다. 찬차마요Chanchamayo는 페루 커피생산량의 40%를 차지하는 대표 산지이다.

아프리카

아프리카대륙은 에티오피아, 케냐, 예멘, 탄자니아 등에서 전 세계 커피 생산량의 약 13%를 재배하는데, 특히 대륙의 동쪽에서는 17세기 때와 같은 방식으로 작업이 이루어지는 세계적으로 특색 있는 커피들이 생산된다. 에디오피아의 하라Harrar나 홍해 건너편의 예멘Yemen 커피처럼 커피군에서는 가장 오래되고 전통적인 종이 거칠면서도 매혹적인 과일향을 뽐내고 있다. 이 지역의 커피들은 향수 같은 꽃과 감귤류 특색을 가지고 있는 에티오피아 커피부터, 강렬한 산미와 베리berry톤의 케냐 커피를 걸쳐, 탄자니아의 '킬라만자로'는 영국의 왕실커피로 애용되고 있으며, 부드러우면서도 관능적인 과일향의 잠비아 커피까지 다양한 특징을 가지고 있다.

에티오피아Ethiopia

커피의 기원 중 칼디설의 배경이 된 에티오피아는 훌륭한 원두를 얻기에 천혜의 자연조건을 갖추고 있으며 아프리카의 최대 커피 생산국이다. 대표 커피는 단연 '에티오피아의 축복'이라 불리우는 하라Harrar를 빼놓을 수 없다. 모든 커피체리를 태양에 건조시키는 하라는 거칠고도 다양한 과일향, 단맛이 어우러져 그 유명세를 떨치고 있으며, 풍미가 마치 예멘의 모카를 연상시키며

때론 혼란을 주기도 하지만 유명세만큼이나 훌륭한 커피임에는 틀림이 없고 Harari, Harer, Harar 등으로 표기되기도 한다.

이밖에도 에티오피아의 커피 중 가장 세련된 커피이며, '커피의 귀부인'으로 불리우는 예가체프Yirgacheffe, 시다모Sidamo와 같은 세계에서 가장 다양하고도 특색 있는 커피를 맛볼 수 있다, 현재까지도 야생에서 커피를 채취할 만큼 전통과 자연을 커피콩bean에 그대로 담아내는 커피의 전설다운 면모가 살아 숨 쉬는 곳이다.

예멘Yemen

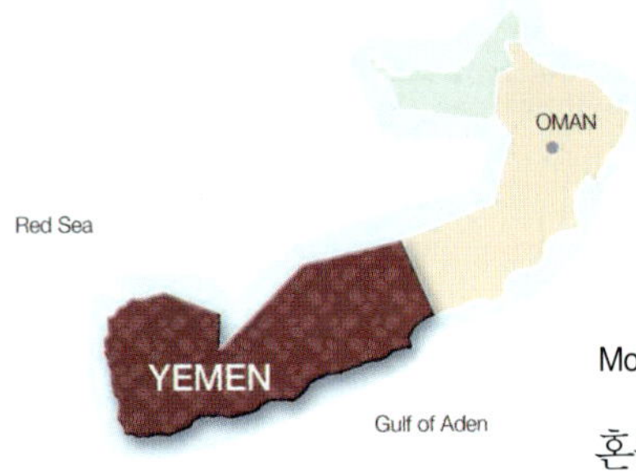

자메이카 블루마운틴Jamaica Blue Mountain, 하와이언 코나Hawaiian Kona와 더불어 세계 3대 커피가 있는 나라로, 세계 최초로 커피가 경작된 아라비카Arabica 커피의 원산지이다. 한때 세계 최대의 커피 무역항이었던 모카Mocha, Al-Makha에서 유래된 예멘 모카는 커피용어에서 흔하게 혼돈되는 단어 중 하나이며 초콜릿이 들어간 음료에 커피를 섞은 까페모카cafe-mocha는 오늘날 커피숍의 정형화된 메뉴 이름이 되었다. 이렇듯 이름 하나에서도 옛 커피의 명칭이면서, 예멘과 에티오피아에서 생산되는 커피이름이고, 현재 초코와 베리에이션된 음료 이름이기까지 그 전통성이 과연 대단하다.

대표적인 커피로는 강한 향미와 신맛, 초콜릿 향을 가진 모카 마타리Mocha Mattari와, 그보다 신맛이 약한 모카 히라지Mocha Hirazi, 야생 과일향과 발란스가 좋은 사나니Sanani가 있다. 대부분의 지형이 화산암으로 이루어져 있고 풍부한 미네랄과 좋은 자연조건을 가지고 있어 커피 재배에 이상적이지만 대부분 자연 경작되고 가공방식도 수작업으로 이루어져 생두의 모양이 일정치 않기 때문에 결점두에 따른 등급분류가 어렵고 배전에 어려움이 있다. 세계에서 가장 정통적인 커피로 귀부인처럼 고상하고 우아한 맛, 짙은 향미를 가져 스트레이트로도 음용되지만 그 중후하면서도 강한 맛은 자바커피와 배합하면 더욱 훌륭한 맛을 즐길 수 있다.

케냐Kenya

케냐 커피는 케냐커피수출입협회KCTA : Kenya Coffee Traders Association에서 주관하는 세계적으로 신뢰받는 커피 경매시스템을 가진 아프리카 대표 커피 생산국으로, 수준 높은 연구시설은 물론이고 합리적인 재배방법과 가공, 판매 시스템을 구축하고 국가 차원의 품질개발과 기술교육을 통한 인재양성에 적극 투자함으로써 동아프리카와 아라비아에서 최고의 커피로 손꼽히고 있다.

대부분의 산지가 1,500m 이상의 고원지대에 위치하며, 미네랄이 풍부한 토양, 적절한 일조량과 강수량, 기온 등의 이상적인 자연 조건을 갖추고 있어 중후한 맛과 향, 발란스 좋은 산미와 단맛이 특징이다. 아라비카Arabica종을 재배하며, 생두는 대체로 밝은 청록색으로 짙은 향미와 강한 신맛을 가지고 있다. 생두크기에 따른 분류를 통해 4등급으로 나뉘는데 AA등급이 가장 높은 등급이고 그 다음에 A와 B등급이 있다. 대표 커피로는 케냐 더블에이Kenya AA, 이스테이트 케냐Estate Kenya가 있다.

탄자니아Tanzania

커피의 신사 '탄자니아 킬리만자로Tansania Kilimanjaro'를 가진 나라로 대부분의 커피가 케냐와 국경을 마주보는 킬리만자로 산과 메루산Mt. Meru에서 재배된다. 탄자니아 커피는 뚜렷한 색깔과 와인에 버금가는 산미를 가진 것이 전형적인 아프리카나 아라비아커피와 흡사하다. 특히 탄자니아 킬리만자로는 깔끔하면서도 기품 있고 섬세하면서도 와일드하며 풍부한 맛과 향으로 영국 황실이 즐겨 마시고 있다. 아라비카종과 로부스타종을 모두 경작하며, 바나나 나무를 커피나무 사이에 함께 심어 경작함으로서 자연적 그늘경작을 이루며, 풍부한 일조량과 강우량까지 더해져 가장 아프리카다운 커피 맛을 보여준다, 킬리만자로 이외의 지역에서는 부드러운 꽃 향과 바디감이 마치 에디오피아 커피를 상기시킨다.

아시아, 태평양

태평양 대륙에서는 말레이군도의 인도네시아, 티모르, 파퓨아뉴기니와 같은 특색 있는 커피재배지들이 있다. 강렬하고 향긋한 파퓨아뉴기니 커피의 산미와 수세식 처리된 자바 커피의 산뜻한 꽃향, 전통 방식으로 처리된 슬라웨시, 티모르의 묵직한 커피를 맛볼 수 있다.
인도대륙은 세계에서 가장 질 좋은 로부스타종을 생산하고 있으며, 습기를 머금은 몬순바람에 몇 주간 건조시킴으로써 맥아향기를 더하고 산미를 낮추어 바디감을 높인 이국적인 몬순 말라바르Monsooned Malabar도 빼놓을 수 없다.
하와이 커피의 맑고 투명한 맛과 향미는 세계 3대 커피에 왜 하와이안 코나Hawaiian Kona가 있는지를 그대로 보여주고 있다.

인도네시아Indonesia

아시아 최대 커피 생산국인 인도네시아는 1696년 처음으로 네덜란드인에 의하여 커피나무가 경작되기 시작하여 전체 커피 생산량의 90%를 고품질의 로부스타 종으로 재배하고 있다. 반면 아라비카의 생산량은 5~8% 정도이지만 이 소량의 커피가 모두 고급커피로 알려져 있다. 인도네시아 최대 생산지인 수마트라섬을 비롯해 자바섬, 슬라웨시섬 등이 주요 커피생산지이며, 만델링Mandheling, 가요 마운틴Gayo Mountain, 코피 루왁Kopi Luak이 유명하다. 이 커피들은 중후한 바디감과 풍부한 향미로 특히 유럽 사람들에게 인기가 있다. 또한 인도네시아 자바Java지역의 커피는 초콜릿과 바닐라계열의 풍부한 향과 부드러운 신맛, 중간 정도의 바디감이 특징으로 스트레이트 커피Straight Coffee로 마시기도 하지만 예멘의 모카Mocha와 혼합한 세계 최초의 블렌딩Blending 커피인 모카 자바Mocha Java로 더욱 유명하다.

파푸아뉴기니Papua new guinea

파푸아뉴기니는 자메이카 블루마운틴과 유사한 자연환경을 가지고 있으며, 연간 기온차가 크지 않고 온난하며, 강우량이 적당하다. 처음 자메이카 블루마운틴 지역에서 수입한 종자로 시작된 커피 재배는 정부 차원에서 유기농 커피 생산을 장려하고 영세 농민의 지속적인 노력과 품질관리를 통해 생두가공처리와 등급처리절차를 체계적으로 수립하고 있다. 뉴기니섬의 빌헬름 산Mt. Wilhelm을 중심으로 한 고원지에서 PNG 커피가 생산되며, 좋은 품질 대비 합리적인 가격으로 알려져 있다. 'New Guinea'라고 라벨이 붙어 있는 커피는 파퓨아뉴기니로부터 온 것이며 'PNG'라고 표기하기도 한다. 파푸아뉴기니 커피는 적당한 산미와 과일, 고급스럽고 깊은 향미가 특징이며, 아로마가 풍부하고 균형감이 좋다. 대표 커피로는 하겐 산을 중심으로 서부 하이랜드 지역의 시그리Sigri는 뛰어난 산도와 풍부한 향을 가지며, 동부 하이랜드 지역의 아로니Arona가 유명하다.

쉬어가기

코피 루왁 Kopi Luwak

인도네시아의 대표적인 커피로서 인도네시아어로 코피Kopi는 커피, 루왁Luwak은 말레이 사향고양이를 뜻한다. 사향고양이가 커피 열매를 먹어 소화기관을 거치면서 외피와 과육이 제거되고 화학적 변화에 의해 커피 씨가 더욱 단단하고 짙은 색의 커피콩이 섞인 배설물을 배출하는데 여기서 나온 커피콩을 세척을 해서 로스팅한 제품이다. 코피루왁은 일반적으로 풀 시티 로스팅Full City Roasting으로 볶아 캐러멜, 초콜릿, 곰팡내 등의 향미를 발산하며, 추출된 커피는 독특한 향과 맛이 일품이다. 과거에는 생산방법의 희귀성으로 인하여 커피시장에서 월등히 비싼 가격으로 거래되었지만, 최근에는 사향고양이를 사육하여 인위적으로 생산하기 때문에 그 희소가치가 현저히 떨어지고 있다. 주 생산지는 인도네시아의 수마트라, 자바, 슬라웨시 등이다.

인도India

인도는 아시아의 3위 커피생산국이지만 대부분이 자국에서 소비된다. 전체 생산량의 60%를 로부스타가 차지하고 있으며 몬순커피가 전문 수입업자에 의해 스페셜티 커피시장에서 활발히 거래되고 있다. 인도 커피는 중후하고 부드러우며 달콤한 맛과 낮은 산도와 향신료, 초콜릿 맛이 나며, 짙은 바디감과 달콤함으로 에스프레소용 커피 배합에 주로 사용된다. 남부 고지대에 있는 마이소르Mysore, 말라바Marabar, 마드리스Madrass 등이 주요 생산지이며, 유명한 스페셜티 커피Specialty Coffe는 몬순 말라바르Monsooned Malabar, 마이소르 너깃 엑스트라 볼드Mysore Nuggets Extra Bold, 로부스타 카피 로얄Robusta Kaapi Royale이 있다. 그 중에서도 몬순 말라바르는 세계 최초의 스페셜티 커피로 가장 유명하다.

쉬어가기

몬순커피Monsooned Coffee

과거 자바에서 유럽으로 수출 할 당시 6개월이라는 긴 항해기간 동안 습기를 머금은 습한 남서 계절풍(몬순Monsoon)을 맞은 생두가 노란색으로 변하며 산미는 줄고, 묵직하고 부드러운 단맛을 가지게 되었다. 이를 사람들은 올드 브라운 자바 커피Old Brown Java Coffee라 부르게 되었는데, 수에즈 운하Suez Canal의 개통으로 긴 항해기간이 단축되자 인도의 커피수출업자들이 인위적인 방법으로 몬순닝 처리하며 올드 브라운 자바 커피를 재현했다고 한다. 몬순 커피는 낭만적인 이름과 이국적인 건조방식 뿐만 아니라 묵직하고 부드러운 초콜릿 향과 풍부한 맛, 여운 있는 바디감으로 많은 이들에게 세계적인 스페셜 커피로 자리매김하고 있다.

베트남Vietnam

최대 커피생산국이었던 브라질에서는 서리 피해로 인해 1994년~1995년에 커피수확량이 현저하게 줄게 된다. 이 때문에 커피

가격은 폭등했고, 많은 국가들이 이 틈을 이용해 커피사업에 뛰어들게 된다. 베트남 정부 역시 이 시기에 농민들에게 막대한 지원금을 앞세워 커피생산을 권장하기에 이른다. 처음 베트남은 커피의 재배기술이나 지식의 부족과 자금력이 약해 커피경작이 낙후하였으나, 국가적 차원에서의 지원을 아끼지 않은지 채 10년이 못되어 브라질에 이은 세계 2위의 커피생산국으로 성장하게 된다. 베트남은 주로 로부스타종이 대량 생산 공급되고 있는데, 쓰고 강한 맛 때문에 우리나라에선 인스턴트 커피의 원료로 특히 많이 수입하고 있다. 주로 블랜딩을 위해 거래되며, 특히 로부스타의 강한 쓴맛에 연유의 부드럽고 달콤함을 더한 베트남식 커피가 상품화되기도 했다.

하와이Hawaii

하와이는 6개의 큰 섬 중 4곳이 커피의 재배지이다. 특히 서쪽 해안가 코나 지역은 오후가 되면 뜨거운 태양을 구름이 가려 주어 자연스러운 그늘을 만드는 오토매틱 세이드Automatic Shade로 되어 있어 아라비카의 최적 성장환경을 갖추고 있으며, 비교적 저지대 임에도 불구하고 단위면적당 많은 수확량과 우수한 품질을 자랑하고 있는 것은 효율적인 프로세스와 품종 선택을 통해 품질을 극대화하려는 노력의 결과라 할 수 있다.

커피의 홍보를 위해 매년 11월초 커피 페스티벌을 개최하고 있으며, 늘어나는 관광객의 주문과 제한된 생산량, 인력 부족 등으로 인해 자메이카 블루마운틴을 능가하는 최고가의 커피이며, 세계 신혼여행객들의 일등 선물용품이 되고 있다. 코나는 신맛과 단맛을 내며, 산뜻하면서도 조화롭고 부드러운 맛과 향을 느낄 수 있는 커피이다. 그래서 풍부한 맛을 기대하는 애호가들에겐 다소 가벼운 느낌을 줄 수도 있다.

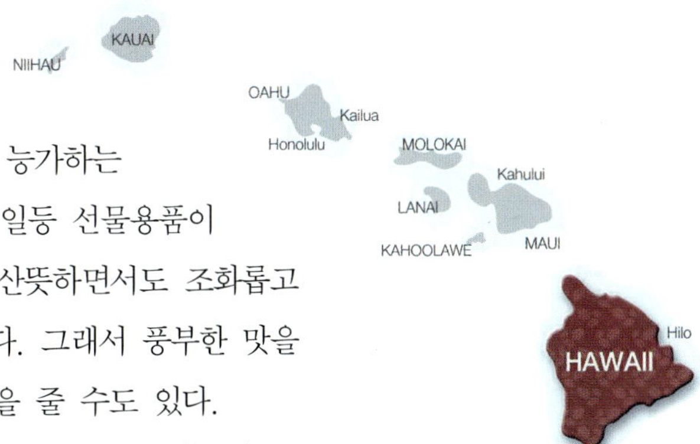

하와이안 코나 외에도 카우아이 이스테이트Kauai Estate, 마우이 모카Maui Mocha 등이 있다.

Coffee Barista

1.3 커피의 재배와 수확 및 가공에 대해서 알아보기

1. 커피의 재배과정에 대해 알아보자.
2. 커피의 수확과 정제과정에 대해 알아보자.
3. 커피의 분류에 대해 알아보자.

필요지식

01 커피의 재배과정

묘목을 농장에 이식한 후로 로부스타종은 약 1년, 아라비카종은 약 3년이 지나야 체리를 수확할 수 있으며 4년~10년까지가 수확량이 가장 많고 20년 후부터 급격히 감소한다. 심은 후 수년이 지난 나무의 경우 수확량을 늘리기 위해 가지치기를 한다. 온도와 습도에 따라 커피나무에 꽃피고 열매 맺는 시기와 횟수가 달라지는데, 아라비카종이 자라는 고지대의 서늘한 기후에서는 1년에 1번, 로부스타종이 자라는 저지대의 습하고 더운 지역은 3~4회 많게는 5회 까지 꽃이 피고 열매가 열린다.

커피의 꽃은 1~2cm 정도의 흰색으로 잎이 붙어있는 가지 부분에 여러 개가 한꺼번에 핀다. 국화처럼 매우 둥근 모양이며 한 개의 암술과 보통 다섯 개의 수술, 다섯 장의 꽃잎으로 구성되어 있으며 피어있는 기간은 일주일 미만으로, 쟈스민 향과 달콤한 크림향이 아주 강하게 난다. 연중 비가 오는 낮은 지대의 경우 일 년 내내 꽃이 피고 열매가 열리는 것이 반복되어 꽃망울, 하얀 꽃, 녹색의 열매, 붉은 색의 열매를 한 나무에서 흔히 볼 수 있다.

02 커피열매의 수확과정

아라비카종은 꽃이 지고 약 6~8개월 정도가 지나면 열매가 익기 시작한다. 체리가 익기까지는 고지대의 경우 약 6개월, 저지대는 3~4개월 정도가 걸리는데 우기와 건기가 뚜렷하지 않은 나라에서는 1년에 2번의 개화기가 있기도 해서 수확이 2번 이루어지는 경우도 있으며 적도 부근의 나라는 일년 내내 수확이 가능하다. 수확하는 방식은 농장의 상황에 따라 몇 가지로 분류한다.

핸드 피킹Hand picking, 셀렉티브 피킹Selective picking

잘 익은 커피 체리만을 일일이 사람 손으로 골라서 따는 방식으로 인건비가 많이 드는 단점이 있지만 고품질의 커피를 생산할 수 있고 소규모 농원이나 기계식 수확이 불가능한 지역에서 주로 사용하는 방법이다. 주로 아라비카 재배나 습식법을 사용하는 국가에 적용되며, 8일 또는 10일 간격으로 커피나무에서 익은 열매만을 선택적으로 골라서 따므로 체리가 균등하고 양질의 커피를 얻을 수 있다.

스트리핑Stripping

나뭇가지 전체를 손으로 훑어내려 떨어뜨리는 수확 방식으로 핸드피킹에 비해 대량 수확이 가능하지만, 익지 않은 체리와 잎사귀나 나뭇가지 등의 이물질이 포함 될 가능성이 많아 전반적으로 품질이 떨어지는 편이며, 익지 않은 체리가 섞여있어 커피 맛에 안 좋은 영향을 줄 수 있다. 건식법을 사용하거나, 로부스타를 생산하는 국가에서 주로 적용하는 방식으로 품질은 균일 하지 않고 체리도 균등하지 않으며 나무에 손상을 줄 수밖에 없는 단점이 있지만 빠른 작업속도와 적은 비용으로 수확이 가능 하다는 장점이 있다.

매커니컬 피킹Mechanical picking

기계에 달린 수십 개의 봉들이 커피나무에 진동을 주어 나뭇가지를 털어주면 체리가 떨어져 기계와 컨테이너가 연결된 관을 타고 내려가 컨테이너에 담기는 방식이다. 체리가 평균적으로 70% 정도 익었을 때 시작하기 때문에 덜 익은 체리들이 섞여 커피 맛에 부정적인 영향을 미치고 선별수확이 어렵기 때문에 브라질의 대규모 농장이나 하와이 같이 인건비가 고가인 지역에서 주로 사용하는 방식이다. 이 방법은 사용 가능한 지역이 한정적이다.

03 커피열매의 정제과정

생두의 정제방법

커피 체리에서 생두를 분리해 내는 과정을 말하며, 커피는 수확 후 방치하면 단시간에 발효하기 때문에 과육과 종자를 분해하여 저장과 수송과정을 견뎌 낼 수 있게 처리해야 한다. 과육을 제거하는 방법은 크게 내추럴(건식처리, 자연건조방식)과, 워시드(세척방식, 습식처리), 세미워시드, 펄프드내추럴로 나누어진다.

내추럴natural prccess / **건식법**dry-process

수확한 체리의 펄프를 제거하지 않고 과육과 내과육을 동시에 탈곡하는 방법으로 커피 체리 그대로 건조시키는 방법이다. 건조하는데 넓은 토지와 시간이 필요하기 때문에 물이 부족하거나 햇빛이 좋은 지역에서 주로 이용하는 방법이다. 이 과정은 이물질 제거 - 분리 - 건조 세 과정으로 구분되며, 건조과정은 60~65%에 달하는 수분 함량을 11~13%로 낮추기 위해 자연건조방법이나 기계건조방법을 이용한다. 수분함량이 13% 이상이 되면 곰팡이가 번식하기 쉽고 나쁜 냄새가 스며들 수 있으며, 13% 미만이면 오래되어 수분이 증발할 가능성이 높다.
건식법으로 생산된 커피는 내추럴 커피라 하며 주로 브라질, 에티오피아, 인도네시아에서 생산되며 내추럴방식은 미숙두와 이물질이 섞이기 쉽기 때문에 품질이 균일하지는 못하지만 체리의 과육이 그대로 생두에 흡수되어 자연스러운 단맛과 바디가 풍부한 커피를 생산할 수 있다.

Sun Dry

햇빛으로 건조하는 방식으로, 전통적인 가공방식이다. 수확한 커피 체리를 파티오라고 부르는 벽돌이나 콘크리트로 된 넓은 건조장에 펼쳐놓고 말리는 방식으로 균일하게 건조시키기 위해 전용 기구로 뒤섞어 주어야하며 대략 2주 정도 기간이 필요하다.

Table Dry

건조대 위에 커피를 펼쳐서 건조하는 방식으로 파치먼트 건조에 주로 사용되며, 건조에는 5~10일 정도의 기간이 소요된다. 건조 시간을 단축시킬 수 있는 방식이다.

기계건조(인공 건조 방식)

대규모 농장에서는 기계를 사용하기도 하는데 40~50℃의 열풍으로 3일 정도 건조시킨 뒤 자연 건조된 커피와 동일한 과정을 거쳐 생두로 가공한다. 이렇게 건조된 체리의 수분 함량이 약 20% 정도가 되면 씨앗과 외과피가 부딪히는 소리가 나게 되고, 이때, 과육을 제거하면 커피 생두를 얻을 수 있는데 이것을 수분 함유량이 약 11~13%가 될 때까지 건조시킨다.

워시드washed prccess / 습식법wet-processing / 세척법

현대적인 가공방법으로 건식법보다 비용은 많이 들지만 좋은 품질의 커피를 얻을 수 있어서 아라비카 생산국에서 사용되고 있다. 정재과정은 '분리 - 펄핑 - 점액질 제거 - 세척 - 건조'의 과정을 거친다. 먼저 커피를 물이 담긴 수조에 넣어 물위에 뜨는 것과 가라앉는 것을 구분하여 뜨는 것들을 제거한 뒤, 과육을 제거하는 펄핑 작업을 한다. 이 과정을 거치면 펙틴이라는 끈적한 점액질이 남게 되는데, 이것을 다시 수조에 넣으면 과육이 완전히 제거되며 발효과정을 거치게 된다. 발효과정을 거친 체리를 수분 함량이 11~13%가 될 때까지 건조시킨다. 습식법으로 가공된 커피는 밝고 깨끗한 맛을 얻을 수 있다.

세미 워시드semi-washed

브라질에서 주로 사용하는 세미 워시드(반수세식) 가공법은 건식법과 습식법이 합쳐진 형태로 수조에서 체리를 선별하고 과육 제거기로 과육을 제거한 뒤 파치먼트 상태의 생두를 건식법으로 건조하는 방법으로 수분 함량 11~13%가 될 때까지 건조시킨다. 발효 과정을 생략하기 때문에 효율적이며 시각이나 관능적으로 건식법의 특징을 유지하면서 선별의 정확도를 강화한 가공방법이라고 할 수 있다.

펄프드 내추럴 방식pulped natural Process

브라질에서 많이 사용하는 방식으로 수확 후 체리를 물에 가볍게 씻고 기계를 이용하여 체리 껍질을 파치먼트로부터 분리시키고 과육이 남아있는 파치먼트를 넓은 땅이나 그물망에 올려놓고 수분이 11~13% 될 때까지 건조하는 방법이다. 세미 워시드 방식과의 차이는 과육 및 점액질까지 제거한 뒤 말리는 반면, 펄프드 내추럴 방식은 과육이 남아 있는 상태로 건조시키는 방법이다. 자연 건조 방식보다 바디감이나 단맛은 덜하지만 경쾌하고 향이 풍부한 커피를 얻을 수 있다.

파치먼트 제거와 선별작업

일반적으로 생두는 내과피에 둘러싸인 상태에서 품질이 가장 잘 보존되므로 출하 직전까지 내과피(파치먼트) 상태로 보관했다가 출하 시에 내과피 제거기로 제거한 후 크기에 따라 분류하고 이물질과 결점두를 제거한 후 출하한다. 파치먼트를 제거 한 후에는 선별 과정을 거친다.

결점두Triage, Defects

정상적이지 않은 생두나 이물질이 섞인 생두를 결점두라고 한다. 수확할 때나 정제과정에서 불량과실과 결점두가 어느 정도 제거되기도 하지만, 전체 정제 과정 중에 곰팡이가 생겼거나 썩을 수 있고 돌이나 나뭇가지가 섞여 들어 갈수 있기 때문에 선별 작업을 한다. 소규모 농장에서는 손으로 일일이 핸드피킹을 하지만 브라질이나 콜롬비아의 대규모 농장에서는 기계를 사용하여 결점두를 제거한다.

결점두는 크게 세 가지 유형으로 구분된다.

- 원두 자체가 좋지 않은 맛을 가지고 있어 커피의 품질에 영향을 주는 것으로 블랙 빈black bean, 미성숙 원두immature bean, 곰팡이 핀 원두mouldy bean 등이 있다.
- 배전 시 다른 원두와 배전 정도의 차이가 발생하여 커피의 품질에 영향을 주는 것으로 깨진 원두broken bean, 벌레 먹은 원두broca bean, 기형으로 생긴 원두malformed bean가 이에 해당한다.
- 파치먼트parchment, 체리cherry, 파드pod, 나뭇가지, 돌, 쇠붙이 등의 이물질이 이에 해당 된다.

04 커피의 분류

커피 원두의 가공방법에 따라 인스턴트커피와 원두커피로 분류되며, 각 기준에 따라 다음과 같이 분류된다.

식품공전 상에 따른 커피의 분류

볶은 커피

커피 원두를 볶은 것

인스턴트커피

볶은 커피의 가용성 추출액을 건조한 것

조제커피

볶은 커피 또는 인스턴트커피에 식품 또는 식품첨가물을 혼합한 것

액상커피

볶은 커피의 추출액 또는 농축액이나 인스턴트커피를 물에 용해한 것 또는 이에 당류, 유성분, 비유크림 등을 혼합한 것

제품 형태에 따른 커피의 분류

커피는 여러 가지 형태로 제품화하여 음용하는데 혼합 커피, 향 커피, 디카페인 커피 및 레귤러 커피 등으로 구분할 수 있다.

혼합커피Blend Coffee

서로 다른 2종 이상의 커피를 혼합하는 것으로 경제적인 목적과 새로운 맛을 창출하는 목적이 있다.

향 커피Flavored Coffee

향 커피는 오렌지, 레몬 등의 과일이나 계피 같은 약재 등을 첨가하여 향을 느끼며 마시는 방법과 인위적으로 만들어낸 향을 커피 원두에 입혀 만드는 방법이 있으며 커피원두에 향을 입혀 만드는 방법의 대표적인 커피는 헤이즐넛 커피가 있다.

디카페인 커피Decaffeinated Coffee

사람들은 흔히 디카페인 커피를 '카페인이 없는' 커피로 오인한다. 하지만 디카페인은 극소량의 카페인을 포함하고 있고 현재 미국에서는 97% 이상의 카페인이 제거되면 디카페인으로 인정하고 있다. 1903년 독일의 커피 수입업자 '루 드비히 로셀리우스Ludwig Roselius'에 의해 삼화에틸렌을 이용한 디카페인 공정이 처음 개발되었지만 이 물질이 간암을 유발한다는 학설이 발표되면서 디카페인 커피는 위기를 맞기도 하였다. 이후 1930년에 스위스에서 개발된 물 처리 공법Swiss Water Process에 의해 디카페인 커피 연구가 활기를 띠었고, 커피 최대 소비국인 미국에서부터 카페인과 건강이라는 문제가 대두되면서 디카페인 커피를 찾는 소비자가 늘어났다. 잘못된 디카페인 커피에 대한 인식과 과대광고, 허위광고 상품이 커피시장을 뒤흔들고 있는 현실에서 커피업체 스스로의 각성과 자체적인 개발시스템 및 설비 구축을 위한 노력을 아끼지 않음으로써 디카페인 커피시장은 더욱 커질 것으로 전망된다.

디카페인 커피의 공정

Traditional Process(용매 추출법)

가장 일반적으로 사용되는 방식으로 커피를 더운 물에 담근 후 아세트산에틸이라는 용매를 이용하여 카페인을 선택적으로 제거한 후 물속에 잔류하는 커피 향은 커피에 재결합시켜서 만들어내는 방식이다. 이 공정에서 사용되는 용매는 인체에 무해하며 커피와 접촉을 하지 않는다. 비용이 저렴하다는 장점이 있다.

- 직접적용방식 : 디클로메틴과 에틸아세테이트를 이용하여 생두를 약 30분간 증기에 쏘인 후 약 10시간 담가두어 카페인을 제거하는 방식으로 유해성 논란으로 거의 사라진 방식이다.
- 간접적용방식 : 디클로메틴과 에틸아세테이트, 물을 이용하여 생두를 물에 수 시간 불린 후 디클로메틴과 에틸아세테이트를 투입하여 카페인을 용출시켜 제거하는 방식으로 물과 함께 용출된 유기 물질은 증발시켜 카페인이 제거된 커피의 성분들이 다시 생두로 들어가는 반복적인 과정을 통해 생산하는 방식이다. 유해 성분에 대한 논란이 없어 가장 일반적으로 사용되고 있다.

Swiss Water Process(물 추출법)

가장 안정성이 높아 비용이 많이 드는 방식으로 커피원두에 있는 카페인 성분을 물로 씻어낸 후, 그 물에 있는 카페인을 숯(탄소 필터)으로 완전히 제거하는 방식이다. 디카페인 커피라고 해도 카페인이 완전히 제거되는 것은 어려워 보통 소량(2~6mg)의 카페인은 남아 있다.

CO_2 Water Process(초임계 이산화탄소 추출법)

CO_2 Water Process 방식을 주목해야 하는 것은 이산화탄소(CO_2)는 생태계에서 쉽게 생성되는 물질이며 자연 상태로는 위험하지 않고 커피의 향미성분을 가장 잘 보존해 준다는 점이다. 압축한 이산화탄소에 찐 생두를 담그면 카페인과 CO_2가 쉽게 결합한다. 이것을 숯 필터를 이용하여 스위스 워터 처리공법과 같이 카페인과 이산화탄소를 분리하는 과정을 거친다. 디카페인 커피가 비교적 커피 본래의 맛과 향을 포기해야 한다는 것을 감안할 때 이 방법은 앞으로도 무궁한 연구가 이루어질 것이다.

레귤러 커피straight or original

혼합커피나 향커피의 반대되는 개념으로 원두커피의 본래 그대로의 맛을 즐긴다는 의미의 순수한 커피를 말한다.

출제예상문제

01. 신의 선물이라고 칭하는 커피열매를 최초로 발견한 시기는 언제인가?

① 5~6세기경 ② 6~7세기경

③ 7~8세기경 ④ 8~9세기경

해설 고된 노동자와 수도승의 졸음을 쫓아주던 신의 선물 커피열매는 6~7세기경 최초로 발견된 것으로 추정된다.

02. 커피의 기원이라 보고 있는 아프리카 고대왕국인 아비시니아(Avysinia)는 현재 어디를 가리키는가?

① 아라비아 ② 케냐

③ 탄자니아 ④ 에티오피아

03. 커피의 기원에 대한 설명으로 틀린 것은?

① 6~7세기경 아프리카 에티오피아의 염소 치는 목동 "칼디"에 의해서 발견되었다.

② 수도승들은 설법을 들을 때마다 잠이 드는 제자들에게 이 음료를 마시게 하여 졸음을 막았다고 한다.

③ 1359년 아라비아의 수도승인 오마르에 의해서 발견되었다.

④ 빨간 열매는 날로 먹을 수 없었기 때문에 오마르에 의해서 물에 넣어 끓여 마시기 시작하였다.

해설 1258년 아라비아의 수도승인 오마르에 의해서 발견되었다.

04. 국가별 커피의 명칭이 틀린 것은?

① 터키 - Kahweh ② 프랑스 - Café

③ 영국 - Coffee ④ 스웨덴 - Koffie

해설 스웨덴은 Kaffe, Koffie는 네덜란드의 명칭이다.

05. 10세기경 커피를 번컴(Bunchum)이라고 의학백과서에 기록한 인물은?

① 아비세나 ② 라제스

③ 알리 벤 오마르 알 샤딜라 ④ 카흐베하네

해설 10세기 경 아라비아 의학자 라제스(Rhazes)가 저술한 '의학백과서'에 커피나무 열매의 효능이 기록되어있다. 그는 커피를 '번컴(Bunchum)'이라고 적었다.

06. 커피의 전파에 관한 설명으로 틀린 것은?

① 1616년 네덜란드 상인 니콜라스 위트슨은 커피묘목을 모카에서 네덜란드로 가져왔다.

② 1605년 교황 클레멘트 8세는 이교도들의 커피에 세례를 줌으로써 카톨릭 신자도 커피를 마실 수 있도록 공인하였다.

③ 1637년 터키 유학생에 의해 영국에 커피가 들어오게 되었다.

④ 1624년경 네덜란드인들이 뉴암스테르담에 정착하기 시작하면서 미국에 전파되었다.

해설 네덜란드로 커피묘목을 가져온 상인은 피터 반 덴 브뢰케(Piter Van den broecke)이다.

07. 이탈리아에서 1605년 처음으로 커피에 세례를 줌으로서 카톨릭 신자도 마실 수 있게 한 교황은 누구인가?

① 그레고리오 14세(Gregor XIV, 1590년~1591년)

② 인노첸시오 9세(Innocenz IX, 1591년)

③ 클레멘스 8세(Clemens Ⅷ, 1592년~1605년)

④ 바오로 5세(Paul V, 1605년~1621년)

해설 1600년대 초반 터키 커피가 베네치아에 전해지자 가톨릭 신자들은 이를 아랍인들의 음료라는 이유로 '악마의 음료'라며 탄원을 한다. 논쟁이 계속 되자 이 음료를 판결하기 위해 1605년 교황 클레멘트 8세(1592~1606)가 시음해 본 후 이교도들의 커피에 세례를 줌으로써 카톨릭 신자도 마실 수 있도록 공인 한다.

08. 1683년 오스트리아 최초의 커피하우스는?

① 카페 르 프로코프 ② 로이즈 커피하우스

③ 페니 대학 ④ 푸른 병 아래의 집

해설 1683년 오스만제국(터키)의 유럽정벌을 위해 벌였던 함스부르크(오스트리아)와의 비엔나 전투에서 정찰병 콜쉬스키(Kolschitzky)가 커피의 가치를 알고 사업구상에 나서고, 돔가세에 '푸른 병 아래의 집'이라는 오스트리아 최초 커피하우스의 문을 열었다.

09. 미국에서 1773년 차에 과도한 세금을 부과한 타운젠트 법안이 통과되며 일어난 사건은?

① 보스톤 차 사건　　② 독립혁명

③ 드레퓌스 사건　　④ 보스턴 학살사건

해설 미국 독립전쟁 전에 보스턴 항구에서 인디언으로 위장한 미국의 식민지 반군이 영국 동인도 회사 소유의 값비싼 차가 실려 있던 배를 파괴한 사건(1773.12.16.)이다.

10. 1897년 당시 다양하게 불려진 커피의 명칭 중 틀린 것은?

① 가배차　　② 가비차

③ 양탕　　④ 흑양차

해설 고위층에서는 가배차, 평민들에게는 가비차, 일반민가에서는 양차라 불려졌다.

11. 우리나라 최초의 다방은?

① 정동구락부　　② 대불호텔

③ 남대문역다방　　④ 손탁호텔

12. 고종황제가 커피를 마시게 된 계기는?

① 을사조약　　② 강화도조약

③ 아관파천　　④ 을미사변

해설 1895년 아관파천으로 러시아 공사관에 머물면서 처음으로 커피를 마셨다는 기록이 있다.

13. 커피의 식물학적 정의로 틀린 것은?

① 꼭두서니과의 코페아에 속한다.　　② 열대성 상록교목이다.

③ 다년생 상록관목 외떡잎식물이다.　　④ 세계적으로 25종 이상이 분포하고 있다.

해설 커피는 쌍떡잎식물이다.

14. 커피에 대해 과학적인 연구를 시작한 식물학자는 누구인가?

① 프랑스의 미셸 아당송　　② 스웨덴의 린네

③ 영국의 로버트 브라운　　④ 독일의 비스마르크

15. 커피의 3대 원종에 속하지 않은 것은?

① 아라비카 종　　② 칸타타 종

③ 카네포라 종　　④ 리베리카 종

해설 커피의 3대 원종은 아라비카(Coffea Arabica) 종, 카네포라(Coffea Canephora) 종, 리베리카(Coffea Liverica) 종 3가지이다.

16. 펄프 속의 생두를 감싸고 있는 단단한 껍질인 내과피를 무엇이라 하는가?

① 은피(silver skin)　　② 그린빈(Green Bean)

③ 파치먼트(parchment)　　④ 센터 컷(center cut)

17. 피베리에 대한 설명으로 맞는 것은?

① 체리 1개당 하나의 생두만을 가지고 있다.

② 체리 1개당 두개의 생두가 마주보고 있다.

③ 크기가 작고 단맛이 강하다.

④ 크기가 크고 쓴맛이 강하다.

해설 보통 체리 1개당 두 쪽의 생두가 마주보고 있는 것이 일반적이나 하나의 생두만을 가지고 있는 경우가 있는데 이를 '피베리'라고 한다. 피베리만 따로 모아 스페셜티(specialty)로 상품화하여 판매하기도 한다.

18. 커피나무의 재배조건에 속하지 않는 것은?

① 적설량　　② 토양

③ 강우량　　④ 바람과 일조량

해설 커피나무의 재배조건으로는 지형과 해발고도, 온도, 강우량, 토양, 바람과 일조량 등이 있다.

19. 커피가 잘 자라는 조건 중 가장 이상적인 강우량은?

① 아라비카 1,200~1,500mm　　② 아라비카 1,500~2,000mm

③ 로부스타 1,200~1,500mm　　④ 로부스타 1,800~2,300mm

해설 커피가 자라고 열매 맺는데 가장 이상적인 연간 강우량은 아라비카 1,200~1,500mm, 로부스타 1,500~2,000mm 정도이다.

20. 커피재배의 방법 중 틀린 것은?

① 연평균기온이 15~24℃ 정도가 좋다.

② 경작은 화산성 토양으로 약산성(pH5~6)이 적합하다.

③ 토양의 점토는 30% 이하, 굵은 모래는 50~70%가 좋다.

④ 강우량은 열매가 맺을 때 까지는 우기, 맺고 나서는 건기가 좋다.

해설 커피 경작에 적합한 토양은 화산성 토양으로, 뿌리가 쉽게 뻗을 수 있는 다공질의 토양이 적합하고 점토는 70% 이하, 굵은 모래는 20~30% 이하가 좋다.

21. 커피벨트(Coffee Belt)의 설명으로 틀린 것은?

① 적도를 중심으로 북위 28°~남위 30°사이이다.

② 해발 500~800m 사이의 열대, 아열대 지역, 일부 온대 지방을 말한다.

③ 연평균 일조량은 2,200~2,400시간 정도가 적당하다.

④ 다른 말로는 Coffee zone이라고도 한다.

해설 적도를 중심으로 북위 28°~남위 30°의 해발 1000m~3000m 사이의 열대, 아열대 지역으로 커피 재배에 알맞은 기후와 토양을 갖추고 하나의 띠를 형성하고 있는 것을 이르며, 일조량은 연평균 2,200~2,400시간 정도가 적당하다. 커피 존(coffee zone)이라고도 한다.

22. 아라비카의 주요 생산지가 아닌 것은?

① 남아메리카 ② 동아프리카

③ 카리브해 ④ 중남미

해설 아라비카의 주요 생산지는 다음과 같다.

- 카리브해 : 쿠바, 자메이카
- 중남미 : 브라질, 콜롬비아, 과테말라
- 아라비아 반도 : 인도, 인도네시아
- 동아프리카 : 탄자니아, 케냐, 에티오피아, 예맨

23. 세계 3대 커피는?

① 하와이안 코나, 콜롬비아 수프리모, 브라질 산토스

② 하와이안 코나, 예멘 모카, 브라질 산토스

③ 자메이카 블루마운틴, 케냐 AA, 에티오피아 시다모

④ 자메이카 블루마운틴, 하와이안 코나, 예멘 모카

24. 브라질의 대표적인 커피가 아닌 것은?

① 버본 산토스 ② 몬테알레그레
③ 카페 리오테 ④ 엑셀소

해설 콜롬비아의 대표적인 커피는 수프레모(Colombia Supremo), 엑셀소(Colombia Excelso)가 있다.

25. 커피생산자협회의 관리 감독 하에 로부스타종의 재배를 금지하고 있는 나라는?

① 자메이카 ② 콜롬비아
③ 브라질 ④ 코스타리카

해설 커피가 콜롬비아의 주요 생산품으로 큰 비중을 가지고 있고, 콜롬비아 커피생산자협회의 철저한 관리 감독하에 로부스타종의 재배를 금지하고 있으며 스크린사이즈 13 이하의 생두는 수출을 금지하는 등 최고급 품질의 커피생산에 심혈을 기울여 세계 1위의 고급커피로 손꼽히고 있다.

26. 블루마운틴에 대한 설명으로 틀린 것은?

① 커피의 황제라 불리며 콜롬비아가 생산지로 1400m 이상의 고지대에서 경작한다.
② 향미가 부드럽고 전체적으로 균형 잡힌 조화로운 맛이다.
③ 전체생산량의 90%가 일본으로 수출된다.
④ 블루 산(Mt. Blue) 산맥의 최고봉 이름을 따서 만든 이름이다.

27. 과테말라에서 생산되는 스모크 커피의 대명사로 불리는 것은?

① 알투라(Altura) ② 안티구아(Antigua)
③ 엑셀소(Excelso) ④ 버본 산토스(Bourbon Santos)

해설 과테말라에서 생산되는 안티구아(Antigua)는 스모크 커피의 대명사로 쏘는 듯 한 신맛과 깊고 풍부한 향미를 가지고 있는 과테말라 대표 커피이다. 알투라(Altura)는 멕시코를 대표하는 커피이다.

28. 커피나무에 대한 설명으로 바르지 않은 것은?

① 커피나무는 아프리카 에디오피아가 원산지이다.
② 커피나무의 열매는 체리 혹은 베리라고 부른다.
③ 커피 꽃의 꽃잎은 자스민 향이 나며 꽃잎은 아라비카 5장, 로부스타 5~7장이다.
④ 파치먼트는 내과피 내부에 생두를 감싸고 있는 얇은 막인 은피를 말한다.

해설 커피열매의 외과피를 벗기면 나오는 펄프 속에 생두를 감싸고 있는 단단한 내과피를 파치먼트라 한다.

29. '타라주(Tarrazu)'에 대한 설명으로 맞는 것은?

① 지역주민이 조합을 형성하여 수공가공법으로 재배하고 있다.

② 강한 신맛과 감칠맛, 와인의 향미가 균형 있게 조화를 이루는 특징이 있다.

③ 과테말라를 대표하는 커피이다.

④ 분류되는 등급으로는 프라임 워시드라고 한다.

해설 코스타리카의 대표 커피인 타라주(Tarrazu)는 강한 신맛과 감칠맛, 와인의 향미가 균형 있게 조화를 이루고 있는 것이 특징이다.

30. 커피 생산국과 대표 커피가 바르게 연결되지 않은 것은?

① 엘살바도르 - 타라주 ② 멕시코 - 알투라

③ 콜롬비아 - 수프레모 ④ 에디오피아 - 하라

31. 생산된 커피가 영국 왕실 커피로 이용되며, 천혜의 자연조선을 가시고 있는 나라는?

① 에디오피아 ② 탄자니아

③ 예멘 ④ 인도

해설 탄자니아 킬리만자로 산맥에서 생산되는 탄자니아 킬리만자로(Tansania Kilimanjaro) 커피는 영국 황실이 즐겨 마신다고 하여 '왕실의 커피', '커피의 신사'라는 별명을 가지고 있다. 깔끔하면서도 기품있고 섬세하면서도 와일드하며 풍부한 맛과 향, 날카로운 신맛을 가진 아프리카다운 커피로 세계 명품 커피의 자리를 유지하고 있다.

32. 소설가 헤밍웨이가 즐겨 마셨다고 하여 유명해진 커피는?

① 모카 ② 시다모

③ 블루마운틴 ④ 크리스탈 마운틴

33. 전 세계에서 뚜렷한 개성을 가진 커피로 마타리, 이스마일리, 히라지 등의 고급 커피를 생산하는 나라는?

① 예멘 ② 코스타리카

③ 케냐 ④ 탄자니아

34. '에디오피아의 축복' 으로 유명한 커피는?

① 이르가체프 ② 시다모

③ 하라 ④ 짐마

35. 하와이안 코나에 대한 설명으로 틀린 것은?

① 세계 3대 커피 중 하나이다.

② 철저히 손으로 커피를 수확하여 습식 가공한다.

③ 해발 250~750m의 저지대에서 생산한다.

④ 미국에서 유일하게 재배, 생산하여 만드는 커피이다.

해설 하와이안 코나 외에도 카우아이 이스테이트(Kauai Estate), 마우이 모카(Maui Mocha) 등이 있다.

36. 커피열매를 먹은 사향고양이의 배설물로 만드는 커피는?

① 코피 루왁 ② 만델링

③ 가요 마운틴 ④ 모카 자바

37. 인도네시아의 커피 생산지가 아닌 곳은?

① 칼리만탄 섬 ② 자바 섬

③ 수마트라 섬 ④ 술라웨시 섬

해설 인도네시아 커피 생산지는 수마트라, 자바, 슬라웨시 등 섬 단위로 구분되며 그중 수마트라 섬이 최대 생산지로 꼽히고 있다.

38. 아라비카종의 묘목을 농장에 이식한 후, 커피나무에서 열매의 수확이 가능해지는 기간은?

① 1년 ② 2년

③ 3년 ④ 4년

39. 셀렉티브 픽킹(selective picking)에 대한 설명으로 틀린 것은?

① 잘 익은 체리만을 사람이 손으로 골라서 따는 방식이다.

② 체리가 균등하고 양질의 커피를 얻을 수 있다.

③ 주로 로부스타 재배나 건식법을 사용하는 국가에서 이용한다.

④ 핸드픽킹이라고도 한다.

해설 주로 아라비카 재배나 습식법을 사용하는 국가에서 이용한다.

40. 커피의 나뭇가지 전체를 손으로 훑어 떨어뜨려 수확하는 방식은?

① 핸드 피킹(Hand picking)
② 셀렉티브 피킹(Selective picking)
③ 스트리핑(Stripping)
④ 매커니컬 피킹(Mechanical picking)

41. 정상적이지 않은 생두나 이물질이 섞인 생두를 무엇이라고 하는가?

① 결점두
② 원두
③ 대두
④ 잡두

42. 내추럴(건식법)에 대한 설명으로 틀린 것은?

① 이물질 제거 - 분리 - 건조의 세 과정으로 구분된다.
② 체리의 펄프를 제거하지 않고 과육과 내과육을 동시에 탈곡한다.
③ 미숙두와 이물질이 쉽게 분리되기 때문에 품질이 균일하다.
④ 내추럴의 전통적인 가공방식은 sun dry이다.

43. 출하하기 직전에 생두에서 이것을 제거한 후 선별과정을 하는데 이것은 무엇인가?

① 파치민드
② 은피
③ 센터컷
④ 생두

해설 일반적으로 생두는 내과피에 둘러싸인 상태에서 품질이 가장 잘 보존 되므로 출하 직전까지 내과피(파치먼트) 상태로 보관했다가 출하 시에 내과피 제거기로 결점두와 함께 제거한 후 출하한다.

44. 커피의 전파에서 유럽 최초로 무역상들에 의해 커피가 전파된 도시는?

① 런던
② 암스테르담
③ 뉴욕
④ 베니스

45. 워시드의 정제 과정으로 알맞은 것은?

① 이물질제거 - 분리 - 탈곡 - 세척 - 건조
② 탈곡 - 이물질제거 - 분리 - 세척 - 건조
③ 펄핑 - 점액질 제거 - 분리 - 세척 - 건조
④ 분리 - 펄핑 - 점액질 제거 - 세척 - 건조

46. 디카페인 커피의 공정이 아닌 것은?

① Traditional Process ② Swiss Water Process
③ CO_2 Water Process ④ Wet Process

47. 디카페인 커피의 공정 중 탄소필터를 사용하는 방식은?

① Traditional Process ② Swiss Water Process
③ CO_2 Water Process ④ Wet Process

48. 디카페인 공정에 친환경 카페인 추출 용매로 각광 받고 있는 물질은 무엇인가?

① 이산화탄소 ② 탄소
③ 염소 ④ 요오드

49. 디카페인 커피가 처음 개발된 나라는?

① 미국 ② 독일
③ 이탈리아 ④ 브라질

50. 디카페인 커피의 공정 중 비용이 가장 저렴한 방식은?

① Traditional Process(용매 추출법)
② Swiss Water Process(물 추출법)
③ CO_2 Water Process(초임계 이산화탄소 추출법)
④ Wet Process(습식법)

정답

01	②	02	④	03	③	04	④	05	②	06	①	07	③	08	④
09	①	10	④	11	①	12	③	13	③	14	②	15	②	16	③
17	①	18	①	19	①	20	③	21	②	22	①	23	④	24	④
25	②	26	①	27	②	28	④	29	②	30	①	31	②	32	④
33	①	34	③	35	④	36	①	37	①	38	③	39	③	40	③
41	①	42	③	43	①	44	④	45	④	46	④	47	②	48	①
49	②	50	①												

Chapter 02

커피 원두선택

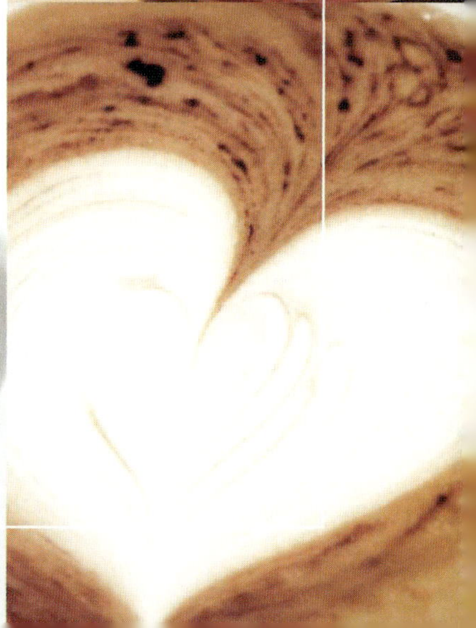

2.1 커피 원두 배합비율(블랜딩) 선택하기

1. 아라비카종과 로부스타종의 배합 비율을 확인하여 배합된 원두를 선택할 수 있다.
2. 생산지에 따른 단일품종의 원두를 확인하여 선택할 수 있다.
3. 블랜딩된 원두의 비율을 확인하여 원두를 선택할 수 있다.

필요지식

01 블랜딩의 개념과 목적

블랜딩Blending의 개념

블랜딩이란 일반적으로 특성이 다른 2종류 이상의 원두를 혼합함으로써 커피의 고유한 맛과 향기를 다양화하여 새로운 향미를 창조해내는 기술로 배합이라고도 하며, 최초의 블랜딩 커피는 예멘의 모카와 인도네시아의 자바를 혼합한 모카-자바Mocha-Java 커피로 알려져 있다.

블랜딩 목적

블랜딩은 새로운 맛의 창출, 원두의 지속적 품질 유지, 원가 절감을 위한 세 가지 목적이 있다. 즉, 원두는 생산지, 가공방법, 품종, 로스팅 정도 등에 따라 각각의 원두가 지니고 있는 맛과 향이 다르기 때문에 각 원두가 가지고 있는 특성을 적절하게 배합하여 균형 잡힌 맛과 향기를 이끌어냄으로써 부족한 점을 보강하고, 새로운 맛과 향미를 창조해 냄으로써 상승효과를 기대할 수 있다. 또한 커피생두의 공급이 원활하지 않거나 품질이 일정하지 않을 때 다른 콩으로 대체하여 품질을 유지하거나, 고급커피에 비해 상대적으로 원가가 낮지만 맛의 계열이 비슷한 생두를 혼합하여 고유한 향미는 유지하되 원가를 절감시킴으로써 수익을 창출하는 목적을 바탕으로 한다.

세계적으로 단종 커피(스트레이트Straight)의 음용 비율은 전체의 약 25% 정도로 대부분은 블랜딩 커피로 만들어져 판매되고 있기 때문에 블랜딩 베이스로 가장 많이 사용되는 브라질산이 독보적인 판매량을 기록하고 있다.

02 블랜딩 실전

블랜딩 방법

블랜딩에서 중요한 것은 생두의 선택으로 세 가지 이상의 커피를 혼합하기 때문에 커피마다 특성을 살려서 혼합해야 한다. 원산지 명칭을 사용하는 경우에는 해당 커피를 30% 이상은 사용하는 것이 좋다. 블랜딩 방법에는 크게 2가지가 있다.

선 블랜딩(혼합 블랜딩Blending Before Roasting)

정해놓은 비율에 따라 각각의 생두를 혼합하여 한 번에 로스팅하는 방법이다. 선 블랜딩은 후 블랜딩에 비해 시간이 짧고 편리하며 균일한 색상의 원두를 얻을 수 있으나, 생두의 밀도나 특성이 다르기 때문에 생두 선별에 각별히 신경써야하며 로스팅 포인트 결정에 어려움이 있다. 맛과 향의 균일성 유지를 위해서는 생두 단계에서의 블랜딩이 권장되는데 이는 일관성 있는 로스팅이 가능할 뿐만 아니라 더욱 조화로운 맛을 추구할 수 있기 때문이다.

후 블랜딩(단종 블랜딩Blending After Roasting)

로스팅하고자 하는 생두를 단종으로 로스팅하여 나중에 혼합하는 방법이다. 후 블랜딩은 각 생두에 맞는 적절한 로스팅 포인트를 바탕으로 따로 볶은 후 혼합하기 때문에 각각의 커피들이 가지고 있는 고유한 맛과 향이 극대화되어 풍부한 맛과 향이 창출될 수 있는 장점이 있다. 그러나 혼합되는 가짓수만큼 일일이 개별 로스팅을 진행하여 선 블랜딩에 비해 시간이 많이 걸리고, 생두에 따라 로스팅 정도가 달라 블랜딩 커피의 색이 불균형하다. 그러므로 이 방법으로 혼합할 시 각 생두의 로스팅 단계가 3단계 이상 차이나지 않는 것이 좋다. 생두의 크기나 무게, 특성 등이 각기 다른 상태에서 균일한 정도의 로스팅을 완성해 내는 것은 쉬운 일이 아니므로 각기 다른 생두에 대한 품질평가와 맛 테스트, 블랜딩에 대한 오랜 노하우가 필요하다.

블랜딩 생두의 선택

블랜딩에 앞서 각각의 커피가 지니고 있는 고유한 맛과 향을 잘 파악하여 결점을 보완할 수 있는 원두를 선택해야 한다. 유사한 맛을 지닌 원두끼리의 블랜딩은 피하고 서로 상반되는 특징을 가진 커피를 이용하는 것이 좋다. 비슷한 특징을 가진 원두를 사용하여 블랜딩을 하게 되면 향미가 중첩되어 맛의 상승효과를 기대할 수 없고 밋밋한 커피가 될 수 있다. 로부스타 종은 쓴맛이 강하고 향기는 약하며 카페인 함량은 높다. 그러나 경제적인 면이나 맛의 깊이 및 일관성 유지에 유리하기 때문에 블랜딩 할 때 폭넓게 이용되고 있다. 여기에 더욱 세련된 맛을 추구하기 위해 아라비카가 가미된다. 아라비카는 꽃향기에서 초콜릿향에 이르기까지 다양한 맛과 향을 내는 이점이 있다.

베이스가 되는 커피는 품질이 안정적이고 향미가 튀지 않는 브라질, 콜롬비아 등의 커피를 사용하는 것이 좋다. 블랜딩을 할 때는 기본이 되는 베이스 커피를 40~50% 정도 사용하고 혼합되는 원두의 종류가 너무 많으면 향의 표현이 복잡하여 향미를 알 수 없게 되기 때문에 2~5종으로 제한하여 블랜딩 하는 것이 적당하다. 생두는 유통이나 가격에 무리가 없고 품질이 안정된 것을 선택해야 한다. 가격에 치우쳐 저급한 품질의 생두를 사용할 경우에는 양질의 커피를 만들어낼 수 없고, 단가가 높은 고품질의 커피를 사용하여 블랜딩을 하면 전체적인 품질의 안정감을 줄 수는 있으나 생두의 공급이 원활하게 이루어지지 않을 수 있으며, 가격이 다소 높게 책정되어 재료 구매 시 부담이 될 수 있다. 따라서 각 생두의 가격 및 품질을 비교·분석하여 항상 일정한 품질을 유지함과 동시에 원활한 공급이 이루어 질 수 있도록 해야 한다. 또 생두의 종류에 따른 블렌딩 비율은 정확한 계량을 거쳐 결정해야 한다.

배합 원두의 선택 기준

배합 원두를 선택할 때에는 각각의 커피의 맛과 향이 조화로울 수 있도록 선택해야 하며, 원두의 배합 시점을 로스팅 전에 할지 후에 할지도 선택해야 한다. 로스팅 전 블랜딩을 할 경우 다소 저급의 원두를 일부 사용하여도 어느 정도 맛이 중화되기 때문에, 생두의 비용을 절감할 수 있는 장점이 있으나, 개성 있는 맛과 향을 얻기 어렵다. 로스팅 후 블랜딩을 할 경우 각각의 지향하는 원두 맛과 향이 다르기 때문에 블랜딩 후 원두의 색상이 다소 균일하지 않을 수 있으며, 각 원두의 배합 비율에 따른 재고관리의 문제가 있을 수 있다.

베이스 원두

전체의 40~50% 비율을 차지하는 베이스 원두는 안정된 품질과 합리적인 가격의 밸런스가 좋은 원두를 사용하는 것이 좋다. 주로 중남미에서 생산되는 원두를 사용하며 베이스 원두로 사용되는 대표적인 품종으로는 브라질 원두가 있으며, 그 외에도 마일드한 블렌드를 만들기 위해서는 콜롬비아 커피를 베이스로 사용하거나 개성이 강한 원두들을 사용할 때에는 인도네시아 원두를 베이스로 사용하여 중후함을 더해준다.

향미를 더해주는 원두

베이스 원두의 향미를 더해 주기위해 특색 있는 원두를 배합하는 것이 좋다. 상큼한 산미와 풍부한 꽃향기를 지닌 대표적인 품종인 에티오피아 원두를 사용하는 경우가 많고, 강한 산미와 다채로운 향미의 코스타리카 또는 특색 있는 스모키한 향미를 지닌 과테말라 원두와 같이 개성 있는 원두를 사용하는 것이 좋다.

바디감을 더해주는 원두

로부스타 품종은 진한 향미와 바디감을 더해주기에 좋은 대표 품종이지만, 품질이 일정하지 않아 원가 절감의 용도로 주로 사용하며, 품질의 안정화를 위해 로스팅 전 블랜드를 하는 경우에 주로 사용한다. 아라비카 품종으로는 인도네시아 만델링이 바디감이 좋은 것으로 평가되어 배합 시 많이 사용되고 있다.

생산지별 커피 맛의 특징

	생산지	맛과 향의 특징
중남미	브라질	부드러운 신맛, 초콜릿의 달콤함, 약한 쓴맛
	콜롬비아	초콜릿의 향미, 단맛, 과일의 신맛, 적당한 바디, 균형잡힌 맛
	자메이카	부드러운 신맛, 단맛, 약한 쓴맛, 균형잡힌 맛
	과테말라	스모키한 향미, 중후한 바디감, 적당한 산미, 밀크 초코렛의 단맛
	멕시코	높은 산미, 적당한 바디와 향미
	코스타리카	캐러멜의 풍미, 단맛, 감귤계의 신맛, 부드러운 바디
	엘살바도르	적당한 산미, 아몬드의 향미, 달콤함, 적당한 바디감
	페루	초콜릿의 향미, 과일의 향미, 균형잡힌 바디, 깨끗함
아프리카	에티오피아	플로럴 계열의 향미, 상쾌한 산미, 약한 바디감
	케냐	복합적인 향, 복합적인 단맛, 와인을 연상케하는 바디감, 다크초코렛의 향미, 과일의 산미
	탄자니아	적당한 산미, 단맛, 견과류의 향, 적당한 바디, 부드러움

아시아·태평양	예맨	다크 초콜릿 향미, 와인의 신맛, 단맛
	하와이	균형감, 부드럽고 낮은 산미, 특유의 단맛, 높은 단맛, 플로럴향
	인도	흙향, 강렬하고 자극적인 맛
	인도네시아	과일의 단맛, 독특한 쓴맛, 약한 신맛, 풍부한 바디감
	파푸아뉴기니	풍부한 바디감, 부드러움, 달콤한 뒷맛, 후추향
	베트남	쓴맛과 단맛(로부스타)

블랜드의 기본 비율

블랜드의 맛과 향	산지	비율	로스팅 단계
상큼한 신맛과 향기	콜롬비아	40%	시티 로스트 (City Roast)
	브라질	20%	
	모카	20%	
	멕시코	20%	
조화롭고 깊은맛	브라질	30%	시티 로스트 (City Roast)
	콜롬비아	30%	
	모카	20%	
	괴테말라	20%	
감칠맛과 깊은맛	브라질	40%	풀 시티 루스트 (Full-city Roast)
	모카	30%	
	콜롬비아	30%	
단맛과 쓴맛의 조화	브라질	30%	풀 시티 로스트 (Full-city Roast)
	콜롬비아	30%	
	인도네시아 자바	20%	
	엘살바도르	20%	
쓴맛과 깊은맛	콜롬비아	30%	프렌치 로스트(French Roast) or 이탈리안 로스트(Italian Roast)
	과테말라	30%	
	브라질	20%	
	짐바브웨	20%	
아이스커피	브라질	30%	프렌치 로스트(French Roast) or 이탈리안 로스트(Italian Roast)
	콜롬비아	30%	
	모카	20%	
	인도네시아 만델린	20%	

Coffee Barista

2.2 커피 원두 볶음 정도(로스팅 단계) 선택하기

1. 색깔에 따른 볶음 정도를 구분할 수 있다.
2. 맛에 따라 볶음 정도를 선택할 수 있다.
3. 메뉴에 따라 볶음 정도를 선택할 수 있다.

필요지식

01 로스팅의 개념

로스팅Roasting

로스팅은 생두에 열을 가하여 생두가 지닌 여러 성분속의 맛과 향미 성분들을 발현시키는 과정으로서 생두가 지닌 성분들을 최적의 상태로 만드는 것을 목적으로 하며, 커피를 마시기까지의 전체 과정 중 가장 중요한 과정이라고 할 수 있다. 로스팅을 할 때 시간과 열에 따라 커피 속의 성분들이 볶는 시간과 열에 반응하며 계속적으로 변화하는데 이런 과정 중, 원두의 맛과 향을 최적의 상태로 만드는 로스팅 지점을 정점 로스팅Peak Roasting이라고 한다. 정점 로스팅은 생두의 종류에 따라 다르며 로스팅의 정도에 따라 향미는 물론 맛 또한 달라지는데 로스팅의 정도가 낮을수록 신맛이 강하며, 높을수록 쓴맛이 강하게 느껴진다. 따라서 로스팅을 할 때에는 로스팅 할 생두에 관한 사전지식을 충분히 보유하여 그에 맞는 특징을 고려한 로스팅을 하는 것이 좋다.

로스팅의 물리적·화학적 변화

로스팅은 열전달 현상에 의한 것으로 전도Conduction, 대류Convection,

복사Radiation에 의해 공급된 열이 원두를 가열하여 복잡한 물리적, 화학적 과정이 연속적으로 일어난다. 이 과정 중에 이산화탄소가 방출되고, 여러 휘발성 성분이 생성되고 손실된다. 수분이 증발하면서 생두의 무게가 감소하고 밀도가 줄어들면서 부피가 약 2배가량 증가하며 생두 내의 조직이 점차 다공성으로 바뀌게 된다. 로스팅 과정에서는 온도와 시간에 따라 색, 맛, 향미 뿐만 아니라 다양한 변화가 일어나기 때문에 커피에 대한 폭 넓은 이해와 원두의 특징에 대한 철저한 분석을 통하여 로스팅 과정이 진행 되어야 한다.

원두에 열을 가하면 커피는 600여 가지의 화학반응이 일어나게 된다. 커피 생두의 기본적이 세포구조는 녹아 없어지며 팝콘같이 펑하며 터진다. 이때 단백질이 소화제 성분으로 변하여 원두의 표면에 향기로운 식물성 기름을 형성하게 되는데 이 향이 휘발성이 있어 커피의 맛과 향기를 전달한다.

배전 정도에 따라 비례적으로 감소하는 트리고넬린trigonelline, 클로로겐산chorogenic acid 성분의 함량을 측정하여 배전 정도를 파악하기도 하고, 원두 표면의 색을 육안으로 관찰하며 로스팅 정도를 조정하기도 하지만 요즈음에는 과학의 발달과 함께 원두의 표면 온도를 전자시스템으로 측정하여 로스팅 정도를 조절하기도 한다.

로스팅에 의한 변화

반응	흡열반응 → 발열반응
색깔	그린(Green) → 옐로우(Yellow) → 브라운(Brown) → 다크 브라운(Dark Brown)
맛	신맛, 단맛, 쓴맛이 생성되며 로스팅이 진행 될수록 신맛은 감소, 쓴맛은 증가
향	배전 후 캐러멜, 초콜릿, 너트 향 등의 생두 각각의 다양하고 고유한 향이 생성됨.
부피	로스팅 후 부피가 약 50% 정도 팽창하여 크기가 2배가 됨.
무게	생두의 수분이 증발하며 함수율 11~13%에서 로스팅 후 4~5%로 줄어들며 무게가 약 15~30% 감소한다.

02 로스팅 실전

로스팅 과정

로스팅의 기본적인 3단계 과정으로는 건조(수분의 증발), 열분해(1 · 2차 크랙), 냉각(신속한 냉각)이 있다. 로스팅 과정 초기에는 흡열반응을 통해 생두의 온도가 서서히 올라가면서 수분증발이 일어난다. 연한 녹색을 띠던 생두의 색상이 점차 갈색으로 변화하고 생두의 온도가 약 190℃ 정도가 되면 스스로 열을 방출하는 발열반응으로 바뀌게 된다. 원두는 열분해가 일어나 부피가 커지고 온도는 급격히 상승하며, 이때부터 커피의 향미 성분이 본격적으로 생성된다. 로스팅이 원하는 단계까지 도달하게 되면 원두를 신속히 로스터기로부터 배출하여 냉각 해줌으로서 열분해가 지속되는 것을 종결시켜 준다. 보통 배전된 원두의 수분 함량은 2% 내외이므로 물을 뿌려 식힌 경우 4% 정도의 수분함량을 갖게 된다. 원두의 온도를 신속히 떨어뜨려 주는 것은 향미의 보존과 관련이 있다.

생두 투입

로스팅을 진행하기 전 결점두나 이물질을 제거하는 핸드 픽Hand Pick이라는 과정을 거쳐야 하며 핸드 픽이 제대로 이루어지지 않으면 열의 침투가 불안정해져 결점두에서 발생하는 잡미로 인하여 커피의 향미에 좋지 않은 영향을 줄 수 있다. 또한 생두 투입 전에는 로스터를 충분히 예열해 주어 생두에 가해지는 열의 흐름이 안정되게 한다. 예열은 낮은 온도로부터 시작하여 210℃까지 천천히 올려주어 기계에 물리적인 충격이 가해지지 않게 주의한하고 로스터가 충분히 예열되면 생두를 투입한다.

갈변반응Yellow

생두가 열을 흡수하며 수분이 증발하여 일시적인 부피의 수축이 진행되며 이 과정에서 풋내가 난다. 생두자체의 온도가 약 170~180℃ 정도가 되었을 때 다시 부피가 커지기 시작하며 커피의 당 성분의 갈변화가 진행되어 커피의 맛과 향 성분들이 생성되어 지고 이 때, 색상이 점차 옅은 노란빛을 띄며 고소한 단향이 나기 시작한다. 로스팅이 진행될수록 온도가 높아지고 커피의 부피는 팽창하지만 수분의 증발로 인하여 무게는 감소한다. 색상은 연한 갈색에서 짙은 갈색으로 서서히 변해간다.

1차 크랙1st Crack

로스팅이 진행되어 원두의 온도가 약 190℃ 이상 되었을 때 커피의 조직이 팽창하고 가스성분들이 분출되면서 부피가 약 2배가량 팽창하게 되는데 이 과정에서 센터 컷이 갈라지며 팝콘을 튀길 때 나는 소리와 같이 '탁탁' 터지는 팽창음이 나기 시작한다. 이 지점을 1차 크랙이라 하며 원두의 색상은 갈색을 띄며 단향을 내던 커피의 향은 신향으로 바뀌게 된다. 이 과정은 커피에 흡수된 열이 밖으로 발산되는 발열반응으로 본격적으로 커피의 향미성분이 발현되는 지점이기도 하다.

2차 크랙2nd Crack

1차 크랙 이후 본격적인 커피의 향미 생성이 시작되며 이 후, 온도가 급격히 상승하게 되면서 빠르게 로스팅이 진행되기 때문에 로스팅 정도를 수시로 확인해주어야 한다. 원두의 온도가 약 220℃ 이상 되었을 때 원두의 색상은 진한 갈색을 띄며 2차 크랙 현상이 나타난다. 1차 크랙보다 더 짧은 시간단위로 '탁탁탁' 하는 크랙음이 나타나며 이 때 커피의 향미가 최고조에 이르게 된다. 원하는 로스팅 지점이 되었을 때 빨리 원두를 배출하여 로스팅이 진행되는 것을 멈추어야 한다. 로스팅이 너무 강하게 되었을 경우 향미를 잃을 뿐 아니라 쓴맛이 강한 커피가 될 수 있기 때문에 주의하여야한다.

배출·냉각 과정

로스팅 종료 후, 배출구를 열어 냉각기로 배출시켜 빠르게 냉각시키는 것이 중요하다. 로스팅이 끝난 후에도 원두 자체에 남아 있는 고온의 복사열을 배출하여 로스팅이 진행 될 수 있기 때문이다. 결과적으로 냉각과정이 신속히 이루어 지지 않으면 커피의 향기가 감소하며 쉽게 산패 할 수 있다. 냉각 과정은 물을 분사하여 온도를 낮추는 수냉 방식인 워터 퀀칭water quenching과 공기의 순환을 이용하여 온도를 낮추는 공냉 방식air cooling이 있으며 원두의 품질을 결정하는데 영향을 미치는 중요한 과정이다.

로스팅 단계별 특징

약 170~230℃의 고온에 의한 로스팅 과정 중 눈으로 쉽게 관찰 할 수 있는 변화는 커피의 색상이다. 원두의 산지별 특징에 따라 다소 차이가 있지만, 일반적으로 로스팅 단계는 색상변화에 따라 8단계로 분류된다. 일반적으로 녹색 계열의 색상을 띄고 있던 생두는 로스팅 진행 정도에 따라 연한 갈색에서 짙은 갈색으로 점차 변화하면서 맛과 향미도 달라지게 된다.

로스팅단계		배전도	색상		맛	특징
아메리칸	라이트	최약배전		황갈색	맛이 생성되지 않음	특징 없음
	시나몬	약배전		시나몬	약한 향미와 신맛	아주 약함

<table>
<tr><td rowspan="2">마일드</td><td>미디엄</td><td>약강배전</td><td></td><td>밤색</td><td>신맛이 강함</td><td>아메리칸</td></tr>
<tr><td>하이</td><td>중약배전</td><td></td><td>진밤색</td><td>신맛이 줄어 들고 향미 증가</td><td>일본식</td></tr>
<tr><td rowspan="3">유러피안</td><td>시티</td><td>중배전</td><td></td><td>진밤색</td><td>균형있음</td><td>독일식</td></tr>
<tr><td>풀시티</td><td>중강배전</td><td></td><td>흑자색</td><td>향미가 최고조에 이르며 중후한</td><td>아이스커피</td></tr>
<tr><td>프렌치</td><td>강배전</td><td></td><td>진흑자색</td><td>중후함</td><td>크림이나 우유에 희석 유러피안</td></tr>
<tr><td>에스프레소</td><td>이탈리안</td><td>최강배전</td><td></td><td>검정에 가까움</td><td>쓴맛이 강함</td><td>에스프레소</td></tr>
</table>

03 다양한 로스팅 방식

산지에서 생산된 생두는 각각의 특색을 가지고 있지만 그 특색을 살리는 과정이 바로 로스팅 단계라 할 수 있다. 또한 로스팅은 어떤 로스터에 의해서도 중요하지만 로스팅 하는 사람의 숙련도와 커피에 대한 정확한 지식, 생두에 대한 이해도가 로스팅을 좌우한다 해도 과언이 아니다.

대표적인 로스팅 방식은 직화식, 열풍식, 반열풍식이 있지만 로스터에 따라 장·단점이 있으므로 여러 방식의 로스터를 테스트하여 경험해 보고, 특징에 맞게 선택하는 것이 가장 좋은 방법이라 하겠다.

직화식 로스터conventionnal roaster, drum roaster

가장 오래되고 일반적인 로스팅 방법으로 원통형의 드럼이 가로로 누워있는 형태를 하고 있다. 드럼통에 구멍이 뚫려 있어 회전하면서 직접 열을 가하는 방식으로 가스나 오일 버너에 의해 가열된 드럼의 표면과 뜨거워진 내부 공기에 의해 배전된다. 커피의 맛과 향을 개성 있게 만들어 낼 수 있지만 생두의 겉과 속이 차이가 날 수 있어 균일한 로스팅을 하기가 어렵고, 생두에 대한 로스터의 지식과 수분함량을 예측하여 화력조절을 하는 기술이 필요하다. 반열풍식에 비해 연기가 많이 난다.

반열풍식 로스터Semi-Rotating Fluidized Bed Roaster

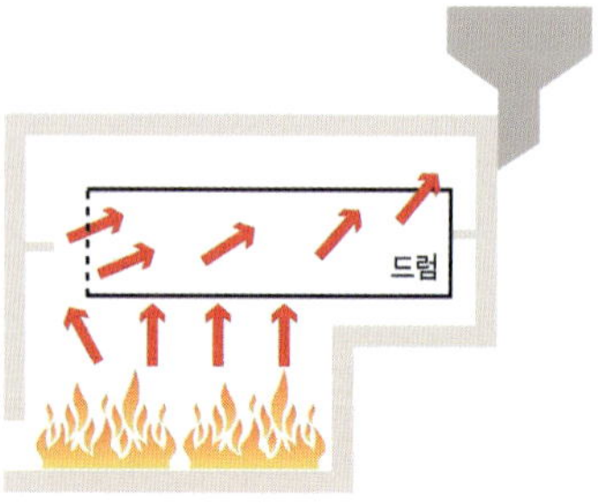

직화식 로스터의 변형으로, 열에 의해 드럼이 가열되면 드럼 표면에서 발생하는 열과 드럼 후면에 뚫린 통풍구를 통해 뜨거운 바람이 순환하면서 로스팅하는 방식으로 대류열에 의해 형성된 열풍이 내부로 전달되어 배전된다. 화력, 시간에 따라 맛의 변수가 많고, 직화식에 비해 균일한 로스팅이 가능하나 커피의 개성은 감소한다.

열풍식 로스터Rotating Fluidized Bed Roaster

고온의 열풍으로 원두를 볶는 방식으로, 원두 사이를 고속으로 통과하는 열풍에 의해 공중에 뜬 상태로 볶이기 때문에 직화식보다 균일한 배전이 가능하고, 배전시간도 비교적 짧은 편이다. 열풍식 로스터기는 배전실과 냉각실로 나누어져 있어 열 손실이 적은 장점도 있다. 일반적으로는 원두가 다 볶이면 냉각실로 낙하되어 냉각이 되는 동안 또 다른 원두의 로스팅이 가능하다.

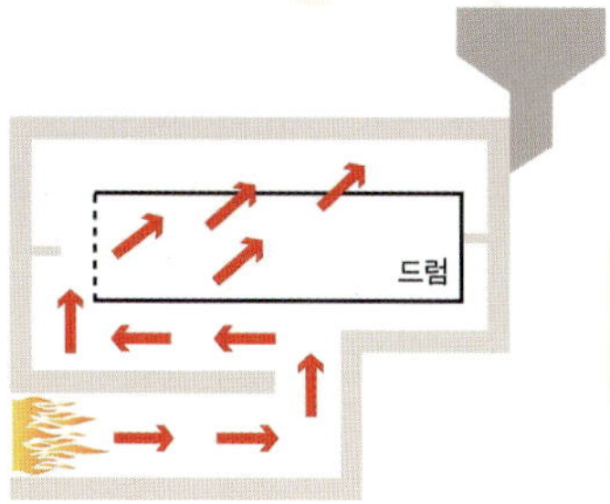

로스팅 가열 방식별 비교

구분	직화식	반열풍식	열풍식
가열 방식	드럼 내·외부에 직접 전달한다.	직열 40%와 열풍 60%를 전달한다.	열풍 100%를 전달한다.
특징	개성적인 맛과 향을 표현한다.	안정적인 커피 맛과 향을 표현한다.	보다 안정적인 커피 맛과 향을 표현한다.
예열 시간	짧다.	길다.(최소 30분 이상)	길다.(최소 30분 이상)
댐퍼 기능	민감하다.	다소 민감하다.	다소 민감하다.
시간	저온 로스팅이 가능하다.	저온과 고온 로스팅이 가능하다.	고온 로스팅에 적합하다.

로스팅 가열 방식에 따른 특징

구분	저온 롱타임 로스팅	고온 숏타임 로스팅
로스터의 종류	직화, 반열풍	열풍
시간	약 8~20분	약 3~4분
커피콩의 온도	200~240℃	230~250℃
향미	약한 신맛과 풍부한 향기 중후함	강한 신맛과 부족한 향기 깨끗한 맛
밀도	팽창이 적어 밀도가 큼	팽창이 커 밀도가 작음
가용성 성분	적게 추출	10~20% 더 추출

로스터기의 부분별 명칭과 역할

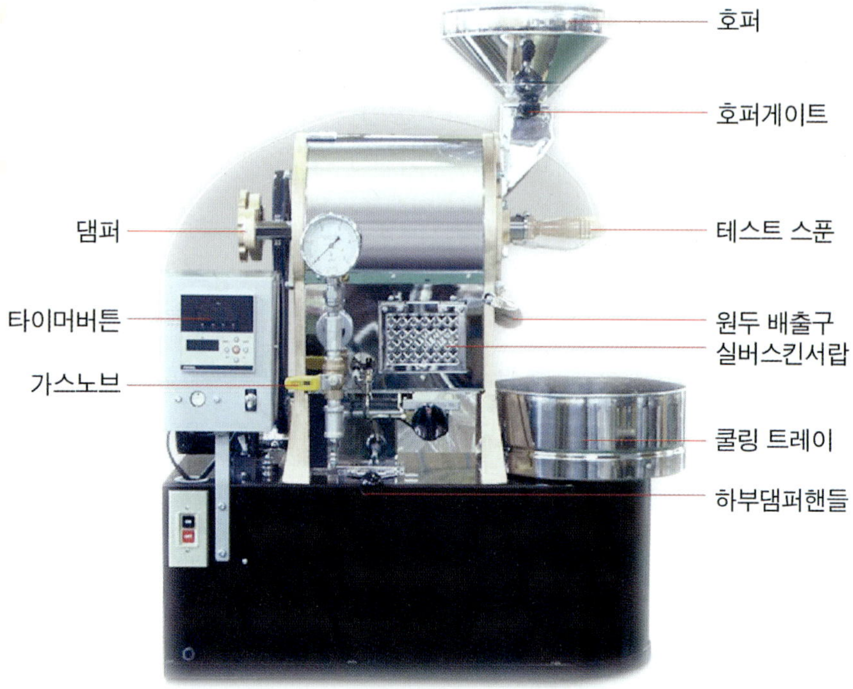

호퍼

생두를 담아 놓는 곳

호퍼게이트

생두를 본체로 넣을 때 통과하는 연결 통로

댐퍼

드럼 내부의 열량, 향, 공기 흐름을 조절하는 장치

테스트 스푼

로스팅 중에 원두를 꺼내어 변화를 직접 확인할 수 있는 봉

쿨링 트레이

볶인 원두를 골고루 식혀 주기 위한 교반 역할을 하는 곳

하부댐퍼핸들

배전과 냉각을 조절하는 핸들

가스노브

화력을 조절하는 레버로서 위의 압력게이지를 통해 수치를 확인하는 곳

실버스킨서랍

로스팅 과정에서 발생하는 실버스킨과 기타 불순물을 모아 주는 곳

싸이클론

댐퍼로 공기 흐름을 열어줄 때 실버스킨과 먼지가 빠지는 곳

타이머버튼

일정온도에 도달하면 부저가 울릴 수 있도록 설정이 가능

원두 배출구

다 볶인 커피가 배출되는 곳

2.3 커피 원두 숙성 정도 선택하기

1. 원두의 CO_2 잔존량에 따라 숙성 정도를 확인할 수 있다.
2. 추출한 음료의 시음을 통해 숙성 정도를 판단할 수 있다.
3. 추출 방식에 따라 숙성 정도를 선택할 수 있다.
4. 맛에 따라 숙성 정도를 선택할 수 있다.

필요지식

01 원두의 신선도에 따른 CO_2 Gas의 상관관계

커피를 로스팅 하게 되면 여러 가지 향미성분이 CO_2 Gas와 함께 방출이 되는데, 이러한 CO_2 Gas는 커피의 신선도와 향미를 유지 시켜주는데 큰 역할을 한다. 일반적으로 로스팅 된 원두는 내부가 다공질로 변화하며 구멍이 생기는데, 이 구멍 안에는 CO_2 Gas가 가득 채워져 있어 외부의 산소와 수분이 커피로 투입되지 않도록 막아주어 커피의 산패현상을 지연시켜 준다. CO_2 Gas는 로스팅을 마친 후 하루에서 이틀 정도의 시간이 경과 하게 되면 자연스럽게 공기 중으로 기화하게 되고, 그 자리에 수분과 산소가 투입되어 CO_2 Gas와 화학적 반응을 일으켜 훌륭한 향미를 형성한다. 이 후 공기 중에 장시간 노출 될수록 커피는 점차 산패를 일으켜 기존의 향미를 소실하게 된다. 또한 커피를 추출할 때에도 CO_2 Gas의 잔존량이 많을 경우, 크레마가 두껍게 형성이 된 후 빠르게 가라앉게 되는데, 로스팅을 마치고 1~2일 정도 숙성된 원두로 커피를 추출할 경우에는 CO_2 Gas가 어느 정도 배출이 되어 안정적인 크레마의 모습을 볼 수 있다. 그러나 CO_2 Gas가 완전히 빠져나간 원두로 커피를 추출 할 경우 크레마의 지속성이 오래가지 못한다. 볶은 후 2주가 지나면 맛과 향에 관계되는 물질들의 50~60%가 소멸되며, 특히 분쇄원두는 더욱 빠르게 소멸된다. 커피는 볶은 후 1주일, 분쇄원두는 4시간 안에 소진하는 것이 가장 맛있게 음용할 수 있다.

02 원두의 숙성

원두 숙성의 목적은 탄산가스의 제거와 바디감, 산미의 안정화이며 숙성기간은 커피의 맛을 안정화시키기 위해 필요한 과정이다. 숙성과정에는 상온에서 약 10일~2주의 기간이 소요되며, 배전도에 따라 숙성기간에 약간의 차이가 있다. 일반적으로 3~5일의 숙성기간을 거치면 탄산가스가 다량 방출되어 로스팅 직후의 원두를 추출했을 때와 비교하여 커피 맛이 안정화된다. 숙성과정의 진행은 산패과정과 같으나, 원두의 숙성이 가장 활발히 이루어지는 기간을 탄산가스와 향미 성분이 함께 방출되는 기간 동안인 약 2주로 보며, 이 시점을 기준으로 숙성과 산패로 나뉘어 진다.

03 원두의 산패

산패는 유기물이 산화되어 지방산을 발생시키고 그로인해 맛과 향이 변하는 현상으로 산패과정은 특정 과정에서만 일어나는 것이 아니고 생산과 유통 그리고 소비의 모든 단계에 걸쳐 진행되게 된다. 갈아 놓은 분쇄 원두는 공기에 접촉하는 표면적이 상대적으로 넓기 때문에 산패가 쉽게 진행되며, 이 기간을 약 2~3일로 본다. 원두 상태로의 커피 산패과정은 대개 3단계로 구분된다. 커피의 맛과향의 보존을 위해 다양한 포장기술이 개발되었으나 산패과정을 지연시키는 방법일 뿐 현재까지는 산패과정 자체를 방지하는 방법을 찾지 못하고 있다.

산패과정

1단계

로스팅 후 커피의 휘발성분이 탄산가스와 함께 증발된다.

2단계

로스팅 후 커피 내부의 여러 가지 휘발성분들끼리의 반응으로 향미를 잃어간다.

3단계

본격적인 산화과정으로 산소와 결합된 내부성분들이 변질되어 부패한다.

04 원두의 보관방법

커피의 4대 적은 산소, 열기, 습기, 빛이다. 일단 개봉된 커피는 산소를 최대한 빼고 입구를 막아 보관하면 최대 3개월은 보관 할 수 있다. 이 경우 최선의 방법이라 할 수 있는 곳은 실온에서 그늘지고 서늘하며 바람이 잘 통하는 장소이다. 단, 갓 볶은 신선한 원두를 보관할 경우 장기간 보관은 냉동보관, 단기간 보관은 냉장보관 하는 것이 좋다. 재사용 할 경우에는 실온의 온도와 같아지게 한 후에 적정량의 원두만 분쇄하여 사용하는 것이 좋다. 볶은 지 2주 이상 경과된 커피는 냉동 또는 냉장 보관에 의미가 없으며, 15㎖의 공기로 커피 100g을 산패시키는데 충분하므로, 보관할 때에는 밀폐용기에 갓 볶은 신선한 커피가 가득 차 있어야 커피의 맛과 향 보존에 도움이 될 수 있다. 추출한 커피는 20분 이내에 마시는 것이 맛과 향이 살아 있는 커피를 제대로 즐길 수 있는 방법이다.

2.4 커피 원두 평가하기

1. 에스프레소 추출 시 크레마의 색깔과 조밀도를 확인하여 원두의 상태를 평가할 수 있다.
2. 드립 추출 시 부풀림 정도를 확인하여 원두의 상태를 평가할 수 있다.
3. 커피의 맛을 확인하여 원두의 상태를 평가할 수 있다.

필요지식

01 에스프레소 크레마 평가

크레마Crema는 '크림'을 뜻하는 말로 에스프레소 추출 시 생성되는 향기성분과 지방성분이 거품 층을 형성하여 만들어진 것으로써, 크레마의 형성으로 원두의 신선도를 판단할 수 있다. 크레마의 두께로 판단했을 때 신선한 원두 일수록 두꺼운 크레마를 형성하지만, 로스팅 직후 가스의 배출량이 많을 때에는 크레마의 지속력이 약하기 때문에 양질의 크레마로 평가 되지는 않는다. 반대로 신선하지 않은 원두를 사용하여 에스프레소를 추출 할 경우에는 크레마가 거의 형성되지 않는다. 안정된 크레마는 로스팅 후 2~3일 정도의 숙성기간을 거친 원두를 사용하여 에스프레소를 추출하면 갓 볶은 원두보다 안정되고 지속력 있는 크레마를 얻을 수 있다. 크레마는 향기성분을 포함하고 있기 때문에 크레마의 지속력이 좋은 에스프레소가 커피의 맛에도 좋은 영향을 끼치게 된다. 또한 크레마 속의 아교질 성분과 오일 성분 등이 커피 표면 위에 떠 있어 커피가 빨리 식는 것을 막아 준다. 시각적으로 좋은 크레마는 약 3~4mm의 두께를 유지하며 황금빛이 도는 것으로 표면에 타이거벨트tiger belt를 형성하고 있는 것이 좋은 크레마로 평가된다.

02 드립커피 추출에 따른 원두의 숙성정도

로스팅 직후의 커피를 드립커피로 추출할 경우 커피가 많이 부풀어 오르며 기포가 발생하는 현상을 볼 수 있는데, 이는 원두에 포함되어 있는 탄산가스에 의한 것이다. 탄산가스가 방출되며 향기성분들이 함께 증발하기 때문에 맛과 향에 영향을 주며, 오래된 원두일수록 원두가 포함하고 있는 가스가 적어 원두에 뜨거운 물이 닿았을 때 부풀기가 적거나 없게 된다.

03 커피 향미 평가와 커핑 테스트

커피의 향미 평가를 할 때에는 커피의 맛Taste과 향Aroma의 전체적인 느낌Flavor을 평가한다. 대표적인 커피의 맛은 신맛, 단맛, 쓴맛, 짠맛으로 구분되어진다. 커피의 향은 아로마라 하며 볶은 원두를 분쇄하거나 뜨거운 물과 닿았을 때 후각에서 느낄 수 있는 향기로 고소한 향Nutty, 꽃 향Floral, 초콜릿 향Chocolaty과 같은 단어로 표현된다. 플레이버Flavor는 커피를 입속에 담고 있을 때 느껴지는 맛과 향의 복합적인 느낌을 말하는 것으로 부드럽다Smooth, 풍부하다Rich, 거칠다Wild와 같이 표현된다.

커피 향미평가

커피의 향미평가는 후각Olfaction, 미각Gustation, 촉각Mouthfeel의 순서로 진행되며 다음과 같이 평가할 수 있다.

후각Olfaction

향미를 느끼는 첫 번째 감각으로 자연적으로 생성되었거나 커피콩을 볶을 때 생성되는 휘발성 유기화합물을 관능적으로 느끼고 평가한다. 액체에서 기체가 되는 온도에 따라 결정되는 상대적 휘발성의 차이에 의해 커피향기는 네 가지로 다시 분류되는데 커피의 전체적인 향은 부케Bouquet라고 부른다.

부케

Fragrance		볶은 커피가 분쇄 될 때의 향기로 Dry Aroma와 같은 의미 예 Sweetly, Spicy
Aroma	Dry Aroma	분쇄된 커피에서 나는 향기 예 Sweetly, Spicy
	Cup Aroma	뜨거운 물로 추출된 커피에서 나오는 증기 상태의 향기 예 Fruity, Herby, Nutty
Nose		커피를 마실때 느껴지는 향기 예 Caramelly, Nutty, Malty
Aftertaste		커피를 마신 후에도 입안에 남아있는 맛과 향기 예 Carbony, Chocolate-type

향의 강도 표현

Rich	풍부하면서 강한 향기(full & strong)
Full	풍부하지만 강도가 약한 향기(full & not strong)
Rounded	풍부하지도 않고, 강하지도 않은 향기(not full & strong)
Flat	향기가 없을 때(absence of any bouquet)

커피 향을 나타내는 용어

과일	Fruit	베리(berry)류의 향으로 산미와 관련이 있다.
견과류	Nutty	아몬드를 제외한 견과류의 냄새를 말한다.
고무	Rubber-like	고무줄이나 뜨거운 타이어에서 나는 냄새를 말한다.
곡물	Cereal	곡물에서 나는 구수한 향, 맥아의 향 등을 말한다.
구운빵	Toast-like	구운 빵, 토스트의 냄새를 말한다.
꽃	Floral	과일, 풀 향과 함께 느껴지며 쟈스민과 같은 향을 말한다.
나무	Woody	참나무, 목재 등의 냄새를 말한다.
와인	Winey	와인을 마실 때 입안의 느낌을 표현하며 신맛과 과일 향이 특징인 커피를 표현한다.
초코렛	Chocolate-like	초콜릿 계열의 향이나, 커피의 달콤한 향을 말한다.
캐러멜	Caramel	설탕을 가열할 때 나는 냄새로 캐러멜화 되어질 때의 달콤한 향에 가까운 향의 표현이다.

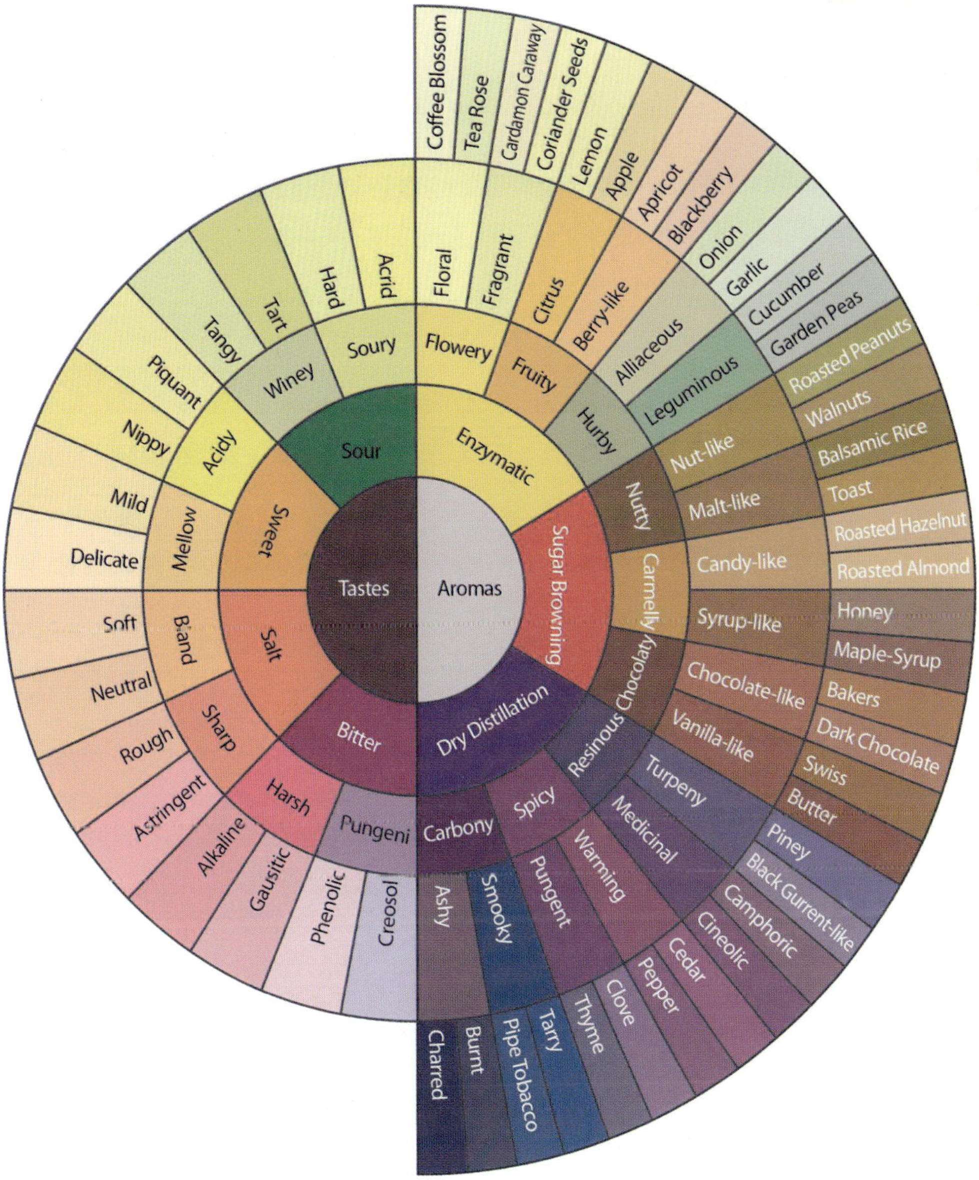

〈Coffee Tasting Flavor Wheel〉

미각Gustation

사람이 느낄 수 있는 기본적인 4대 맛으로는 신맛, 단맛, 쓴맛, 짠맛이 있으며 커피의 기본적인 3대 맛은 신맛, 단맛, 쓴맛이 있다. 그 중에 쓴맛의 주요 역할은 다른 맛의 강도를 조절하는 것이지만 저급 커피나 강하게 로스팅 된 커피에서는 쓴맛이 강조된다.

네가지 기본 맛

맛	맛의 원인 물질	온도와 맛의 변화
신맛	클로로겐산, 말릭산, 옥살릭산, 타타릭산, 시트릭산	과일산은 온도의 영향을 받지 않는다.
단맛	캐러멜당, 환원당, 단백질	온도가 올라갈수록 단맛은 약해진다.
쓴맛	카페인, 트리고넬린, 페놀릭화합물, 카페익산, 퀴닉산	쓴맛의 역할은 다른 세 가지 맛의 강도를 조절한다.
짠맛	산화칼륨	온도가 올라갈수록 짠맛은 약해진다.

네 가지 기본 맛Four Basic Taste은 서로 강약을 조절하는 조정과정을 거치면서 더욱 많은 맛을 느낄 수 있게 한다.

커피 맛을 나타내는 용어

상큼한 맛	Acidy	과일에서 느껴지는 상큼한 신맛을 표현한다.
달콤한 맛	Mellow	신맛은 없지만 부드러운 맛을 표현한다.
와인의 맛	Winey	숙성된 와인이 연상되는 커피의 표현이다.
밋밋한 맛	Blend	특색없는 약한 맛의 표현으로 농도를 표현한다.
자극적인 맛	Sharp	쏘는듯한 느낌을 주는 맛을 표현한다.
시큼한 맛	Sour	강한 신맛으로 자극적인 신맛의 표현이다.
쓴맛	Bitter	커피의 기본적인 맛으로 배전이 강할 때 표현된다.
떫은맛	Astringent	짠 맛을 높히는 산이 유발하는 떫은 맛의 표현이다.

촉각Coffee Mouthfeel

커피향미를 평가하는 세 번째 단계는 촉각이다. 커피에서의 촉각은 커피를 마셨을 때 입 안에서 물리적으로 느끼는 촉감을 말하며, 커피를 평가할 때 촉각을 느끼는 곳은 혀와 입안에 있는 말초 신경 조직이다. 입 안의 말초 신경은 커피를 마실 때 증발하거나 녹지 않은 성분이 남아서 감각을 느끼게 하는데 이것은 커피의 점도와 지방질을 감지하여 매끈함의 정도를 느끼는 것으로 물과 우유를 마셨을 때의 느껴지는 입안의 촉감으로 비유할 수 있으며 이를 바디Body라고도 표현한다.

커핑 테스트Cupping Test

커핑 테스트란

커핑 테스트는 커피콩의 맛과 향의 특성을 평가하기 위한 방법으로 커핑 전문가들이 절차와 기술을 엄격하게 준수하여 정해진 방식에 따라 평가한다. 커피를 추출한 후 미각과 후각으로 커피의 맛과 향을 테스트하는 과정이 이루어진다.

커핑 테스트 준비물

- 테스트할 분쇄 원두
- 계량스푼
- 4개 이상의 시음용 컵
- 커핑 스푼
- 커핑 스푼을 닦을 물이 담긴 용기
- 커핑 스푼을 닦을 타올
- 테스트한 커피를 뱉어낼 용기
- 입안을 헹굴 냉수

SCAA Special Coffee Association of America의 컵 테스트 매뉴얼

<table>
<tr><th>단 계</th><th>내 용</th><th>평가요소</th></tr>
<tr><td>원두분쇄</td><td>중배전으로 볶은 원두를 분쇄한다.</td><td rowspan="8">Fragrance

Aroma

Acid

Body

Flavor

After taste

Balance
(Cupper's
Point)

Overall</td></tr>
<tr><td>향기
Fragrance</td><td>4개의 6온스 컵에 같은 종류의 분쇄 커피를 8.25g씩 담는다. (1개의 컵으로 평가할 경우 결점두에 의해 올바른 결과를 내기 어렵기 때문에 4개를 준비한다.)
분쇄 원두 가까이 코를 대고 향(fragrance)을 맡아 평가 한다. 이때 컵을 가볍게 두들기며 맡으면 효과적이다.</td></tr>
<tr><td>물붓기</td><td>85~90℃ 정도의 물 150㎖를 붓고 3~5분간 기다린다.</td></tr>
<tr><td>후미
Break Aroma</td><td>커피 층이 생성되면 3번 정도 층을 깨고 스푼으로 거품을 밀어 내며 향(Aroma)을 맞는다.</td></tr>
<tr><td>걷어내기
Skimming</td><td>시음을 위해 표면의 거품을 조심스럽게 걷어낸다. (각 컵의 거품을 걷어낸 뒤 스푼을 헹군다)</td></tr>
<tr><td>마시기
Slurping</td><td>커핑 스푼으로 반스푼 정도 떠서 강하게 흡입(Slurping)하여 혀에 골고루 퍼지게 한다. 강하게 흡입하면 액체 커피가 증기로 변하여 코에서 향을 인식하게 되며 혀의 모든 부분에서 맛을 균형 있게 느낄 수 있다.
Flavor와 After taste를 이 시점에 평가한다.</td></tr>
<tr><td>전체 평가</td><td>3~5초 정도 머금고 혀를 굴려가며 Sweetness, Clean Cup, Uniformity를 평가한다.</td></tr>
<tr><td>결과기록</td><td>점수를 합산하고, 결점(Defects)을 감정하여 최종 평점을 산출한다.</td></tr>
</table>

출제예상문제

01. 일반적으로 특성이 다른 2종류 이상의 원두를 혼합함으로써 커피의 고유한 맛과 향기를 다양화하여 새로운 향미를 창조해내는 기술을 무엇이라고 하는가?

① 블랜딩　　② 로스팅
③ 크랙　　④ 스트리핑

해설 블렌딩(Blending)이란 특성이 다른 2종류 이상의 원두를 혼합하는 것을 말한다.

02. 블렌딩(Blending)의 목적이 아닌 것은?

① 저급한 원두의 소비 창출　　② 새로운 맛과 향의 창출
③ 커피 원두의 원가 절감　　④ 커피 원두의 지속적 품질 유지

03. 최초의 블렌딩 커피로 알려져 있는 것은?

① 에디오피아 모카 + 자메이카 블루마운틴
② 예멘 모카 + 인도네시아 자바
③ 에디오피아 모카 + 인도네시아 자바
④ 예멘 모카 + 자메이카 블루마운틴

해설 최초의 블렌딩 커피는 예멘의 모카와 인도네시아의 자바를 혼합한 모카-자바(Mocha- Java) 커피로 알려져 있다.

04. 블렌딩의 방법 중 단종 블렌딩이란?

① 정해놓은 비율에 따라 각각 생두를 혼합하여 한 번에 로스팅하는 방법이다.
② 2가지 이상의 생두를 같은 방법으로 각각 로스팅하여 혼합하는 방법이다.
③ 같은 종의 커피 생두를 섞어 한 번에 로스팅하여 혼합하는 방법이다.
④ 생두를 한가지씩 다른 방법으로 로스팅하여 나중에 혼합하는 방법이다.

05. 로스팅 시에 가장 많이 방출되는 가스는?

① 일산화탄소　　② 이산화탄소

③ 수소 ④ 산소

06. 생두의 수분 함수율은 어느 정도인가?

① 11~13% ② 21~23%

③ 1~3% ④ 31~33%

07. 로스팅의 단계별 특징에 대한 설명이 잘못 연결된 것은?

① 시나몬 로스트 : 약한 향미와 신맛 ② 미디엄 로스트 : 신맛이 강함

③ 이탈리안 로스트 : 쓴맛이 강함 ④ 라이트 로스트 : 쓴맛이 강함.

08. 배전정도에 따라 비례적으로 감소하는 성분은?

① 클로로겐산 ② 카페인

③ 팔미트산 ④ 리놀산

해설 배전 정도에 따라 비례적으로 감소하는 커피의 성분으로는 트리고넬린(Trigonelline), 클로로겐산(Chlorogenic Aacid)이 있다.

09. 커피 향미평가의 순서로 가장 적당한 것은?

① 후각 - 미각 - 촉각 ② 후각 - 촉각 - 미각

③ 미각 - 후각 - 촉각 ④ 촉각 - 미각 - 후각

해설 커피의 향미평가는 후각, 미각, 촉각의 순서로 진행된다.

10. 바디감이 있는 커피 배합 시 많이 사용되고 있는 원두는?

① 가요 마운틴 ② 카피로얄

③ 코피 루왁 ④ 만델링

해설 인도네시아에서 생산되는 만델링은 바디감이 있는 커피 배합 시 많이 사용되고 있다.

11. 커피를 마실 때 느껴지는 향기를 무엇이라 하는가?

① Fragrance ② Aroma

③ Nose ④ Aftertaste

해설 Nose는 커피를 마실때 느껴지는 향기를 말한다.

12. 커피의 쓴맛 원인 물질이 아닌 것은?

① 카페인 ② 트리고넬린

③ 퀴닉산 ④ 클로로겐산

해설 커피의 쓴맛 원인 물질은 카페인, 트리고넬린, 페놀릭화합물, 카페익산, 퀴닉산이 있다.

13. 커피의 단맛 원인 물질이 아닌 것은?

① 산화칼륨 ② 캐러멜당

③ 환원당 ④ 단백질

해설 커피의 단맛 원인 물질은 캐러멜당, 환원당, 단백질이 있다.

14. 상큼한 신맛과 향기를 내는데 적당한 로스팅 단계는?

① City Roast ② Full city Roast

③ French Roast ④ Italian Roast

해설 ② 감칠맛과 깊은맛, ③ 쓴맛과 깊은맛, ④ 아이스커피

15. 로스팅의 기본적인 3단계 과정에 속하지 않은 것은?

① 건조 ② 열분해

③ 냉각 ④ 산패

해설 로스팅의 기본적인 3단계 과정으로는 건조(수분의 증발), 열분해(1·2차 크랙), 냉각(신속한 냉각)이 있다.

16. 배전(볶음)이라고도 하며, 생두(green been)에 열을 가해 커피 속에 잠재되어 있는 향미성분을 발현시키는 과정을 무엇이라고 하는가?

① 블랜딩(Blending) ② 로스팅(Roasting)

③ 크랙(Crack) ④ 스트리핑(Stripping)

해설 스트리핑(Stripping)은 나뭇가지 전체를 손으로 훑어내려 떨어뜨려 수확하는 방식이다.

17. 배전의 물리적·화학적 변화에 대한 설명으로 바르지 않은 것은?

① 열전달 현상에 의한 것으로 전도, 대류, 복사에 의해 열이 공급된다.

② 원두에 열을 가하면 이산화탄소가 방출된다.

③ 원두의 수분이 증발하면서 밀도가 늘어나며 부피는 2배가량 증가한다.

④ 원두에 열을 가하면 커피는 600여 가지의 화학반응이 일어난다.

해설 수분이 증발하면서 생두의 무게가 감소하고 밀도가 줄어들면서 부피가 약 2배가량 증가하며 생두 내의 조직이 점차 다공성으로 바뀌게 된다.

18. 다음 (　) 안에 들어가는 알맞은 것은?

> 원두에 열을 가하면 (　　　　)반응이 일어나며, 커피 생두의 기본적인 세포구조는 녹아 없어지며 팝콘같이 터진다. 이때 (　　　　)이 소화제 성분으로 변하여 원두의 표면에 향기로운 (　　　　)을 형성하게 되는데 이 향이 (　　　　)이 있어 커피의 맛과 향기를 전달한다.

① 화학 - 식물성기름 - 단백질 - 흡착성
② 화학 - 단백질 - 식물성기름 - 휘발성
③ 물리 - 단백질 - 식물성기름 - 휘발성
④ 물리 - 식물성기름 - 단백질 - 흡착성

19. 로스팅에 의한 원두의 변화 설명으로 틀린 것은?

① 로스팅이 진행될수록 단맛과 쓴맛은 감소한다.
② 색깔은 그린 - 옐로우 - 브라운 - 다크 브라운 순으로 변한다.
③ 부피가 약 2배 가량 증가한다.
④ 생두의 수분이 로스팅 후 4~5%로 줄어든다.

해설 신맛, 단맛, 쓴맛이 생성되며 로스팅이 진행 될수록 신맛은 감소, 쓴맛은 증가한다.

20. 로스팅에 의한 무게 변화로 맞는 것은?

① 약 15~30% 증가
② 약 15~30% 감소
③ 약 20~40% 감소
④ 약 10~20% 증가

해설 생두의 수분이 증발하며 함수율 11~13%에서 로스팅 후 4~5%로 줄어들며 무게가 약 15~30% 감소한다.

21. 로스팅 초기에 흡열반응을 통해 발열반응으로 바뀌게 되는데 생두의 온도가 몇 ℃ 일 때 이러한 현상이 발생하는가?

① 150℃
② 170℃

③ 190℃ ④ 210℃

해설 연한 녹색을 띠던 생두의 색상이 점차 갈색으로 변화하고 생두의 온도가 약 190℃ 정도가 되면 스스로 열을 방출하는 발열반응으로 바뀌게 된다.

22. 로스팅 후 냉각과정에 대한 설명으로 틀린 것은?

① 원두의 열분해가 지속되는 것을 종결시키기 위해 하는 과정이다.
② 송풍기를 통해 온도를 상온으로 맞추는 공냉방식도 있다.
③ 워터 퀀칭으로 할 경우 원두가 충분히 물에 적셔지도록 뿌려주어야 한다.
④ 냉각과정은 원두의 품온을 신속히 떨어뜨려 향미를 보존하기 위해서이다.

해설 워터 퀀칭은 주로 많은 양의 생두를 로스팅 할 때 사용하는 방법으로 이 때 주의 할 점은 물을 분사할 때 적당량의 물을 사용하여 원두가 골고루 적셔지도록 뿌려 주어야 향미의 손실을 최소화 할 수 있다.

23. 로스팅 전의 준비 과정으로 바르게 설명한 것은?

① 결점두, 이물질 등을 제거하는 핸드 픽 작업을 해야 한다.
② 생두 투입 후, 온도를 210℃로 올려서 시작한다.
③ 기계를 예열하여 사용할 경우 180℃에 맞춰 사용한다.
④ 예열에 걸리는 시간은 10분이 적당하다.

24. 로스팅 과정 중 2차 크랙에 해당하지 않는 내용은?

① 이산화탄소의 생성과 휘발성 물질의 증기화로 인해 원두 조직이 팽창된다.
② 발열반응 중 마지막 단계이다.
③ 커피의 향이 최고조에 이를 때이다.
④ 커피내부에 생성된 내압의 균형이 깨지면서 센터컷이 갈라지며 2차 크랙이 일어난다.

해설 센터컷이 갈라지는 것은 1차 크랙(1st crack) 현상이다.

25. 원두의 신선도와 CO_2 가스의 관계에 대한 설명으로 바른 것은?

① CO_2 가스의 잔존량이 많을수록 커피를 추출할 때 크레마의 지속성이 오래간다.
② CO_2 가스는 로스팅을 마친 후, 자연스럽게 원두에 흡착되어 훌륭한 향미를 형성한다.

③ 커피의 신선도와 향미를 유지 시켜주는데 큰 역할을 한다.

④ CO_2 가스가 완전히 빠져나간 원두는 크레마가 전혀 형성되지 않는다.

26. 로스팅 단계의 색상으로 맞는 것은?

① 라이트 - 시나몬 ② 하이 - 진밤색

③ 풀시티 - 진흑자색 ④ 이탈리안 - 황갈색

해설 라이트-황갈색, 하이-진밤색, 풀시티-흑자색, 이탈리안-검정에 가까움

27. 로스팅 단계 중 마일드 미디엄에 해당하는 배전도는?

① 약배전 ② 약강배전

③ 중배전 ④ 중강배전

28. 원두의 색상이 밤색으로 나오는 로스팅 단계는?

① 미디엄 로스트 ② 프렌치 로스트

③ 하이 로스트 ④ 풀시티 로스트

해설 미디엄 로스트이며, 약강배전에 밤색을 띄며 신맛이 강하다.

29. 향미가 최고조에 이르며 중후한 맛이 나는 로스팅 단계는?

① 미디엄 로스트 ② 프렌치 로스트

③ 하이 로스트 ④ 풀시티 로스트

해설 풀시티 로스트이며, 중강배전에 흑자색을 띈다. 아이스커피용으로 쓰인다.

30. 볶은 커피가 분쇄 될 때의 향기를 무엇이라 하는가?

① Fragrance ② Aroma

③ Nose ④ Aftertaste

해설 Fragrance는 볶은 커피가 분쇄 될 때의 향기로 Dry Aroma와 같은 의미이다.

31. 로스팅의 대표적인 가열 방식을 모두 나열한 것은?

① 반직화식, 반열풍식 ② 열풍식, 직화식

③ 직화식, 반직화식, 열풍식 ④ 직화식, 열풍식, 반열풍식

32. 열풍식 로스터에 대한 설명으로 틀린 것은?

① 배전실과 냉각실이 나눠져 있어 열 손실이 적은 장점이 있다.
② 직화식 보다 균일한 배전이 가능하고 시간도 짧은 편이다.
③ 고온의 열풍으로 원두를 볶는 방식이다.
④ conventionnal roaster의 변형이다.

해설 conventionnal roaster는 직화식 로스터이다.

33. 직화식 로스터방식의 특징으로 맞는 것은?

① 화력, 시간에 따라 맛의 변수가 많다.
② 열 손실이 적은 장점이 있다.
③ 개성적인 맛과 향을 표현한다.
④ 배전시간이 비교적 짧은 편이다.

해설 ① 반열풍식, ② 열풍식, ③ 직화식, ④ 열풍식

34. 로스터방식에 따른 특징으로 맞지 않는 것은?

① 직화식 로스터는 약한 신맛과 풍부한 향기를 갖는다.
② 열풍식 로스터는 강한 신맛과 부족한 향기를 갖는다.
③ 반열풍식 로스터는 로스팅 시간이 약 3~4분이다.
④ 열풍식 로스터는 깨끗한 맛을 내며 10~20% 더 추출한다.

35. 로스터기에서 드럼 내부의 열량, 공기 흐름을 조절하는 장치는?

① 호퍼 ② 댐퍼
③ 하부댐퍼핸들 ④ 싸이클론

36. 싸이클론에 대한 설명으로 맞는 것은?

① 생두를 담아 놓는 곳이다.
② 볶인 원두를 골고루 식혀 주기 위한 교반 역할을 한다.
③ 댐퍼로 공기 흐름을 열어줄 때 실버스킨과 먼지가 빠지는 곳이다.
④ 다 볶인 커피가 배출되는 곳이다.

해설 ① 호퍼, ② 쿨링 트레이, ③ 싸이클론, ④ 원두 배출구

37. 크레마가 안정적이며, 균형 있고 부드러운 향미를 갖는 것은 로스팅을 한 후 며칠 경과 했을 때인가?

① 로스팅 후 2주일 경과　② 로스팅 후 1주일 경과
③ 로스팅 후 1일 경과　④ 로스팅 후 2~3일 경과

38. 원두 숙성의 목적으로 맞지 않는 것은?

① 단단한 밀도　② 탄산가스의 제거
③ 커피 맛의 안정화　④ 바디감, 산미의 안정화

39. 원두 숙성이 가장 활발히 이루어지는 기간은?

① 약 1주　② 약 2주
③ 약 3주　④ 약 4주

해설 숙정과정에는 상온에서 약 10일~2주의 기간이 소요되며, 숙성과정의 진행은 산패과정과 같으나, 원두의 숙성이 가장 활발히 이루어지는 기간을 탄산가스와 향미 성분이 함께 방출되는 기간동안인 약 2주로 보며, 이 시점을 기준으로 숙성과 산패가 나뉘어진다.

40. 원두의 산패에 대한 설명으로 틀린 것은?

① 유기물이 산화되어 지방산을 발생시키고 그로인해 맛과 향이 변하는 현상
② 생산과 유통 그리고 소비의 모든 단계에 걸쳐 진행
③ 갈아 놓은 분쇄 원두는 공기에 접촉하는 표면적이 상대적으로 좁기 때문에 산패가 쉽게 진행
④ 다양한 포장기술이 개발되었으나 산패과정을 지연시키는 방법일 뿐

해설 갈아 놓은 분쇄 원두는 공기에 접촉하는 표면적이 상대적으로 넓기 때문에 산패가 쉽게 진행된다.

41. 원두를 보관할 때 적합한 보관방법은?

① 원두를 냉장보관이 좋다.
② 원두를 실온보관이 좋다.
③ 원두를 유리밀폐용기를 사용하여 직사광선을 피해 서늘한 곳에 보관하는 것이 좋다.
④ 원두를 냉동보관이 좋다.

42. 커피의 보관에 있어 적이 되는 것으로 맞게 구성된 것은?

① 탄소, 산소, 습기, 바람　② 탄소, 열기, 습기, 바람
③ 산소, 열기, 습기, 빛　④ 산소, 습기, 바람, 빛

43. 에스프레소 추출 시 커피 표면에 크림처럼 떠 있는 황금색의 거품 층을 무엇이라 하는가?

① 댐퍼(Damper)　② 크레마(Crema)
③ 스트리핑(Stripping)　④ 아로마(Aroma)

해설 크레마(Crema)는 '크림'을 뜻하는 말로 에스프레소 추출 시 커피 표면에 크림처럼 떠 있는 황금색의 거품 층을 말한다. 크레마의 두께와 지속시간은 커피의 신선도에 따라 달라지는데 원두가 신선할수록 크레마가 풍부하게 추출이 된다.

44. 로스팅은 열전달 현상에 의한 것으로 생두를 가열시 열이 전해지는 종류가 아닌 것은?

① 전도　② 대류
③ 복사　④ 적외선

해설 로스팅은 열전달 현상에 의한 것으로 전도, 대류, 복사에 의해 공급된 열이 원두를 가열하여 복잡한 물리적·화학적 과정이 연속적으로 일어난다.

45. 원두의 맛과 향미, 전체적인 느낌을 테스트 하는 것을 무엇이라 하는가?

① 아로마 테스트　② 플레이버 테스트
③ 커핑 테스트　④ 플레인 테스트

46. 커피의 전체적인 향을 부르는 명칭은?

① 노즈　② 아로마
③ 부케　④ 프레이그런스

해설 액체에서 기체가 되는 온도에 따라 결정되는 상대적 휘발성의 차이에 의해 커피향기는 네 가지로 다시 분류되는데 커피의 전체적인 향은 부케(Bouquet)라고 부른다.

47. 부케의 네 가지 분류에 속하지 않는 것은?

① Fragrance　② Aroma

③ Aftertaste　　④ Rounded

해설 커피의 휘발성 유기화합물은 분자의 크기에 따라 휘발성이 달라지며, 휘발성이 큰 순서로 볶은 커피 향기(Fragrance), 추출 커피 향기(Aroma), 마시면서 느끼는 향기(Nose), 입안에 남는 향기(Aftertaste)의 4가지 향기로 구성된다.

48. 커피를 마신 후에도 입안에 남아있는 맛과 향기를 무엇이라 하는가?

① Fragrance　　② Aroma

③ Nose　　④ Aftertaste

해설 Aftertaste는 커피를 마신 후에도 입안에 남아있는 맛과 향기를 말한다.

49. 신맛이 나는 원인 물질로 맞게 구성된 것은?

① 산화칼륨, 트리고넬린, 시트릭산　　② 클로로겐산, 타타릭산, 퀴닉산

③ 클로로겐산, 말릭산, 옥살릭산　　④ 시트릭산, 타타릭산, 트리고넬린

50. 커피 맛을 나타내는 용어가 잘못 짝지어진 것은?

① 상큼한 맛 - Bland　　② 와인의 맛 - Winey

③ 자극적인 맛 - Sharp　　④ 떫은맛 - Astringent

해설 Bland는 밋밋한 맛, Acidy는 상큼한 맛.

51. 뜨거운 물로 추출된 커피에서 나오는 증기 상태의 향기를 무엇이라 하는가?

① Dry Aroma　　② Cup Aroma

③ Nose　　④ Aftertaste

52. 촉각(Coffee Mouthfeel)에서 지방 함량에 따라 표시되는 순서가 맞는 것은?

① Creamy 〉 Thick 〉 Smooth 〉 Watery

② Heavy 〉 Buttery 〉 Smooth 〉 Light

③ Thick 〉 Heavy 〉 Light 〉 Thin

④ Buttery 〉 Creamy 〉 Smooth 〉 Watery

해설 촉각(Coffee Mouthfeel)은 음식이나 음료를 섭취하거나 섭취한 후 입안에서 물리적으로 느끼는 촉감에 의한 관능적 인식과 평가이다. 지방 함량에 따라서 Buttery 〉Creamy 〉Smooth 〉Watery 로 표시한다.

53. 촉각(Coffee Mouthfeel)에서 고형 성분의 양에 따라 표시되는 순서가 맞는 것은?

① Thin 〉 Light 〉 Heavy 〉 Thick ② Heavy 〉 Thick 〉 Light 〉 Thin

③ Thick 〉 Heavy 〉 Light 〉 Thin ④ Light 〉 Heavy 〉 Thin 〉 Thick

54. 컵(커핑) 테스트 매뉴얼의 평가요소가 아닌 것은?

① Aroma ② Body

③ Balance ④ Blending

해설 컵 테스트 매뉴얼의 평가요소는 Fragrance, Aroma, Acid, Body, Flavor, After taste, Balance(Cupper's Point), Overall 등이 있다.

55. 스페셜티(Specialty) 커피의 기준을 만들고 관련 대회와 전시회를 개최하는 비영리 단체는 무엇인가?

① SCAA ② SCAE

③ SCAB ④ SCAN

해설 1982년 스페셜티 커피의 기준과 무역에 관해 논의하는 커피 전문가들의 모임에서 시작됐다. 스페셜티 커피업계의 발전과 회원간의 교류를 목적으로 하는 비영리 단체로 원두의 재배, 수확, 유통, 로스팅 등 커피가 만들어지는 전 과정에서 스페셜티 커피가 갖춰야 할 기준을 만들고 매년 월드 바리스타 챔피언십(World Barista Championship), 전시회(SCAA Exposition)를 개최한다.(Special Coffee Association of America)

56. 로스팅에 의한 색깔 변화로 맞는 것은?

① Green - Yellow - Brown - Dark Brown

② Green - Brown - Yellow - Dark Brown

③ Yellow - Green - Brown - Dark Brown

④ Green - Yellow - Dark Brown - Brown

57. 갈변반응에 대한 현상으로 틀린 것은?

① 생두가 열을 발산하며 수분이 증발한다.

② 부피의 수축이 진행되며 이 과정에서 풋내가 난다.

③ 색상은 연한 갈색에서 짙은 갈색으로 서서히 변해간다.

④ 로스팅이 진행될수록 온도가 높아지고 커피의 부피는 팽창하지만 수분의 증발로 인하여 무게는 감소한다.

해설 갈변반응(Yellow)은 생두가 열을 흡수하며 수분이 증발하여 일시적인 부피의 수축이 진행되며 이 과정에서 풋내가 난다.

58. 로스팅의 단계 중 풀시티 로스트 전 단계로 신맛과 향미의 균형감을 맛볼 수 있는 단계는?

① 미디엄 로스트　② 하이 로스트
③ 시티 로스트　④ 프렌티 로스트

59. 배전도에 따른 로스팅 단계가 잘못 짝지어진 것은?

① 약배전 - 미디엄 로스트　② 중약배전 - 하이 로스트
③ 중배전 - 시티 로스트　④ 강배전 - 프렌치 로스트

60. 로스팅의 대표적인 가열 방식에는 직화식, 열풍식, 반열풍식 등이 있다. 다음에서 반열풍식에 대한 설명으로 맞는 것은?

① 가장 오래되고 일반적인 로스팅 방법이다.
② 열에 의해 드럼이 가열되면 드럼 표면에서 발생하는 열과 드럼 후면에 뚫린 통풍구를 통해 뜨거운 바람이 순환하면서 로스팅하는 방식이다.
③ 고온의 열풍으로 원두를 볶는 방식이다.
④ 드럼통에 구멍이 뚫려 있어 회전하면서 직접 열을 가하는 방식이다.

정답

01	①	02	①	03	②	04	④	05	②	06	①	07	④	08	①
09	①	10	④	11	③	12	④	13	①	14	①	15	④	16	②
17	③	18	②	19	①	20	②	21	③	22	③	23	①	24	④
25	③	26	②	27	②	28	①	29	④	30	①	31	④	32	④
33	③	34	③	35	②	36	③	37	④	38	①	39	②	40	③
41	③	42	③	43	②	44	④	45	③	46	③	47	④	48	④
49	③	50	①	51	②	52	④	53	③	54	④	55	①	56	①
57	①	58	③	59	①	60	②								

Chapter 03

커피기계 운용

Coffee Barista

3.1 커피기계 설정하기

1. 맛에 따라 커피기계의 추출 온도를 설정할 수 있다.
2. 맛에 따라 커피기계의 추출 압력을 설정할 수 있다.
3. 맛에 따라 커피기계의 커피 추출량을 설정할 수 있다.

필요지식

01 에스프레소 머신의 발전 과정

에스프레소 커피머신ECM의 시작

좀 더 진한 커피를, 좀 더 빠르게 마시고자 했던 노력은 이탈리아에서 열매를 맺는다. 1901년 밀라노의 제조회사의 오너였던 베제라Luigi Bezzera는 직원들의 커피타임을 줄이고 생산량을 높이기 위해 강한 압력으로 빠르게 커피를 추출할 수 있는 기계를 개발했다. 물을 데워 스팀의 압력으로 갈아놓은 원두 사이에 물이 빠르게 지나가며 진한 액만 추출하는 방식으로 에스프레소 커피머신의 시초가 되었다. 게다가 이 기술력으로 만들어낸 첫 상품은 기둥모양column-shape이라 불리는 동과 놋쇠로 만든 실린더 형태의 외형까지 다른 모델의 기초가 되었다.

이 시기에 에스프레소 기계를 만드는 회사가 연달아 생겨나게 되었는데, 이는 이탈리아의 카페를 중심으로 커피머신의 활발한 보급으로 이어졌고, 커피를 만들기 위한 준비과정을 혁신적으로 줄여주며 마침내 에스프레소 커피의 대중화를 알렸다. 하지만 1.5기압 정도에 불과했던 증기압으로는 한꺼번에 많은 잔의 커피를 연달아 뽑아내기엔 역부족이었고, 높은 기압에서 끓어 나오는 고온의 물은 지나치게 쓴 맛과 원두의 불쾌한 향미까지 용해되어 또 다른 고민거리가 되었다.

이후 한층 완성도 높은 커피머신이 1905년에 데지데리오 파보니Desiderio Pavoni에 의해 개발되었다. 그는 베제라의 머신 특허권을 인수하고, 커피에서 나는 쓴맛과 탄맛의 원인이 추출수의 높은 온도 때문임을 밝혀내고 이러한 단점을 없애기 위해 1938년 고온 스팀압력을 사용하지 않아도 추출속도를 높일 수 있는 새로운 구조를 개발하게 된다. 파보니는 여러 조건을 달리해 가며 실험한 결과 추출수의 온도는 88~96℃ 정도, 추출 압력은 7~10bar 정도에서 가장 훌륭한 에스프레소가 추출된다는 결론을 얻게 되는데, 이것은 지금까지도 중요하게 여기는 커피추출요소 중의 하나이다.

아킬레 가찌아Achille Gaggia의 에스프레소 머신

증기압을 이용하여 뜨거운 물을 밀어내는 방식에서 발전하여 수돗물의 압력을 이용한 머신이 고안되었지만, 온도관리가 어렵고 지역에 따라 수돗물의 압력이 달라 고충을 겪고 있었다. 그러던 중 가찌아가 운영하던 밀라노의 한 coffee bar에서 처음 워터펌프방식의 머신이 사용되었다. 사용자가 직접 피스톤 혹은 지렛대 원리를 이용해 순간적인 힘으로 지렛대를 누르고, 이때 발생하는 압력으로 뜨거운 물을 통과시키는 방식이다.

1947년에는 워터펌프를 이용한 피스톤 방식의 커피기계를 가찌아가 최초로 생산하기에 이른다. 'Gaggia Crema Caffe Machine'이라는 이 기계는 적절한 온도와 힘의 조절을 통해 보다 섬세한 추출을 가능하게 했고, 8bar 이상의 추출압력도 가할 수 있었다. 이러한 장점 때문에 피스톤식 커피머신은 급속히 보급되었고, 이탈리아는 물론 유럽의 카페들이 이 머신을 수용함으로써 더 맛있는 커피를 더 빠르게 추출할 수 있게 되었다. 현재의 메뉴얼식

에스프레소 커피머신의 모태가 되고 있다.

피스톤식 기계에서 빠르게 추출된 에스프레소 한잔에는 또 다른 매력이 담겨져 나왔다. 잘 추출된 커피의 표면에는 '크레마'라고 하는 황금색 거품이 생성되는 것이다. 높은 압력으로 인해 나타난 이 거품은 에스프레소의 풍미를 더해주었고 그 농도와 모양에 따라 성공적 추출 여부를 판가름하는 기준이며 에스프레소의 상징이 되었다.

현대식 에스프레소 머신의 개발

기계의 사용화는 커피하우스의 매출에도 영향을 주었고 자연스레 '바리스타'의 역할과 커피머신 기술자의 활발한 활동에도 원동력이 되며 비약적인 발전을 거듭했다. 사람들은 점차 크레마와 향미를 더욱 오래 즐기기를 원했고, 이를 보완하는 과정에서 1958년 훼마Faema의 달라코르테Dalla Corte 외 2인에 의해 증기압 대신 수압을 이용하는 머신이 개발됐다. 이 커피머신은 피스톤식을 개선한 것으로 보일러 내부로 물관을 통과시켜 물의 온도를 일정하게 유지시키는 방식이다. 'E1'이라는 모델은 현재까지도 자동 에스프레소머신의 대표적인 모델로 손꼽히며 커피 추출의 새로운 메커니즘을 만들어 냈다. 피스톤에 의한 수동 압력방식에서, 전동펌프가 항상 균일한 고압을 유지할 수 있게 됨으로써 커피를 더욱 간편하고 일정하게 추출하는 것이 가능해졌고 지속적인 커피산업의 발전과 더불어 머신 공급의 대형화, 프렌차이즈 사업의 활성화에 밑바탕이 되었다.

02 에스프레소 머신의 분류

커피머신의 분류

커피머신은 수출방식에 따라 수동식, 반자동식, 전자동식으로, 형태에 따라 1그룹, 2그룹, 3그룹, 4그룹 등으로, 보일러 방식에 따라 단일형, 분리형, 개별형, 혼합형 등으로 구분한다. 일반적으로는 수동식, 반자동식, 자동식으로 구분하는 것이 대표적이다.

수동식 커피머신

에스프레소 머신의 시초로써 모든 동작이 사람의 손에 의해 이루어진다. 지렛대 원리를 응용해 힘들이지 않고 적절한 압력을 가할 수 있고, 시각적으로도 퍼포먼스적인 요소가 있어 아직까지도 일부 가게에서는 수동머신만을 고수하기도 한다. 그러나 편리성이나 스피드 면에 있어 많은 양을 뽑아내기에는 부족함이 많아 대다수는 장식용으로 공급되는 실정이다.

반자동 커피머신

그라인더와 머신을 분리하여 원하는 추출 양 만큼 포터필터에 담아 그룹홀더에 장착 후, 버튼을 눌러주면 자동으로 물 공급이 되어 에스프레소를 추출하는 방식이다. 대부분의 작업은 머신과 원두에 대한 지식을 가진 사람의 손에 의해 이루어지기 때문에 바리스타의 기술이 요구된다. 대다수의 커피전문점에서는 반자동머신을 가장 많이 사용하지만 바리스타의 교육문제, 만드는 사람에 따라 달라지는 맛, 기계의 지속적 관리 등의 불편함을 감수해야 한다.

전자동 에스프레소 커피머신

머신 내부에 그라인더가 장착되어 있어 버튼 하나만 누르면 원두의 분쇄에서 추출까지 한 번에 완성되는 방식이다. 반자동에 비해 가격이 높고, 잔고장이 많은 단점이 있지만 거의 일정한 맛을 유지하고 초기 세팅만으로 특별한 기술 없이 추출해 낼 수 있다. 크기와 종류가 다양하여 작은 공간에도 설치가 가능하고 설치 방법도 간단하다.

반자동 / 전자동 에스프레소 머신의 장·단점

	반자동	전자동
장점	• 그라인더와 에스프레소 머신이 분리 - 열에 의한 맛의 변화가 적음 - 양질의 에스프레소 커피 추출 • 다양한 에스프레소 베리에이션 제조 • 바리스타 스킬에 의한 커피 맛 창출 • 관리하기가 편리함	• 추출 조작이 간편 • 추출 커피의 맛이 비교적 일정함
단점	• 추출 스킬과 기계의 이해필요 • 추출 스킬에 따른 맛의 차이	• 원두를 내부의 호퍼에 담고 사용하여 기계 내부의 열에 의한 맛의 변화 • 디지털 기술을 접목한 것으로 잔고장이 많음 • 상대적으로 비쌈 • 다양한 맛을 내기 어려움

에스프레소 머신의 이해

에스프레소 커피머신은 좀 더 빠르게, 좀 더 맛있게 추출해 내기 위해 끊임없이 발전을 거듭해 왔다. 빨간 열매가 수확, 가공을 거쳐 로스팅, 블랜딩되어 향기로운 크레마를 품은 에스프레소를 뽑아내기까지 그 마지막에는 머신이 있고 숙련된 바리스타가 있다. 그러므로 최상의 커피 한잔을 얻기 위해 커피머신의 구조와 작동원리, 관리요령에 대해 알아둘 필요가 있다. 특히 매장에서 가장 많이 사용하는 형태인 반자동 머신의 경우에 더욱 그러하다. 하지만 제조사와 국가별로 기본적인 작동원리와 관리요령은 크게 다르지 않기 때문에 기본적인 작동요령에 대해 숙지한다면 크게 어려울 것이 없다.

03 반자동 에스프레소 머신의 외부 구조

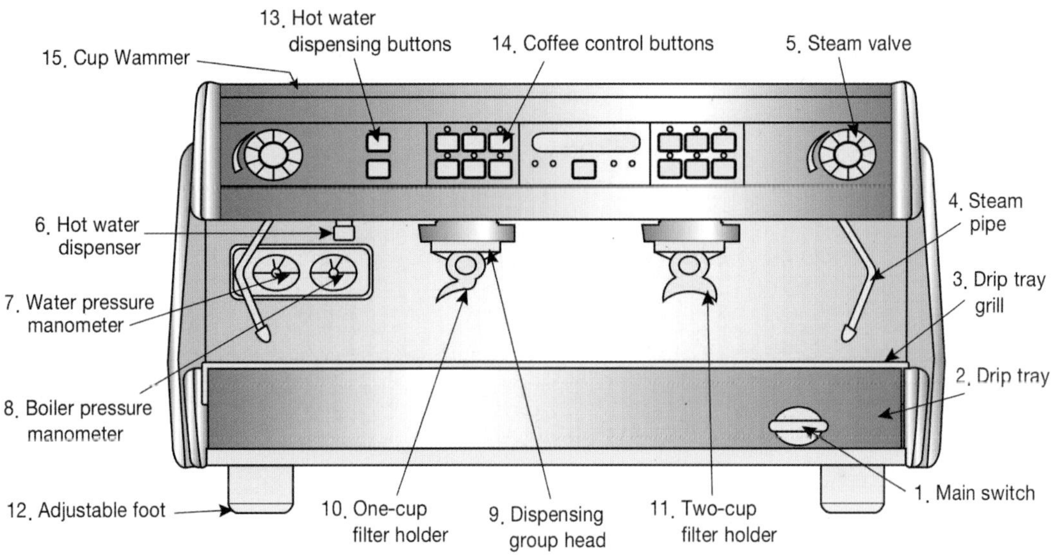

1. Main Switch

기계에 전원을 공급하는 스위치

2. Drip Tray

기계에서 떨어지는 물을 받아 배수로 흘려주는 배수 받침대

3. Drip Tray Grill

커피 추출 시 컵을 놓는 컵 받침대

4. Steam Pipe

스팀이 나오는 스팀노즐

5. Steam Valve

스팀 사용 시 스팀을 열어주는 밸브로 스팀 밸브를 돌려서 작동하는 다이얼식과 위·아래로 작동하는 레버식이 있다.

6. Hot Water Dispenser

추출 시 온수가 떨어지는 추출구

7. Water Pressure Manometer

추출 시 펌프의 압력을 표시해 주는 펌프압력 게이지

8. Boiler Pressure Manometer

스팀 온수 보일러의 압력을 표시하는 스팀압력 게이지로 보일러 압력계는 스팀을 생산하는 압력을 나타내며 보통 1~1.5bar 사이를 유지하며, 추출압력은 커피가 추출되는 압력을 나타내며 보통 8~10bar를 나타내는 것이 정상적이다.

9. Dispensing Group Head

그룹헤드로 커피 물이 데워지고 커피를 추출하는 곳

10. One-Cup Filter Holder

1잔 추출용 필터홀더(6~7g 사용)

11. Two-Cup Filter Holder

2잔 추출용 필터홀더(12~14g 사용)

12. Adjustable Foot

기계 받침 발

13. Hot Water Dispensing Buttons

온수 추출버튼

14. Coffee Control Buttons

커피 추출버튼. 추출 시간 타이머를 설정할 수 있고, 연속추출버튼을 통해 수동으로 추출을 제어할 수 있다. 기계에 따라 추출버튼과 온수버튼이 분리되어 있는 머신도 있다.

15. Cup Wammer

내부의 보일러 열을 통해 컵을 데우는 기계의 상부

04 에스프레소 머신 설정하기

바리스타는 주문이 들어와 커피를 만들어내기까지 메뉴에 따라서는 꽤 많은 과정을 빠르게 소화해야 한다. 때문에 바리스타는 단순히 에스프레소 추출 외에도 동시에 두세 가지의 작업을 병행해야만 한다. 이때 에스프레소 머신의 매뉴얼 프로그래밍을 이용하면 훨씬 편리하다. 추출 양이나 추출 시간, 스티밍, 물이 받아지는 양 등을 원하는 만큼 세팅할 수 있어 효율적이다.

1. 포터필터에 적정량의 분쇄 원두를 담고 탬핑하여 자동추출을 설정할 그룹에 장착한다.

2. 대부분 머신의 연속추출 버튼이 설정버튼이다. 이 버튼을 누른 상태로 램프의 불이 깜박일 때까지 기다린다.

3. 램프가 깜박이면 샷 글라스를 추출구 아래에 준비하고 자동 추출을 설정할 버튼을 누른다.

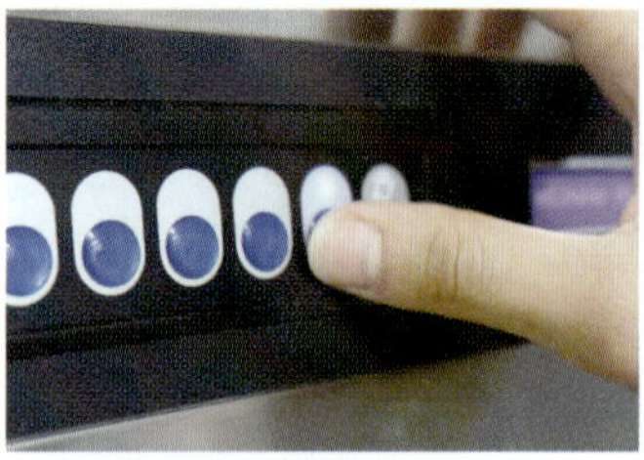

4. 추출이 시작되고 샷 글라스의 흰색 선 부분까지 커피가 추출되면 추출 시 눌렀던 버튼을 다시 한번 누른다.

5. 추출이 끝나고 램프가 꺼졌다면 설정이 완료되었고, 추출을 설정한 버튼으로 자동추출이 설정 되었는지 확인한다.

05 에스프레소 머신의 사전점검

최상의 샷을 얻기 위해서는 일정한 온도와 압력이 항상 유지되어야 한다. 그러므로 에스프레소 머신이 원활하게 작동되기 위해서는 머신을 이루고 있는 다양한 장치들의 상태와 보일러 내부의 물의 온도, 청소상태까지도 꼼꼼하게 점검해 주어야 한다.

전원확인

일반적으로 에스프레소 머신의 전원버튼은 1단, 2단으로 작동시킬 수 있다. 1단에서는 전원만 켜는 것이며, 2단으로 설정했을 때는 전기 히터의 작동으로 물이 데워지기 시작한다. 전원이 완전히 꺼진 상태에서 작동을 시키기 위해서는 물을 데우기 위한 충분한 시간이 필요하므로 영업시작 약 30분전에 작동시켜 놓는 것이 바람직하다.

보일러 수위 점검

커피머신의 보일러 수위는 머신 전면부에 장치된 수면계를 통해서 확인할 수 있으며 보일러 물이 많으면 스팀의 양이 적어지고 물이 부족하면 보일러가 과열 될 수 있으며 적정한 수위를 유지할 수 있도록 확인해 주어야 한다. 보일러의 물은 약 70% 정도 채워져 있는 것이 안정적이며 항상 일정한 수위를 유지 할 수 있도록 확인하는 습관을 기르는 것이 좋다. 수위가 그 이하로 떨어져 있을 경우 주입 장치를 이용하여 물을 채워주면 된다. 제조사에 따라 자동으로 수위를 감지하는 센서에 의해서 자체 내에서 수위를 조절하기도 한다.

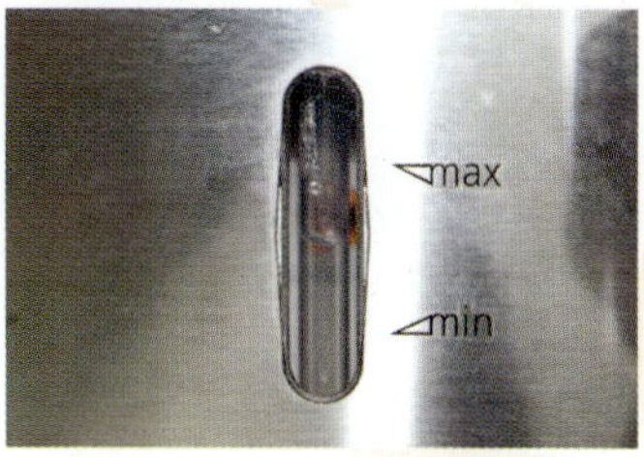

추출 압력 점검

추출 압력 점검 시에는 커피 추출시 물의 압력을 점검 하는 압력게이지를 점검하여야 한다. 커피 추출 압력을 나타내는 압력게이지는 7~9bar를 유지해야한다. 커피 추출 버튼을 작동시켜 적절한 압력을 유지하는지 지속적으로 확인하여야 하며, 작동을 멈추면 압력계 수치는 원위치로 돌아간다. 머신의 압력이 높으면 잡미가 추출되기 쉬우며, 압력이 낮을 경우엔 커피의 향과 맛이 약해진다. 머신의 압력 조절은 급수 펌프에 달려있는 압력조절 나사로 조절 할 수 있다.

스팀 압력 점검

스팀 압력 점검 시에는 우유 스티밍시 스팀이 생성된 압력을 나타내는 스팀압력게이지를 점검하여야 한다. 스팀압력을 나타내는 압력게이지는 1~1.5bar를 유지해야 한다.

바스켓 필터와 디퓨저 점검

필터홀더의 바스켓 필터의 구멍이나 디퓨저에는 커피의 미분과 기름 성분이 끼게 되면 구멍이 막혀 물의 공급이 원활하지 못하게 되어 커피가 제대로 추출되지 않기 때문에 주기적으로 청소를 해주어야한다.

개스킷 점검

개스킷은 추출 시 압력이 밖으로 새는 것을 막는 역할을 하는 것으로 고열로 인해 일정 시간이 지나면서 굳는 현상이 발생한다. 개스킷이 딱딱하게 굳거나 낡게 되면 정상적인 추출이 되지 않으므로 주기적으로 교체하여야 한다.

3.2 커피기계 상태 확인하기

1. 커피기계 펌프모터 압력게이지의 추출 압력을 확인할 수 있다.
2. 커피기계 보일러 압력게이지의 스팀 압력을 확인할 수 있다.
3. 설정된 온도에 맞게 작동되는지 여부를 확인하기 위해 커피기계의 온수 온도를 확인할 수 있다.
4. 설정된 온도에 맞게 작동되는지 여부를 확인하기 위해 커피 추출용 물의 온도를 확인할 수 있다.
5. 커피기계의 예열 상태를 확인하기 위하여 추출 그룹의 온도를 확인할 수 있다.
6. 정상적인 추출 압력 유지를 위해 커피기계의 그룹 개스킷 훼손 여부를 확인할 수 있다.
7. 커피기계의 필터홀더 온도를 확인할 수 있다.
8. 정상적인 보일러 온도를 위해 커피기계 보일러에 유입된 공기를 제거할 수 있다.
9. 설정된 커피 추출량 유지를 위해 커피기계 버튼의 작동 상태를 확인할 수 있다.
10. 커피기계의 배수 상태를 확인할 수 있다.
11. 커피기계에 유입되는 물의 상태를 확인할 수 있다.

필요지식

01 커피머신의 외부 장치와 역할

메인 스위치

각 기계마다 조금씩 차이가 있으나, 전원을 공급하고 차단하는 역할을 하며 스위치에 숫자가 '0' 으로 표시되면 전원이 차단된 상태이고, 숫자 '1'이 표시되면 기계에 전원이 공급된 상태이다.

드립 트레이

배수 받침대이며 기계에서 떨어지는 물을 배수로 보내주는 역할

을 한다. 드립 트레이에 커피 찌꺼기가 많이 고여 있을 때는 물을 부어 커피 찌꺼기를 흘려보내야 하며, 드립 트레이 밑에 있는 배수통은 커피 찌꺼기가 내려가는 곳으로써 찌꺼기가 쌓이게 되면 배수가 원활하지 못한 경우가 발생할 수 있기 때문에, 찌꺼기가 쌓이지 않도록 관리해 주어야 한다.

드립 트레이 그릴

커피 추출 시 컵을 올려놓는 곳으로 잔의 청결을 위해 드립 트레이 그릴도 자주 닦아주며, 항상 청결히 유지해야 한다.

그룹헤드

그룹헤드의 개수에 따라 1그룹 2그룹 3그룹 등으로 나눠지며, 물과 압력을 통해 커피를 추출하는 장치이다. 이 부분은 추출 커피가 최종적으로 통과하는 곳으로서 온도를 유지하는 것이 중요하며 그룹의 종류에 따라 시간과 예열방법이 다를 수 있다.

그룹의 형태는 보편적으로 사용되어지는 보일러가 데워진 후에 열이 그룹으로 전달되는 구조로서 예열시간이 길기 때문에 이 방식의 기계는 기계를 계속 켜 놓는 것이 바람직하다.

독립 보일러 방식은 보일러와 그룹이 붙어있기 때문에 물이 데워짐과 동시에 그룹이 예열된다. 이 방식은 열이 그룹으로 빠르게 전달되는 장점이 있다.

강제예열 방식은 그룹을 히터로 강제 예열시키는 방법으로, 보일러와 별도로 가열되기 때문에 예열시간이 빠르지만, 온도가 높아 그룹의 오링이 쉽게 경화될 수 있다.

크롬 도금 그룹Chrome Body Group

그룹은 열전도율이 좋고 열을 품는 성질이 강한 동을 사용하여 두껍게 만들어지며, 공기와의 접촉으로 부식이 일어날 것을 방지하기 위해 크롬도금을 입힌다.

그룹 개스킷Group Gasket

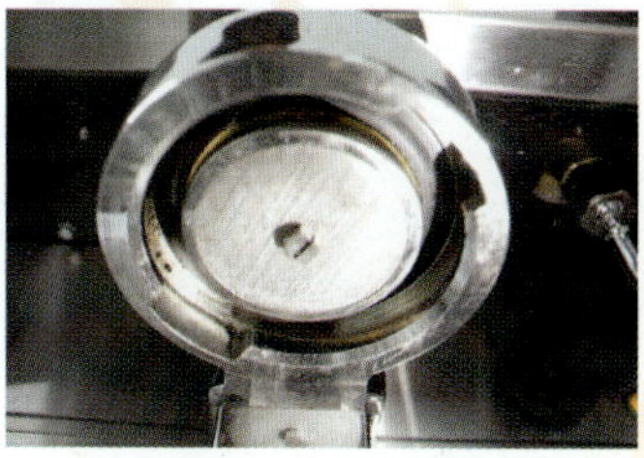

커피 추출시 압력이 밖으로 새는 것을 막아주는 역할을 하며, 사용빈도에 따라 교체해주어야 하는 소모품으로써, 교환 시기를 체크하여, 적절한 시기에 교체 해주어야 올바른 에스프레소를 추출할 수 있다.

필터홀더Filter Holder

에스프레소를 추출하기 위해 사용하는 기구로 필터 홀더안의 바스켓에 분쇄 원두를 담아 추출한다.

Filter Holder의 구조는 다음과 같다.

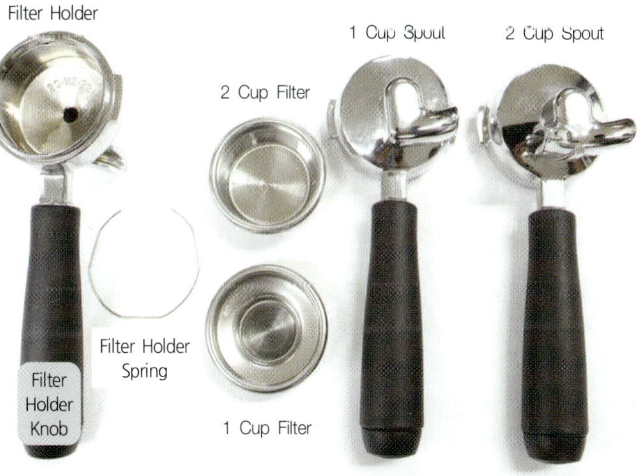

Filter Holder

열을 유지하기 위해 일반적으로 동으로 만들어진다. 동은 열을 유지하는 성질은 강하나 공기와 접촉하면 부식되기 때문에 크롬으로 도금한다.

Filter Holder Knob

필터홀더의 손잡이

Filter Holder Spring

필터 고정 스프링. 필터가 잘 빠지지 않게 고정시켜 주는 스프링이다. 이 스프링은 자주 사용하면 마모되어 필터가 잘 빠지는 현상이 발생한다. 이런 경우에는 스프링을 교환하지 말고, 약간 교정하면 재사용이 가능하다. Filter Holder Spring은 교정을 통해 재사용 가능한 부품이다.

1 Cup Filter

1잔 추출용 필터

2 Cup Filter

2잔 추출용 필터

1 Cup Spout

1잔 추출용 추출구

2 Cup Spout

2잔 추출용 추출구

1~2 Cup Spout은 최종적으로 에스프레소가 나오는 곳이므로 항상 청결히 사용해야 한다. 커피 추출동작 중에는 깨끗한 곳에서 작업을 하고, 그룹에서 분리할 때는 Drip tray grill이나 바닥에 닿지 않도록 주의해야 한다.

스팀 밸브

스팀을 사용할 때 스팀을 열어주는 밸브로 주로 손잡이를 시계 반대방향으로 돌리면 스팀이 나오고 시계방향으로 돌리면 멈춘다. 스팀밸브는 사용하는 기계에 따라 약간의 차이가 있다. 그러므로 자기가 사용하는 기계의 스팀간격을 항상 체크하고 사용범위를 알고 있어야 편리하게 사용할 수 있다.

스팀노즐

우유를 데울 때 사용하는 부분이며, 뜨거운 스팀이 배출되기 때문에 주의해서 사용하여야한다. 우유를 사용하기 때문에 청결한 상태로 유지하여야 한다. 스팀이 분사되는 구멍이 있는 부위를 스팀 팁이라고 하며, 팁의 배출구는 3~5개로 이루어져 있으며, 우유의 사용량에 따라 구멍의 개수를 선택하면 된다. 일반적으로 600㎖의 용기를 사용할 때는 3구가 쓰여지며, 900~1200㎖를 사용할 경우에는 4구를 사용한다.

스팀 노즐의 청결을 위해 사용 후에는 반드시 스팀밸브를 열어 남은 우유를 빼주어야 하며, 우유가 노즐 안쪽에 남아 있을 수 있기 때문에 밸브의 잔여물을 제거해야 한다. 스팀 노즐 외부에 묻은 우유 또한 깨끗한 젖은 행주를 사용하여 닦아주어야 하며 남은 우유를 신속히 제거하지 않으면 우유의 단백질 성분에 의해 응고되어 스팀이 약해질 수 있다.

온수 디스펜서

뜨거운 물을 추출하는 추출구이다.

온수 추출 버튼

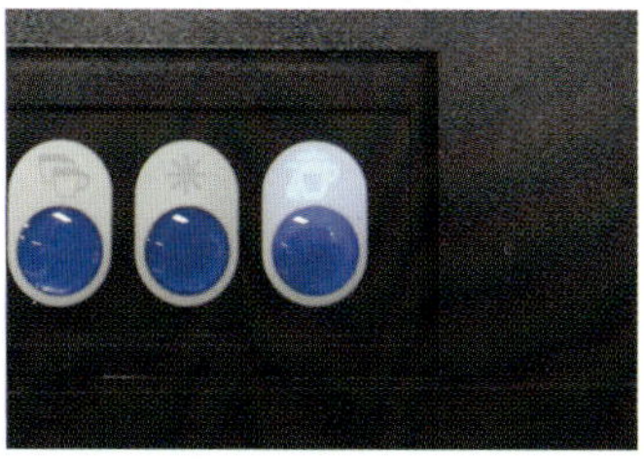

에스프레소를 희석하여 아메리카노를 만들 때는 물론, 컵을 급하게 데울 때에도 유용하게 사용된다.

보일러 압력계

스팀온수 보일러의 압력을 표시하는 압력계로 일반적으로 0~3 단계의 숫자로 표시되어 있다.
기계에 전원이 차단되어 있는 경우 바늘이 0에 위치하며, 정상가동 시 1~1.5사이를 표시한다. 압력계의 바늘이 적색구간을 가리킬 경우 점검을 받아야하며, 보일러 압력계와 펌프 압력계는 보통 같은 위치에 있으며 기계 사용 전 압력을 확인해야한다.

펌프 압력계

커피 추출시 펌프의 압력을 나타내는 펌프 압력 게이지로 항상 점검하며, 압력을 유지해야한다. 기계마다 다소 차이가 있지만 펌프압력은 보통 0~15의 숫자로 표시되어 있으며, 펌프의 압력을 조절해서 사용하면 된다. 녹색구간이 정상범위이며, 적색구간을 가리킬 경우 부품에 영향을 줄 수 있으므로 펌프를 점검하여 정상범위로 조절해야 한다. 펌프 압력은 추출버튼을 사용했을 때의 변화를 확인해야한다.

머신 받침대

기계를 지탱하는 받침대로 대게 나사형태로 되어있어 받침대를 돌려서 기계의 높이와 수평을 맞출 수 있다.

연속 추출 버튼(설정 버튼)

연속 추출 버튼은 수동으로 추출하기를 원할 때 사용 할 수 있으며, 또한 한잔 또는 두잔 분량의 커피 추출량을 저장, 즉 자동 추출량을 저장할 때 사용하는 버튼이다.

02 커피머신 내부 장치와 역할

에스프레소 머신의 내부의 핵심은 보일러이다. 에스프레소 커피기계의 최대 추구점은 추출수 온도 유지와 적절한 압력이며, 연속 추출 시에도 변화가 없어야 한다. 따라서 안정적인 추출을 위해서는 머신 내부에 있는 다양한 부품들이 언제나 정상적인 작동을 하고 있어야 한다.

- 온수 전자밸브 : 뜨거운 물을 사용할 때 작동하는 밸브
- 과수압 방지 밸브 : 평상시에는 대기상태이다가 수압이 갑자기 높아질 때 자동적 작동되는 밸브
- 펌프모터 : 에스프레소를 추출할 때 물에 가해지는 압력을 알맞은 압력(8~10bar)으로 만들어 주는 기관
- 역류 방지밸브 : 보일러의 뜨거운 물이 펌프로 다시 역류하는 것을 막아주는 밸브
- 물 공급 전자밸브 : 보일러에 물을 공급·차단하는 기능을 하는 밸브
- 플로메터 : 에스프레소를 추출 시 물의 양을 인식하는 센서
- 히터 : 보일러의 물을 뜨겁게 데워주는 기관
- 보일러 : 전기를 이용해 물을 가열·공급하고 온수와 스팀을 만들며, 커피 추출 시 필요한 온도와 압력을 생성하는 기관
- 에어밸브 : 보일러 속에 있는 공기를 빼주는 밸브
- 수위 감지봉 : 온수나 스팀을 사용함에 따라 일정량 물을(보일러의 70%) 보충해 주는 기관
- 과압력 방지밸브 : 보일러가 일정 압력보다 올라갈 경우 보일러를 보호하기 위한 안전장치 역할을 하는 밸브

3.3 커피기계 소모품 교체하기

1. 그룹 개스킷을 교체할 수 있다.
2. 스팀 완드를 교체할 수 있다.
3. 샤워 필터를 교체할 수 있다.
4. 추출 필터를 교체할 수 있다.
5. 정수기 필터를 교체할 수 있다.

필요지식

01 그룹 개스킷

그룹 개스킷Group Gasket은 포터필터를 그룹홀더에 장착했을 때 물이 새지 않도록 하며, 커피 추출 시 압력이 밖으로 새는 것을 막아주는 역할을 한다. 따라서 머신 사용 후 커피 찌꺼기나 오일을 제대로 청소하지 않아 부식이 되거나, 장시간 사용으로 인하여 마모를 일으키면 에스프레소의 추출에 방해가 된다.

개스킷의 교체 시기

개스킷의 교체 시기로는 필터홀더를 그룹에 장착했을 때 그룹 개스킷의 탄력이 느껴지지 않을 때와 필터홀더가 장착된 상태가 수직이 되지 않거나 우측으로 돌아갈 때 그리고 에스프레소 추출 시 옆으로 물이 샐 때 등이 있다.

개스킷 교체 방법

개스킷 교체 시 커피머신 그룹 내부의 온도가 뜨거울 수 있으니 주의하여야하며, 교체 할 개스킷, 전용 드라이버(일자, 십자, 육각 등), 송곳 등을 준비하여야 한다.

1 드라이버를 이용하여 스크린 고정 나사를 풀어 스크린을 해체한다.

2 송곳을 개스킷 안에 끼워 넣고 지렛대의 원리를 이용하여 손잡이를 위로 들어 올려 기존의 개스킷을 분리해준다. 개스킷이 일부 분리되면 손으로 당겨 빼준다. 이 때 개스킷의 마모 정도에 따라 부서질 수 있으므로 이 경우에는 모든 조각이 분리되었는지 확인하다 (이물질이 있을 경우 개스킷이 제대로 장차되지 않기 때문에 깨끗이 분리해야 한다.)

3 그룹헤드의 온도에 주의하며 필터홀더 위에 새 개스킷을 올린 후 그룹헤드에 잘 눌러서 장착하면 안쪽에 맞춰져 장착된다.

4 개스킷 교체가 완료되면 커피 추출을 통해 누수 여부를 확인하고 정상적으로 작동되는지 점검한다.

02 스팀완드

스팀완드 교체 시기

스팀완드는 장기간 사용시 노즐이 노후되어 물이 새거나 고정이 되지 않을 수 있다.
이 경우 노즐 안쪽에 노즐을 지탱하는 고무링이 마모되어 생기는 증상일 수 있어 고무링을 교체하면 정상적으로 작동이 될 수 있다.

03 그룹 헤드

샤워홀더Shower Holder 세척

샤워홀더는 샤워Shower를 고정시켜주는 것으로 크롬 도금 그룹에서 한줄기로 나온 물을 여러 가닥으로 나누어주는 역할을 한다. 이때 강하게 떨어지는 물의 압력을 분산시켜 샤워로 내보낸다.

그룹헤드Group Head 세척

그룹헤드는 커피 머신에서 매우 중요한 핵심장치로 보일러의 뜨거운 물이 첫 번째로 통과하는 부분이므로 매장 마감 시 항상 청소해 주는 것이 좋으며, 머신 전용 솔을 이용해 그룹내부 포터필터 결합 부분과 스크린, 개스킷에 남아있는 원두찌꺼기들을 세척해야 한다. 작업 시 머신이 켜져 있을 경우 온도가 뜨거우므로 장갑을 끼고 청소해야 한다.

샤워스크린Shower Screen 세척 및 교체

샤워스크린은 필터바스켓에 담겨 있는 커피에 직접 물을 분사하여 커피 표면 전체에 골고루 뿌려주는 역할을 한다. 원두가 직접 접촉하는 부분이므로 커피 찌꺼기가 남지 않도록 수시로 청소해 주는 것이 바람직하다. 에스프레소 추출시 원두의 양이 많거나, 인퓨징 과정에서 원두가 부풀어 샤워필터를 누르면서 힘이 가해지기 때문에 사용빈도나 원두사용량에 따라 남작하게 눌릴 수 있다. 또한 제대로 청소가 되지 않았을 경우 스크린 표면에 커피 오일이나 찌꺼기가 쌓여 추출이 원활하게 되지 않기 때문에 최소 1주일에 한 번은 샤워홀더와 함께 세정제로 청소해 주는 것이 좋다. 에스프레소 머신을 장기간 사용할 경우, 스크린의 마모가 진행되므로 3개월에서 6개월 정도 사용 후 교체해 주는 것이 좋다.

1. 공구를 사용하여 그룹 가운데의 나사를 풀어 분해한다.

2. 샤워에서 샤워필터를 분리하여 위·아래 방향을 확인한 뒤 새 필터로 교체한다.

3. 다시 그룹 중심부의 나사 구멍에 맞춰 장착한다.

04 추출 필터(필터 바스켓)

커피를 추출할 때 1잔용과 2잔용 추출필터로 나뉘어지며, 여러개의 구멍이 뚫려있는 추출필터에 원두가루를 담아 커피 추출시 사용된다. 필터 홀더와 분리할 수 있으며, 필터 홀더 안의 철심은 소모품으로서 필터홀더와 필터 바스켓이 맞물리지 않고 헐겁게 돌아간다면 교체 할 필요가 있으며, 필터 바스켓 또한 구멍의 크기나 모양 구멍의 개수에 따른 면적 등을 고려하여 필요시에 교체할 수 있다. 또한 청소 시 구멍이 없는 블라인드 필터로 교체하여 그룹을 세척할 수 있다.

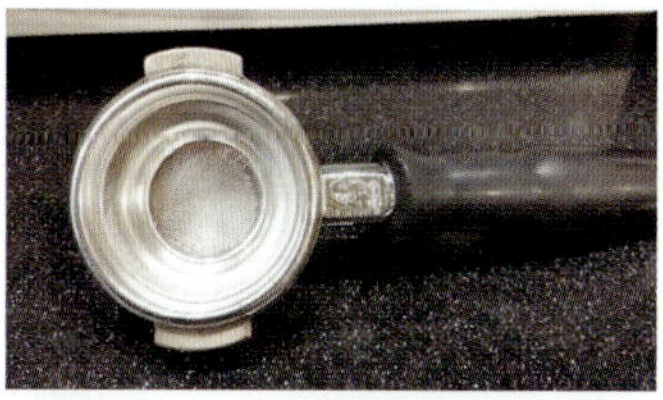

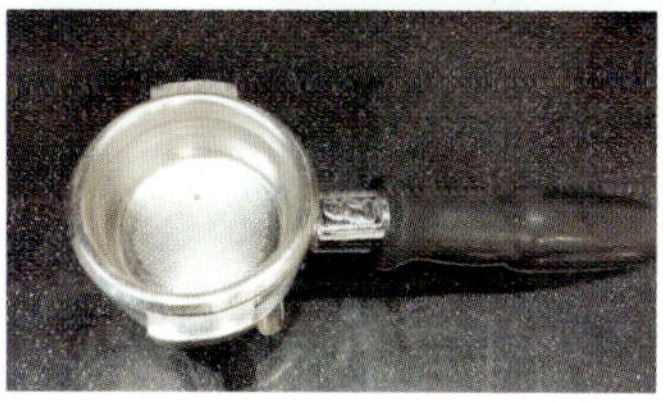

05 연수기와 정수기

에스프레소는 물의 비율이 대부분을 차지하고 있어 좋은 물을 사용해야 양질의 에스프레소를 얻을 수 있다. 물은 크게 경수와 연수로 나뉘며, 물에 들어있는 칼슘, 칼륨, 마그네슘 등 미네랄 성분의 함량을 수치화해 경도(硬度Degree of Hardness)라고 하며, 경도 6(107ppm, 107mg)을 기준으로 수치가 높은 물을 경수, 낮은 물은 연수라고 한다.

커피 추출 시에는 적당량의 미네랄을 함유하고 있는 연수를 많이 사용하며 경수를 사용하여 추출할 경우 지나친 광물질로 인한 기계의 고장을 일으킬 수 있으며, 커피 맛에 영향을 주어 쓴맛이나 떫은맛이 강해진다. 염분이나 광물질이 많이 포함되어 있는 지하수를 사용할 경우에는 반드시 연수기를 설치하는 것이 좋다.

연수기와 정수기는 주기적으로 청소하거나 교환해야하므로 설치할 때에는 이런 작업이 용이하도록 기계에서 가까운 곳에 공간을 만들어 설치하는 것이 좋다.

연수기의 관리

연수기는 물속의 광물질을 걸러내 주는 장치로서 반영구적인 사용이 가능하나 평상시의 관리와 청소가 매우 중요하다. 연수기의 청소주기와 청소방법을 잘 숙지하여 관리한다면 양질의 에스프레소를 얻을 수 있다.

연수기 청소 방법

1. 급수밸브를 반대로 돌려 연수기 내부의 압력을 제거한다. (1분 정도 소요)
2. 출력밸브도 반대쪽으로 돌려준다.
3. 압력이 전부 빠지면 위쪽 손잡이를 돌려 개봉한다.
4. 연수기 뚜껑을 열고 소금을 넣은 뒤 닦아서 조립한다.
5. 위쪽의 급수밸브를 다시 원래대로 돌려 물을 공급한다. 이 때 아래 쪽에서 물이 나오며 청소가 시작된다. 청소시간은 30분에서 1시간 정도 소요된다.
6. 청소가 끝나면 아래쪽 밸브의 호스를 분리하여 물을 받아 맛을 본 뒤 짠맛이 없으면 아래 밸브도 원 위치시켜 물을 공급하고 짠맛이 나면 물을 좀 더 배출시킨다.

정수기의 관리

정수기는 물속에 포함되어 있는 이물질을 제거한다. 물속의 염소 성분은 커피의 맛과 냄새를 좋지 않게 하기 때문에 이를 제거하는 것이 활성탄으로 탄소의 표면에 있는 활성산소들이 유기체를 유인하여 포획한다. 또한 스케일을 방지해주며 이것은 물맛을 결정하는 요인이 되므로 좋은 정수기를 설치해야 좋은 에스프레소를 얻을 수 있다. 정수기는 필수적으로 설치하는 것이 좋다.

정수기의 필터 교체

정수기는 용량이나 조건에 따라 필터 교체 시기가 다르며 녹물 유입이 많을 경우 교체 시기가 빨라진다. 따라서 정수기 필터는 정기적인 점검을 통해 교체해야 히며, 대개 필디 사용량이 표시되어 있다. 커피의 맛은 물의 맛과도 관계가 있기 때문에 정수기의 선택이 중요하며, 관리법도 잘 숙지하여야한다.

3.4 커피기계 세척하기

Coffee Barista

1. 커피기계의 오염정도를 확인할 수 있다.
2. 커피기계의 배수장치를 청소할 수 있다.
3. 커피기계의 세척을 위해 추출그룹을 분해할 수 있다.
4. 1종 세정제를 이용하여 추출그룹을 청소할 수 있다.
5. 1종 세정제를 이용하여 필터홀더를 청소할 수 있다.
6. 세정제를 이용한 청소 후 커피 추출을 통해 잔존 세제를 제거할 수 있다.

필요지식

01 커피머신 관리

커피머신 사용 전·후에는 청소 및 관리 유지에 신경 쓰는 것이 좋은 에스프레소를 추출하기 위한 기본 전제조건이다. 만약 에스프레소 머신의 관리가 소홀하게 되면 커피 찌꺼기가 쌓여 불쾌한 향미를 갖게 되고, 부속부품의 마모와 부식으로 이어져 고장의 원인이 될 수 있다. 따라서 커피머신은 항상 청결하게 유지하고 제대로 관리해야 한다.

그룹 역류 세척

커피머신은 그룹내부의 샤워스크린과 커피 유출 배관이 커피의 기름 성분과 물의 석회질로 인하여 막히면 추출이 일정하게 나오지 않을 수 있기 때문에 마감 시 매일 역류세척을 해주어야 한다.

1. 포터필터를 분리하고, 블라인드 바스켓을 끼운다.

2. 블라인드 바스켓에 커피머신 전용 세척제를 1g정도 담고 장착 한다.

3. 연속 추출을 누르면 역류세척이 시작된다. 1회가 끝나면 램프가 깜박인다. 또는 20~30초 후에 끈다.

4. 포터 필터를 분리하고 블라인드 바스켓을 헹군다.

5. 포터필터를 다시 장착하고 추출버튼을 눌러 약 10초간 물을 순환시킨다.

6. 1번~5번의 과정으로 모든 그룹을 각 각 세척해야 하며, 이 과정을 5~6회 반복한다.

※ 약품 역류 세척시에는 배관에 약품이 남아있을 수 있기 때문에 에스프레소 머신의 커피 추출시 바로 마시면 안되고, 2~3회 정도 추출한 후 추출 된 커피를 마시도록 한다.

스팀노즐Steam Nozzle 관리

스팀노즐은 우유를 데우거나 부드러운 우유 거품을 만드는데 사용하며, 다양한 커피메뉴를 만들기 위해 반드시 필요하다. 스팀노즐은 우유와 직접 접촉하는 부분이므로 청결이 최우선이다. 따라서 사용 전 스팀밸브를 열어주어 응축수를 제거하고, 사용 후 스팀밸브를 열어 스팀완드 안의 청결을 유지하는 것이 좋다. 마감할 때는 스팀완드 끝에 있는 팁을 분해하여 각각의 홀에 막힌 곳이 없는지 확인하는 것 또한 중요하다.

1. 공구를 사용하여 스팀 노즐과 스팀노즐 팁을 분리한다.

2. 피쳐에 물과 커피머신 전용 세제를 담아 스팀을 틀어 분리된 노즐은 뜨거운 물에 담궈 세척하고 헹군다.

3. 스팀노즐 팁은 분사구와 스팀완드 내부에 우유 찌꺼기가 남아 있을 경우 솔을 이용하여 제거 해 주어야 한다.

4. 스팀완드와 노즐 팁을 연결하는 부위의 우유찌꺼기도 제거해 주어야 한다.

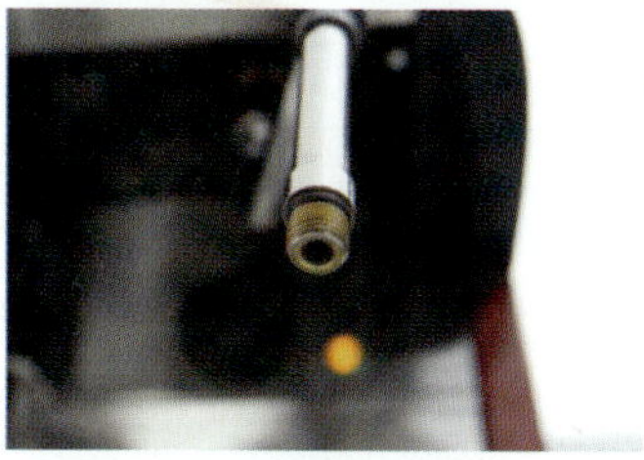

5. 세척이 끝나면 스팀완드와 노즐 팁을 결합시키고 작동에 이상이 없는지 확인한다.

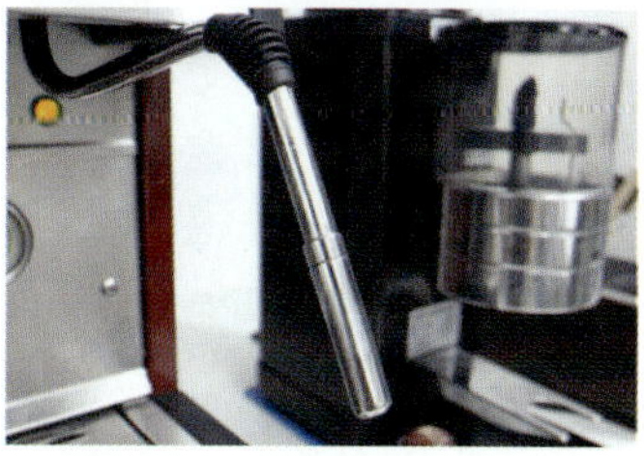

샤워홀더Shower Holder 세척

샤워 홀더는 샤워를 고정시킬 수 있도록 돕는 지지대 역할을 하며, 또한 그룹에서 한 줄기로 나오는 물을 몇 개의 가닥으로 나누어 커피에 압력이 고르게 가해 질 수 있도록 돕는다.

커피 추출 시 미세한 원두 가루의 끼임과 추출 횟수에 따라 커피 오일이 쌓일 수가 있으며 이는 커피의 맛과 향에 좋지 않은 영향을 줄 수 있어 매일 청소가 필요한 부분이다.

1. 포터필터의 필터 바스켓을 블라인드 바스켓으로 교체한다.

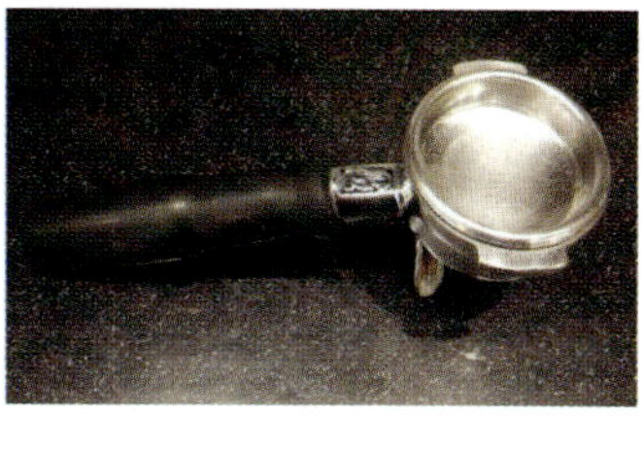

2. 그룹에 포터필터를 분리하기 쉽도록 장착하고 연속추출 버튼을 누른다. 압력이 차면 다시 버튼을 누른다.

3. 포터필터를 분리하여 바스켓 안의 물을 버리고 위와 같은 과정을 약 10회 반복한다.

4. 포터필터를 그룹헤드에 완전히 장착하고 기다려면 압력의 역류로 찌꺼기가 배출된다.

5. 모든 과정이 종료되면 포터 필터를 분리하여 행주로 닦아준다.

샤워 스크린Shower Screen 세척

그룹에서 샤워 홀더를 통해 몇 가닥으로 나누어져 분사되는 물줄기를 다시 한 번 여러 가닥으로 분산시켜 필터 바스켓에 담긴 커피가루의 표면 전체에 물과 압력이 골고루 나눠지도록 돕는 역할을 한다. 커피와 직접 닿는 부분이기 때문에 커피 찌꺼기와 오일이 많이 끼어 있을 수 있으며 청소를 오랫동안 하지 않으면 샤워

스크린의 구멍이 커피 찌꺼기에 막혀 물과 압력이 고르게 퍼지지 않아 추출된 커피의 맛에 영향을 줄 수 있으므로 매일 청소 해주어야 하며, 물이 골고루 떨어져야 샤워스크린의 기능을 잘한다고 볼 수 있다. 물이 뭉쳐 나오거나 한쪽으로 쏠리면 역할을 제대로 하지 못한다고 판단할 수 있으며 샤워 스크린은 필요에 따라 교체할 수 있다.

1. 공구를 이용해 그룹헤드 가운데의 나사를 풀고 샤워 스크린과 샤워 홀더를 분리한다.

2. 샤워스크린과 샤워 홀더에 낀 찌꺼기를 머신 청소 전용 붓으로 털어낸다.

3. 커피기계 전용 세척제를 뜨거운 물에 풀고 샤워 스크린과 샤워 홀더를 담근다.

4. 시간적 여유를 두어야 하기 때문에 마감 시 담가두고 다음날 헹군다.

5. 커피 찌꺼기가 깨끗이 빠졌는지 확인하고 흐르는 물에 깨끗이 헹군다.

6. 공구를 이용하여 그룹에 다시 결합한다.

필터 홀더Filter Holer 세척

에스프레소 추출 시 커피 추출이 정상적으로 되지 않을 때, 포터필터를 분리하여 추출버튼을 눌러 물줄기를 확인한다. 물이 떨어지는 것이 정상적이라면, 종종 필터 홀더의 관리 상태를 확인 해 보아야 한다. 필터 홀더 안쪽이나 추출구Spout 쪽에 커피 오일로 인한 커피 찌꺼기 등의 이물질이 있을 경우 추출에 방해가 될 수 있기 때문에 정확한 추출을 위해서 매일 필터 홀더를 세척해 주어야 한다.

1. 포터필터를 그룹에서 분리하고 필터홀더와 필터 바스켓을 분리한다.

2. 적당한 크기의 통에 뜨거운 물을 담아 커피머신 전용 세척제를 풀고 필터 홀더를 담가 다음날 영업 준비 시 헹군다.

3. 커피 찌꺼기가 깨끗이 빠졌는지 확인하고 물로 깨끗이 헹군다.

4. 필터 홀더는 커피 추출의 최종 장치로서 적정온도를 유지해야 하므로 그룹헤드에 장착하여 보관한다.

개스킷 청소

개스킷은 탄력 있는 소재로 만들어진 링 형태의 장치로 그룹의 테두리 부분에 끼워져 있으며 에스프레소 추출 시 발생하는 압력이 새어 나가지 못하도록 막는 역할을 한다. 기본적으로 소모품이지만 관리 상태에 따라 사용 기간이 달라지므로 매일 세척과정을 거쳐야 한다. 또한 개스킷에 커피오일과 커피 찌꺼기가 쌓이면 쉽게 마모 될 수 있으며, 오랜 기간 교체하지 않고 사용 될 경우 열에 의해 경화되어 그 역할을 제대로 할 수 없다.

1. 커피머신 청소 솔의 뒷부분을 활용하여 젖은 행주로 덮고 그룹의 개스킷이 장착된 테두리 부분을 돌려가며 깨끗이 닦아낸다.

2. 수차례 닦아내어 커피 찌꺼기가 거의 보이지 않도록 하고 마지막으로 물 흘리기를 한다.

드립트레이Drip Tray와 배수관 청소

커피 추출 시 발생하는 커피 오일과 커피 찌꺼기는 드립 트레이를 거쳐 배수관으로 내려가게 된다. 배수관에 커피 찌꺼기가 쌓여 막히게 되면 물이 넘쳐 작업에 방해가 되며 크게는 영업 도중 갑작스런 상황에 영업에 지장을 초래 할 수 있기 때문에 커피머신을 청소 할 때에는 드립 트레이와 배수관도 깨끗이 청소해야 한다.

1. 드립 트레이를 분리하여 물 세척으로 커피 찌꺼기를 제거한다.

2. 드립 트레이를 분리한 커피머신의 바닥 부분을 보면, 드립 트레이에서 물이 빠져 모이는 배수통을 확인할 수 있다. 이곳에 뜨거운 물을 천천히 부어 쌓인 찌꺼기를 배수관으로 흘려보낸다.

3. 배수관이 막혀있으면 배수통에서 물빠짐이 원활하지 않으므로 배수관을 분리하여 내부를 세척해 주어야 한다.

온수 디스펜서

온수 디스펜서는 커피 추출에 직접적인 영향을 미치지는 않지만, 보일러의 물이 바로 배출 되는 장치로 종종 보일러의 이물질이 쌓여 있을 수 있기 때문에 주기적인 관리가 필요하다. 손으로 돌려 쉽게 분리할 수 있으며 안쪽의 부품과 오링도 함께 물로 세척한다. 보일러의 물이 바로 배출 되는 장치로 종종 보일러의 이물질이 쌓여 있을 수 있다.

출제예상문제

01. 이탈리아에서 최초의 에스프레소 머신의 시초가 개발된 때는?

① 1901년 ② 1902년
③ 1903년 ④ 1904년

해설 1901년 밀라노의 제조회사의 오너였던 베제라(Luigi Bezzera)에 의해서 개발되었다.

02. 1947년 최초로 워터펌프를 이용한 피스톤 방식의 커피기계를 생산한 곳은?

① 비알레띠 ② 가찌아
③ 라마르조코 ④ 필립스세코

해설 1947년에는 워터펌프를 이용한 피스톤 방식의 커피기계를 가찌아가 최초로 생산하기에 이른다. 'Gaggia Crema Caffe Machine' 이라는 이 기계는 적절한 온도와 힘의 조절을 통해 보다 섬세한 추출을 가능하게 했다.

03. 커피머신의 장치와 그 역할이 잘못 연결된 것은?

① 필터홀더 - 에스프레소를 추출하기 위해 사용하는 기구
② 그룹헤드 - 물과 압력을 통해 커피를 추출하는 장치
③ 스팀노즐 - 우유를 데울 때 사용하는 부분
④ 온수 디스펜서 - 에스프레소를 추출 시 물의 양을 인식하는 센서

04. 커피머신의 일반적 분류에 속하지 않는 것은?

① 수동식 ② 반수동식
③ 자동식 ④ 반자동식

05. 반자동 에스프레소 머신의 장점이 아닌 것은?

① 열에 의한 맛의 변화가 적다.
② 양질의 에스프레소를 추출할 수 있다.
③ 추출 커피의 맛이 비교적 일정하다.

④ 관리하기가 편리하다.

해설 전자동머신의 장점으로는 추출 조작이 간편하고, 추출 커피의 맛이 비교적 일정하다는 것이다.

06. 전자동 에스프레소 머신의 단점이 아닌 것은?

① 추출 조작이 복잡하다.

② 머신의 가격이 비싸다.

③ 머신의 잔고장이 많다.

④ 기계 내부의 열에 의해 맛이 변화할 수 있다.

해설 추출 커피의 맛이 비교적 일정하고 추출 조작이 간편하다는 장점이 있다.

07. 에스프레소 머신을 사용하기 전 사전 점검 과정이 아닌 것은?

① 개스킷 점검 ② 바스켓 필더와 디퓨저 점검

③ 보일러 수위 점검 ④ 필터홀더 점검

해설 전원확인, 보일러 수위 점검, 추출 압력 점검, 스팀 압력 점검, 바스켓 필더와 디퓨저 점검, 개스킷 점검이 있다.

08. 에스프레소 머신에서 물과 압력을 통해 커피를 추출하는 장치는?

① 드립 트레이 그릴 ② 필터홀더

③ 드립 트레이 ④ 그룹헤드

해설 Dispensing Group Head는 커피 물이 데워지고 커피를 추출하는 곳.

09. 에스프레소 머신에서 공기와의 접촉으로 부식이 일어나는 것을 방지하기 위해 그룹에 어떤 도금을 입히는가?

① 텅스텐 ② 백금

③ 크롬 ④ 니켈

해설 그룹은 공기와의 접촉으로 부식이 일어날 것을 방지하기 위해 크롬도금을 입힌다.

10. Filter Holder는 열을 유지하기 위해 일반적으로 무엇으로 만들어지는가?

① 동 ② 크롬

③ 백금 ④ 은

해설 Filter Holder는 열을 유지하기 위해 일반적으로 동으로 만들어진다. 동은 열을 유지하는 성질은 강하나 공기와 접촉하면 부식되기 때문에 크롬으로 도금을 한다.

11. 스팀노즐에 대한 설명으로 틀린 것은?

① 우유를 데울 때나 거품을 낼 때 사용한다.

② 스팀이 나오는 구멍의 청소는 반드시 금속재질의 기구를 이용해야 한다.

③ 스팀노즐 외부에 묻은 우유는 깨끗한 젖은 행주로 닦아준다.

④ 스팀노즐 팁의 배출구는 3~5개로 이루어져 있다.

12. 에스프레소를 추출할 때 물에 가해지는 압력을 알맞은 압력(8~10bar)으로 만들어 주는 기관은?

① 펌프모터(Pump Moter) ② 플로메터(Flow Meter)

③ 히터(Heater) ④ 보일러(Boiler)

13. 에스프레소를 추출할 때 물의 양을 감지하는 센서를 무엇이라 하는가?

① 펌프모터(Pump Moter) ② 플로메터(Flow Meter)

③ 히터(Heater) ④ 보일러(Boiler)

14. 보일러의 물은 항상 몇 %로 채워져 있어야 정상적인 작동을 하는가?

① 50% ② 60%

③ 70% ④ 80%

해설 수위감지봉은 온수나 스팀을 사용함에 따라 보일러의 수위가 내려가면 물을 보충해 주는 역할을 하며, 보일러의 물은 항상 70%로 채워져 있어야 한다.

15. 그룹 개스킷의 교체시기가 아닌 것은?

① 개스킷을 새로 교체한 후 석 달이 되었을 때

② 필터홀더를 그룹에 장착했을 때 그룹 개스킷의 탄력이 느껴지지 않을 때

③ 필터홀더가 장착된 상태가 수직이 되지 않거나 우측으로 돌아갈 때

④ 에스프레소 추출 시 옆으로 물이 샐 때

16. 그룹에서 한줄기로 나온 물을 여러 가닥으로 나누어 주는 역할을 하는 것은?

① 샤워 ② 샤워홀더
③ 샤워스크린 ④ 샤워필터

해설 샤워홀더는 샤워(Shower)를 고정시켜주는 것으로 크롬 도금 그룹에서 한줄기로 나온 물을 여러 가닥으로 나누어주는 역할을 한다. 이때 강하게 떨어지는 물의 압력을 분산시켜 샤워로 내보낸다.

17. 샤워스크린의 최소 교체주기로 적당한 것은?

① 1~2개월 ② 3~6개월
③ 6개월~1년 ④ 1년~2년

해설 에스프레소 머신을 장기간 사용할 경우, 스크린의 마모가 진행되므로 3개월에서 6개월 정도 사용 후 교체해 주는 것이 좋다.

18. 샤워홀더와 샤워스크린의 최소 청소 주기는?

① 1주일 ② 2주일
③ 1개월 ④ 2개월

19. 추출 필터(필터 바스켓) 교체의 적당한 시기는?

① 오일 때가 많이 끼였을 때
② 필터홀더와 필터 바스켓이 맞물리지 않고 헐겁게 돌아갈 때
③ 모양이 심하게 찌그러졌을 때
④ 구멍이 심하게 막혔을 때

20. 경도는 물에 들어 있는 성분을 수치화 한 것이다. 이 성분에 속하지 않는 것은?

① 칼슘 ② 칼륨
③ 마그네슘 ④ 인

해설 물에 들어있는 칼슘, 칼륨, 마그네슘 등 미네랄 성분의 함량을 수치화해 경도(硬度, Degree of Hardness)라고 한다.

21. 물의 경수, 연수를 나누는 경도의 기준은 몇 인가?

① 경도 5　　② 경도 6
③ 경도 7　　④ 경도 8

해설 경도 6(107ppm, 107mg)을 기준으로 수치가 높은 물을 경수, 낮은 물은 연수라고 한다.

22. 물에 들어있는 성분의 함량을 수치화해 표시한 것을 무엇이라 하는가?

① 경도　　② 성분도
③ 함량도　　④ 수분도

23. 물의 성분 함량을 수치화하였을 때 기준이 되는 것은 얼마인가?

① 3　　② 4
③ 5　　④ 6

24. 물의 성분 함량이 기준보다 낮은 물은 무엇이라 하는가?

① 정수　　② 지수
③ 연수　　④ 경수

25. 물의 성분 함량 수치가 1인 경우는 몇 ppm인가?

① 15ppm　　② 18ppm
③ 20ppm　　④ 23ppm

26. 연수기를 청소할 때 사용하는 것은?

① 세정제　　② 중성세제
③ 소금　　④ 베이킹소다

27. 다음 ( ) 안에 들어가는 알맞은 것은?

> 에스프레소 머신의 그룹 역류 세척이 필요한 이유는 커피의 (　　)와 물의 (　　) 성분으로 인한 막힘 현상이 일어나기 때문이다.

① 찌꺼기와 마그네슘　　② 기름성분과 마그네슘
③ 찌꺼기와 석회질　　④ 기름성분과 석회질

28. 1901년 에스프레소 머신의 시초가 된 기계를 개발한 사람은?

① 루이지 베제라　　② 데지데리오 파보니

③ 훼마　　④ 달라코르테

29. 필터 홀더의 두께가 두꺼운 이유는?

① 부식을 방지하기 위하여

② 열을 유지하기 위하여

③ 마모를 방지하기 위하여

④ 파손 방지를 위하여

정답

01	①	02	②	03	④	04	②	05	③	06	①	07	④	08	④
09	③	10	①	11	②	12	①	13	②	14	③	15	①	16	②
17	②	18	①	19	②	20	④	21	②	22	①	23	④	24	③
25	②	26	③	27	④	28	①	29	②						

Chapter 04

커피 그라인더 운용

4.1 커피 입자 조절하기

1. 입자 크기 조절을 위해 볶음 정도를 판단할 수 있다.
2. 습도를 측정하여 입자 크기를 결정할 수 있다.
3. 온도를 측정하여 입자 크기를 결정할 수 있다.
4. 신선도에 따라 입자 크기를 결정할 수 있다.
5. 입자 크기에 따라 추출 시간을 결정할 수 있다.
6. 결정한 입자 크기에 따라 커피 그라인더의 날 간격을 조정할 수 있다.

필요지식

01 그라인더의 이해

그라인딩Grinding은 좋은 에스프레소를 얻기 위한 전제조건이자 시작이다. 그라인딩이 얼마나 적절하였냐에 따라 맛과 향이 천차만별로 달라지고, 용도에 맞게 분쇄되지 못한 커피로 좋은 에스프레소를 뽑아내기란 거의 불가능하다. 그라인딩 단계를 제대로 습득하기 위해서는 먼저 그라인더의 구조와 역할, 작동 법에 대한 이해, 청소와 점검 등의 관리요령에 대한 숙지가 요구된다. 특히 그라인더 관리법은 에스프레소의 맛과 향을 좌우하는 결정적인 요소가 될 수 있기 때문에 반드시 알아 두어야 한다.

그라인더Grinder는 커피를 추출할 때 커피와 물이 만나는 면적을 넓혀 커피의 향미가 쉽게 우러나올 수 있도록 원두를 분쇄해주는 기계이다. 처음에는 커피열매를 물에 끓여 먹던 사람들이 열매의 씨앗만 채취해 불에 볶아 먹는 법을 알게 되고, 곧이어 볶아진 커피 원두를 가루도 만들어 끓이면 더 맛이 좋아 진다는 것을 알게 되면서 본격적인 분쇄가 시작되었다.

이 당시에는 절구를 사용하여 볶은 원두를 빻거나 우리나라의 맷돌과 같은 도구를 이용하여 갈아서 끓여 마셨다. 이런 전통적인 방식은 몇몇 터키, 아프리카 지역에서 사용하고 있기도 하다. 조그마한 절구에서부터 점차 커피 분쇄기는 다양하고도 화려한 디자인으로 발전하게 되고, 분도를 조절할 수 있는 기능도 보다 정밀해지게 되었다. 오늘날에는 다양한 전동 그라인더 외에도 커피밀 또는 핸드밀이라 불리는 가정용 그라인더를 이용해 직접 원두를 갈아 마시기도 하고 꼭 커피를 분쇄하는 목적 외에 고풍스럽고 독특한 디자인을 선택해 장식용으로도 많이 애용한다.

02 그라인더의 구조

그라인더는 에스프레소 추출에 있어 매우 중요한 부분이다. 그라인더를 모르고 양질의 에스프레소를 추출하기는 어려울 것이다. 그라인더를 어떻게 조절하느냐에 따라 추출시간과 맛이 변한다.

능숙한 바리스타는 업소에서 사용하는 기기의 기능과 적절한 사용법은 물론 항상 내 물건과 같이 소중히 관리하는 태도를 가지고 있어야 한다.

그라인더의 4대 구성요소

커피빈 통hopper

투명한 플라스틱이나 유리 재질의 원두를 담는 통으로 원두의 산화 및 습기를 차단하기 위해 뚜껑을 항상 닫아 놓아야 하며, 원두에서 발생하는 기름성분이 내부 벽에 쌓이면 불쾌한 맛과 향을 낼 뿐 아니라 외관상에도 좋지 않기 때문에 정기적으로 세척을 해야 한다. 세척 전에는 원두 투입레버를 닫고 담겨진 원두를 밀봉해 따로 보관하고, 물로 세척할 때는 반드시 완전히 건조 한 후 장착해야 한다.

그라인더 날burr

그라인더의 가장 중요한 부품으로 두 날 사이의 간격을 조절함으로써 원두의 굵기를 맞출 수 있다. 업장의 판매량에 따라 차이가 있지만 대략 400kg 정도 원두를 분쇄 할 경우 날을 교체해 주는 것이 좋다. 갈려진 커피가루가 고르지 않거나 굵은 입자가루에 미분이 많이 섞여 나온다면 날이 마모되었다는 신호일 가능성이 높다. 에스프레소는 균일하게 갈린 미세한 입자 사이로 고르게 물이 통과하여야 양질의 맛을 얻을 수 있기 때문에 그라인더의 날은 수시로 체크해주고 과도한 작동은 삼가는 것이 좋다.

커피 계량 박스doser

분쇄되어 나오는 커피가 담기는 용기로 약 150g 정도를 보관할 수 있다. 6개의 칸으로 되어 있고 한번 레버를 당길 때 필요한 양을 설정 할 수 있기 때문에 바쁜 시간에는 미리 갈아두어 시간을 절약할 수 있다. 설정된 양을 배출하기 위해서는 6개의 분할칸이 모두 차도록 커피를 갈아놓아야 하며, 투명한 용기로 되어 있어 작동과 동시에 갈려나오는 모습을 볼 수 있기 때문에 사용양이 많지 않을 때는 필요한 양만 갈아 신선한 원두를 바로 사용하는 것이 좋다.

그라인더 모터motor

커피를 분쇄하는 날을 회전시키는 역할을 하며, 날의 크기에 따라 모터의 용량이 달라진다. 사용하는 주파수에 따라 회전수가 달라지는데 회전이 빠를수록 마찰열의 발생도 높아진다. 모터는 콘덴서의 순간 방전으로 작동하기 때문에 콘덴서의 충전과 방전이 제대로 이루어지지 않으면 모터는 작동되지 않는다. 콘덴서는 그라인더의 스위치와 연결되어 스위치를 켜면 빠른 방전으로 모터를 작동시키고 나머지는 충전 상태로 있다.

그라인더를 작동했을 때 굉음이 발생하면 모터가 오작동 했을 수 있다. 갈리지 않고 아무 소리가 들리지 않는다거나 정상적이지 않은 소리가 나면 즉시 사용을 멈추고 점검을 받아보는 것이 좋다.

그라인더 부위별 명칭과 역할

호퍼

에스프레소를 추출할 때 사용할 볶은 원두를 분쇄하기 전 보관하는 공간으로, 호퍼 하단에는 원두를 그라인더에 투입시키는 배출 레버가 있으며 보관통과 뚜껑으로 이루어져 있다. 호퍼 뚜껑은 항상 닫아 놓고 사용하여야 원두의 신선도를 유지 할 수 있으며, 시간이 지남에 따라 온도와 습도에 따라 커피의 산패가 진행 될 수 있으며 커피에서 오일이 베어 나와 호퍼에 묻어 날 수 있기 때문에 주기적인 관리가 필요하다.

도저

일반적으로 6개의 분할 된 칸으로 나누어져 있으며 그라인딩 한 원두를 담아주는 보관장소로써, 오른쪽 하단에 배출레버를 당기면 분쇄원두를 밖으로 배출시킬 수 있다. 1회당 배출되는 분쇄원두는 도저 안의 배출량 조절레버를 통하여 약 4~8g까지 조절이 가능하다. 단, 분쇄된 원두를 갈아서 보관하고 사용 할 경우에는 설정한 양 만큼 배출되지만, 즉시 분쇄하는 경우에는 분할 칸에 설정한 원두의 양은 의미가 없다. 일반적으로 1회 배출레버를 당겼을 때 설정된 원두량이 정확이 배출 되도록 사용하기 위해서는 일반적으로 도저의 반 이상이 분쇄된 원두로 채워져 있어야 한다.

그라인더 날

그라인더의 본체 안에 장치되어 있으며 호퍼를 분리하면 그라인더의 상단 날을 볼 수 있다. 그라인더 날은 그라인딩시 높은 마찰열을 일으키기 때문에 분쇄 후 열을 식힐 시간을 주어야 오랫동안 사용할 수 있다. 일반적으로 그라인더의 날burr은 그라인딩 시간의 약 2배의 시간동안 식혀 주어야 하며, 마찰열을 식혀주지 못하면 분쇄원두에도 온도가 전달되어 커피 맛에 좋지 않은 영향을 미칠 수 있다. 또한 날이 마모되어 균일한 분쇄가 이루어지지 않을 수 있으므로, 날의 마모도는 주기적으로 점검을 통하여 적정한 교체시점에 교체해 주어야 한다.

모터

모터의 역할은 그라인딩시 위 아래로 맞물려있는 날 중 아래쪽 날을 회전시키는 역할을 하며, 원두를 분쇄하는 동력원 역할을 한다. 모터의 용량은 그라인더 날의 크기에 따라 다르다.

전원

일반적인 방식은 레버 형식과 버튼 형식으로 장치되어 있으며, 기계에 따라 차이가 있으나 on/off 표시로 전원의 작동여부를 설정한다.

03 분쇄 입자 조절

그라인더를 이용해 원두를 분쇄 할 때 원두추출방식이나 배전도, 신선도뿐만 아니라 그날의 날씨와 환경에 따라서도 입자조절을 달리 해야 한다. 따라서 바리스타는 커피 분쇄 입자에 대한 적절한 이해를 통해 상황에 따라 조절 할 수 있어야 좋은 커피를 추출 할 수 있다. 바람직한 커피 분쇄방법은 첫째, 알맞은 분도를 선택하는 것이고 둘째, 선택된 분도에 따라 분쇄된 커피입자의 크기가 일정하고 고른 분도를 유지하는 것이고 셋째, 분쇄과정에서 발열과 미분을 최소화하여 분쇄커피에 섞여있는 삽피를 가능한 많이 걸러내는 것이다.

삽피란 원두를 분쇄하고 나면 커피원두 내부에 숨겨져 있었던 커피 껍질인 실버스킨이 나타나게 되는데 이 껍질을 삽피 라고 하며, 삽피의 쓰고 떫은맛이 커피의 맛에 부정적인 영향을 미친다.

그라인더는 순전히 바리스타의 테크닉과 판단에 의해서만 변화를 할 수 있기 때문에, 바리스타는 원두가 바뀌거나 새 봉투 개봉 시, 추출 목적 등의 다양한 변수에 적절한 이해와 대응이 요구된다.

분쇄 입도에 따른 맛의 변화

분쇄 굵기와 추출속도의 관계는 흙과 모래에 비유할 수 있다. 흙과 모래에 물을 뿌린다면 흙에 비해 모래를 쉽게 통과하는 것을 알 수 있다. 분쇄원두의 입도가 가늘수록 커피 추출시 유속이 느려지기 때문에 커피의 쓴맛이 강조되고 커피 크레마의 색상도 짙어지며, 반점이 형성된다. 또한 커피를 추출할 때 물과 분쇄한 커피의 접촉시간이 길어지기 때문에 쓴맛, 탄맛을 많이 지닌 커피가 추출되며, 반면 분쇄원두의 입도가 굵으면 유속이 빨라지며 물과의 접촉시간이 짧기 때문에 커피가 가지고 있는 성분을 충분히 추출하지 못 할 수 있어 커피의 맛이 가벼우며 크레마의 색 또한 연해진다.

추출 도구에 따른 분쇄 입자 조절

그라인딩Grinding에 앞서 어떤 기구를 사용하여 커피를 추출 할 것인가를 판단해야한다.

같은 조건의 양과 물 온도일 때 커피입자가 작을수록 물과의 접촉시간이 길고 진하다. 중력을 이용해 물을 아래로 흘려보내는 핸드드립용 원두는 조금 굵게 갈아 물의 흐름을 좋게 하고, 높은 압력을 이용하여 순간적으로 추출하는 에스프레소용 원두는 곱고도 고르게 갈아 진한 맛을 뽑아내야 한다. 이처럼 분쇄입자와 물이 닿는 면적과 시간을 계산하여 추출 시간과 추출 방법이 달라져야 하며, 추출법에 맞는 입자크기의 비율이 60~80% 정도는 되어야 한다.

일반적으로 그라인딩 단계는 굵은 분쇄Coarse, 일반 분쇄Medium, 중간 분쇄Fine, 가는 분쇄Very Fine 등으로 나눠진다.

추출방식에 따른 그라인딩 단계별 특징

	굵은 분쇄 (Coarse)	일반 분쇄 (Medium)	중간 분쇄 (Fine)	가는 분쇄 (Very Fine)
추출 방식	퍼컬레이터	커피메이커	사이펀, 핸드드립	에스프레소, 터키식커피
추출 시간	4~6분	3~6분	1~3분	1분 이내
분쇄 입자	약 1mm	약 0.6~0.9mm	약 0.5mm	약 0.3mm 이하
맛의 특징	신맛	강한 신맛과 쓴맛	강한 쓴맛과 신맛	쓴맛

배전도Roasting에 따른 분쇄 입자 조절

강배전된 원두는 쓴맛이 강하고 향이 진하며, 약배전된 원두는 신맛이 강하며 향미가 부족하여, 강배전된 원두는 약배전된 원두에 비해 비교적 굵은 그라인딩을 해야 한다. 로부스타 종과 아라비카 종은 단단한 정도가 달라서 어떤 생두를 배합하여 로스팅 했는지와 배전의 정도에 따라 분쇄 입자를 조절하여야 하며, 또한 분쇄입도에 따라 표면적에 닿는 물의 양과 속도, 물의 온도까지 고려해야 한다.

온도·습도에 따른 분쇄 입자 조절

분쇄된 커피는 공기 중의 습기를 쉽게 흡수하는 성질을 갖고 있기에 습도는 그라인딩 시 분쇄입도에 상당한 영향을 미친다. 습도를 머금은 분쇄원두는 커피층을 통과하는 추출수의 흐름에 영향을 미치기 때문이다. 비가 오는 날 또는 습도가 높은 날씨에는 분쇄입도를 보다 굵게 조절하여 유속의 흐름이 원활하도록 해주어야 분쇄원두가 습도를 머금어 뭉치거나 추출 저항을 받는 것을 방지 할 수 있다. 반대로 습도가 낮거나 맑은 날씨에는 분쇄입도를 보다 가늘게 조절하여 원두의 표면적을 넓게 만들어 적절한 흐름으로 추출될 수 있도록 해주어야 한다.

그라인딩의 영향요인

습도	습한날	평소보다 굵은 분쇄
	마른날	평소보다 작게 분쇄
원두의 종류와 로스팅	약배전	평소보다 작게 분쇄
	강배전	평소보다 굵게 분쇄
열	원두 분쇄시 분쇄기에서 발생하는 열은 커피의 향기와 맛에 영향을 줌	

04 그라인더 선택의 중요 요소

커피 입자는 곧 에스프레소의 품질과 직결되므로 그라인더는 원두, 커피머신의 성능 못지않게 여러 사항을 고려하여 신중히 선택해야한다. 커피 맛은 분쇄한 원두의 굵기와 추출 타임, 물의 온도, 압력 등에 따라 크게 달라지게 마련이며 그 시작에는 그라인더가 있다. 커피 추출에 있어 직접적인 영향을 미치는 그라인더의 선택 시 중요 요소로는 다음과 같은 것들이 있다.

분쇄입자의 균일성과 분포도

원두의 분쇄Grinding는 추출 표면적을 넓혀 물의 흐름과 속도를 변화시킨다. 이때 분쇄입자 사이에 균일한 공간이 확보 되어야지만 뜨거운 물의 흐름 사이로 가용성 성분과 향을 고르게 추출해낼 수 있다. 에스프레소용으로 그라인딩하여 그 입자를 살펴보면 정확히 동일한 사이즈로 분쇄되지 않고 아주 가는 미분과 다른 굵기의 가루들이 섞여 있음을 알 수 있다. 이러한 조합을 우리는 '분쇄 입자 분포'라고 한다. 분쇄 입자간의 균일한 공간이 형성되어야 뜨거운 물과 접촉 시 커피의 맛과 향기 성분을 고르게 추출해 낼 수 있기 때문에 지나친 미분이 발생되지 않고 사용하고자 하는 기구에 맞는 입자크기를 균일하게 형성하는 것이 좋은 그라인더라 할 수 있다.

분쇄 시 발생열과 마찰열

그라인더의 날은 모터의 작동으로 빠른 속도로 회전 하는데, 이때 장시간 연속 사용하면 금속의 과열을 야기하여 커피 향을 잃게 만든다. 서로 다른 날이 맞물려 그 사이를 통과하는 원두를 분쇄 할 때 발생하는 마찰열 또한 마찬가지다. 모터의 사용 주파수와 회전수에 따른 열 발생이 낮은 모델을 사용하고, 장시간 사용할 경우 열을 식혀주면서 사용하는 것이 좋다. 세계적으로 많이 사용하는 주파수는 50Hz과 60Hz이다.

분쇄 입자 조절의 용이

원두에는 많은 변수가 있다. 로스팅 정도, 생두의 배합, 날씨, 생산년도, 추출 하고자 하는 도구, 맛 포인트 등 거의 모든 환경에 따라 분쇄 입자를 달리 조정해야 한다. 메쉬Mesh조절을 했다 해도 때에 따라 몇 번을 조정해야 하는 상황이 벌어지기도 한다. 대부분 판매되는 에스프레소용 그라인더는 분쇄 입자 조절방식이 간단하고 세밀하다. Stepless모델은 분쇄 입자 조절의 간극이 없이 무수히 세분화 되어 있어 더욱 세밀한 조정이 가능하다. 주로 입자조절손잡이를 돌려 간격을 조절하는 방식을 많이 사용한다.

그라인더 배출구의 분쇄 원두 적체량

호퍼에 담겨진 원두가 갈려 도저로 떨어지는 사이 공간이나 배출구 인근 공간에 일정부분 배출되지 않고 적체된다. 이것이 쌓이면 원두의 배출을 더디게 만들 뿐 아니라 커피의 오일 성분이 산패를 일으켜 커피 맛에 좋지 않은 영향을 줄 수 있으므로, 이러한 적체 구간이 적은 그라인더를 선택하는 것이 좋다. 내부 원두 적체량이 큰 그라인더를 사용하게 되면 커피 추출에 필요한 양 이외의 추가적인 커피 원두 소모가 많아질 수밖에 없다.

Coffee Barista

4.2 커피 사용량 조절하기

1. 입자 크기에 따라 커피 사용량을 결정할 수 있다.
2. 신선도에 따라 커피 사용량을 결정할 수 있다.
3. 물 온도에 따라 커피 사용량을 결정할 수 있다.
4. 탬핑의 강도에 따라 커피 사용량을 결정할 수 있다.
5. 커피 사용량에 따라 자동 그라인더 작동 시간을 결정할 수 있다.

필요지식

01 그라인더의 분류

그라인더는 날의 형태와 구동 방식에 따라 다음과 같이 분류한다.

날의 형태에 따른 그라인더의 분류

분쇄기의 날은 그라인더의 핵심부품이다. 날의 특성을 알고 적절한 교체시기를 앎으로써 원두를 고른 크기로 갈 수 있다. 그라인더는 칼날의 구조에 따라 크게 블레이드Blade와 버Burr 또는 밀Mil의 형태로 분류한다.

블레이드 그라인더Blade Grinder(칼날형 그라인더)

회전하는 두 개의 날이 돌아 원두를 분쇄하는 방법으로 분쇄 입자조절과 균일한 그라인딩이 어려우며, 칼날에 의한 마찰열로 커피의 맛과 향기성분이 손실될 우려가 있다. 원두를 더 작은 입자로 갈기 위해서는 더 오랜 시간 돌려야하기 때문에 에스프레소용

원두를 기대하기는 한계가 있다. 가격이 저렴하다는 장점이 있다.

버 그라인더Burr Grinder

톱니모양의 두 날이 빠르게 회전하며 커피를 분쇄하는 형태이다. 회전하는 날과 고정된 날 사이의 간격을 조절하여 굵기를 선택할 수 있지만 회전 속도는 정해져있다. 일정한 간격에서 분쇄되기 때문에 커피입자가 균일하며, 미세한 입자로 분쇄가 가능해 에스프레소 추출용에 최적화 된 형태이다. 날의 유형에 따라 평면형Flat과 원뿔형Conical으로 나뉜다.

평면형Flat Burrs

진기모터 축에 고정된 날과, 나사 이음에 고정된 같은 크기의 두 강철 날이 서로 반대방향으로 맞대어 돌아가는 방식이다. 위쪽 날을 움직여 두 날 사이의 간격을 조절함으로써 입자의 굵기를 바꿀 수 있다. 칼날 형에 비해 비교적 균일한 분쇄가 가능하기 때문에 에스프레소용 원두를 분쇄하기 적합하다. 매우 빠른 속도로 회전하기 때문에 장시간 사용하면 금속의 마찰열이 발생하여 커피 향을 소멸시킬 수 있으므로 사용 후 충분히 열을 식혀 재가동하는 것이 좋다.

원뿔형Conical Burrs

모터에 고정된 자른 원뿔형 날과, 나사 이음에 고정된 평면 날로 구성되어 있다. 평면 날 보다 느린 회전속도로 열 발생이 적어 사용시간 대비 많은 양의 커피를 분쇄할 수 있고 커피 향과 맛에 큰 영향을 미치지 않는다는 장점이 있으나 분쇄속도가 느리다. 일반적인 핸드밀에 사용되는 날의 형태로, 가정에서 소량 분쇄용으로 사용하기 적당하며, 초보자가 쉽게 사용할 수 있다.

분쇄 원두 배출 형태에 의한 그라인더의 분류

잘 로스팅 된 원두가 호퍼에 담겨 두 칼날 사이를 통과하면 원하는 입자에 맞는 원두가 갈려 나온다. 이 때 일정한 용기Doser가 있어 분쇄 원두를 보관할 수 있는 형태와, 사용할 기구를 받쳐 바로 사용할 수 있게 되어 있는 형태가 있다. 업장에 따라 환경에 맞는 그라인더를 선택할 수 있다.

반자동 그라인더(Doser 모델)

전원버튼을 작동시키면 분쇄된 원두가 도저Doser라고 하는 통에 담긴다. 간격 조절이 가능한 6개의 칸으로 이루어져 있고, 레버를 당기면 돌아가면서 분쇄된 가루를 아래로 떨어뜨리는 방식이다. 이 때 숙련된 바리스타는 레버의 당김과 분쇄 속도를 조정해 필요한 양만큼 갈아내기 때문에 불필요한 원두의 공기접촉을 방지하고, 포터필터로 담는 과정에서의 뭉침 현상을 완화시킨다. 필요에 따라 연속추출을 해야 하는 업장의 바쁜 시간에는 갈려진 원두가 미리 도저 안에 준비되어 있어야 시간을 단축시킬 수도 있다. 그러나 사용 후에는 도저를 항상 청소해 주어야 하고, 갈려진 원두가 남아 있으면 공기와 접촉하여 산화되기 때문에 적절한 조절이 필요하다.

전자동 그라인더(Doser-less 모델)

도저가 없이 바로 용기에 담아내는 모델을 도저리스Doser-less 그라인더라고 한다. 원두의 배전도에 따라 갈려지는 시간을 계산해 미리 시간을 세팅해 놓거나, 원하는 양 만큼 갈아 포터필터에 바로 담아낼 수 있어 사용이 간편하고 분쇄 원두의 손실양이 거의 없다. 도저가 없기 때문에 그라인더 날과 배출구만 청소용 약품을 원두 투입구에 넣어 청소할 수 있다. 그 편의성 때문에 가정용 에스프레소 그라인더 모델로도 각광받고 있다.

02 커피 맛의 결정

분쇄커피의 양Dose

에스프레소 한잔을 만들기 위해 사용되는 원두의 양은 가장 기본이 되는 요소 중 하나로 영어로 'Dose'라 하며, 분쇄원두의 양을 적절히 사용해야만 최적의 에스프레소를 추출해 낼 수 있다. 전통적인 이탈리아의 에스프레소는 한잔 분량을 위해 사용하는 분쇄원두의 양이 약 7~8g 정도이나 정확한 커피의 양은 정해져 있지 않으며 최근에는 한잔에 9g 이상의 분쇄원두를 사용할 정도로 다양한 커피양이 적용되는 추세이다. 분쇄원두 양의 결정은 사용하는 커피의 배전도나 분쇄입도에 따라 적절한 양을 사용하는 것이 중요하다. 따라서 가장 적합한 분쇄원두의 사용량은 실제 추출되는 커피의 양과 맛을 고려하여 결정하는 것이 바람직하다. 일반적으로 새로운 원두를 사용하여 커피를 추출할 경우 2인용 필터홀더를 사용하며, 2잔 분량을 기준으로 18~22g의 분쇄원두로 추출되는 커피의 맛을 기준으로 적정한 커피량을 조절하여 설정해 나간다. 2인용 필터 홀더를 사용하여 설정하는 이유는 보일러가 1개인 머신일 경우 그룹에 따라 온도조절이 되지 않기 때문에 보다 안정적인 추출을 위함이다.

탬핑Tamping

에스프레소를 추출하기 위해 분쇄원두를 포터필터에 담아 탬퍼Temper를 이용해 분쇄원두를 다져주는 동작이다. 탬핑의 강도는 커피 추출 시 물이 분쇄원두를 투과하는 시간과 관계가 있다. 탬핑의 강도가 강할수록 분쇄원두 입자간의 밀도가 높아져 물이 분쇄원두를 투과하는 속도가 느려지고 커피와 물의 접촉시간이 길어지기 때문에 더 진한 커피가 추출된다. 탬핑의 강도가 약할 경우 분쇄 원두 입자간의 밀도가 낮아 물의 흐름이 쉬워지며, 물과 분쇄원두의 접촉시간도 짧아지므로 추출 속도가 빨라져 비교적 연한 커피가 추출된다. 탬핑의 세기는 분쇄원두 투입량과 분쇄입자의 크기에 따라 조절해야하며, 투입량이 적거나 입자가 굵을수록 강하게 탬핑하는 것이 바람직하다.

탬퍼의 종류

탬퍼는 포터필터에 담긴 분쇄원두를 다져주는 도구로서 탬퍼의 종류는 그라인더에 부착되어 있는 탬퍼, 플라스틱 탬퍼, 알루미늄 탬퍼, 스테인리스 탬퍼 등이 있으며, 플라스틱 탬퍼는 수평을 맞추기 위해 사용되어지며, 알루미늄 템퍼는 사용자의 탬핑 강도를 조절하여 사용할 수 있다. 스테인리스 템퍼는 무게가 있어 많은 힘을 들이지 않고 쉽게 탬핑을 할 수 있는 장점이 있다.
이러한 탬퍼 중에서 자기에게 맞는 탬퍼를 선택해서 사용하면 될 것이다. 바리스타는 많은 에스프레소 추출 연습을 통해 자기에게 맞는 탬퍼를 선택할 수 있어야 한다.

탬핑순서

1. 포터필터를 수평이 되게 놓고 분쇄한 원두를 적정량 담은 뒤 탬퍼를 이용해 살짝 누른다.

2. 포터필터의 가장자리에 묻은 커피가루를 떨어뜨리기 위해 탬퍼의 손잡이 부분으로 가볍게 두드린다. 이 동작을 태핑tapping이라 하는데 태핑이 강할 경우에는 다져놓은 커피의 균열이 일어 날 수 있으므로 주의하여야 하며, 이 과정은 생략 할 수 있다.

3. 두 번째 탬핑을 하는데 적당한 힘을 주어 누르며, 이때 다져진 분쇄원두의 수평이 맞지 않을 경우 성분이 고르게 추출되지 않기 때문에 수평에 유의하여야 한다.

배전도에 따른 사용량 결정

분쇄된 원두의 부피와 무게는 배전된 커피의 상태에 시각적으로 보여지는 것과 다를 수 있다. 배전이 약한 원두 부피는 작아보이지만 밀도가 높기 때문에 무겁고, 배전이 강한 원두의 부피는 시각적으로 많아 보일 수 있지만 부피 밀도가 낮고 팽창률이 높기 때문에 무게가 가볍다. 이 때문에 사용하는 원두의 배전도를 감안하여 사용량을 결정하여야 하며, 정확한 계량을 위하여 저울을 이용하여 설정하는 것이 바람직하다.

커피의 신선도에 의한 분쇄량 결정

커피를 추출하기 전 분쇄하는 이유는 물과 커피가 만나는 면적을 넓게 하여 커피의 성분을 효율적으로 추출하기 위해서이며, 뜨거운 물과 커피가 만나는 면적이 많아지므로 추출된 커피의 농도도 증가한다. 또한 분쇄된 커피는 공기와의 접촉면이 넓어지게 되며 산소와의 접촉을 막는 역할을 하는 이산화탄소의 배출도 쉬워지기 때문에 분쇄 이전의 원두보다 빠르게 산화가 진행된다. 이 과정에서 커피의 좋은 향기 성분도 빠져나가게 되며, 커피의 성분과 맛에 변화를 주게 된다. 따라서 원두의 분쇄는 추출 직전에 이루어져야 풍미를 잘 살릴 수 있으며, 원두를 미리 분쇄하여 사용 할 경우 원두의 신선도에 따라 사용량을 결정하여 분쇄해 놓는 것이 바람직하다.

커피와 물

커피 추출 시 물의 온도는 약 90℃±5℃의 뜨거운 물을 사용한다. 물의 온도가 너무 높으면 카페인의 변질로 인해 좋지 않은 쓴맛이 나며, 물의 온도가 너무 낮을 경우에는 탄닌의 떫은 맛이 난다. 원두의 배전상태에 따라 배전도가 강할수록 낮은 온도의 물을 사용하고 배전도가 약할수록 높은 온도의 물을 사용하여 추출하는 것이 좋으며, 커피의 농도는 전체의 1.0~1.5%가 적절하다고 볼 수 있다. 커피의 농도가 1% 이하일 경우 가벼운 맛의 커피가 되며, 1.5% 이상일 경우 비교적 강한 맛의 커피가 추출되어진다.

Coffee Barista

4.3 커피 그라인더 작동하기

1. 분쇄할 원두를 호퍼에 담을 수 있다.
2. 반자동 그라인더 도저에 원두를 갈아 담아 놓을 수 있다.
3. 반자동 그라인더 도저의 조절 나사로 분쇄된 원두 투하량을 조절할 수 있다.
4. 자동 그라인더를 사용하여 필터홀더에 분쇄된 원두를 직접 담을 수 있다.
5. 자동 그라인더의 작동시간에 따라 분쇄된 원두 투하량을 조절할 수 있다.

필요지식

01 그라인더 분쇄원두 배출량 조절

분쇄된 원두는 도저Doser라고 하는 속이 보이는 용기 안에 쌓인다. 일반적으로 도저 내부에는 6개의 분할된 칸이 있는데, 1칸의 용량을 미리 맞추어 놓고 한번 레버를 당길 때마다 일정한 양이 나오도록 설정하여 사용 할 수 있다. 일반적으로 1칸은 3.5~8g까지 조절이 가능하여 에스프레소 한잔 분량을 포터필터에 담아내기 용이하다. 도저 안에는 기계마다 조금씩 다르지만 보통 150g 정도의 갈려진 원두를 보관할 수 있다. 내부 중앙에 솟은 나사를 돌려 간격을 맞추면 스프링이 유지한다. 원두 투입 조절 레버는 왼쪽으로 돌리면 양이 늘어나고 오른쪽으로 돌리면 양이 줄어들어 원하는 만큼 투입량을 조절하면 된다.

업장의 바쁜 시간을 제외하면, 커피 가루는 빨리 향을 잃어버릴 뿐 아니라 주변의 나쁜 냄새와 습기를 흡수하기 때문에 사용할 때마다 적당히 분쇄하여 사용하는 것이 가장 좋은 방법이다. 정확한 수치를 체크하기 위해 5번 투입하고 전체 무게를 재고, 5번 나누어 평균을 내 보았을 때 평균 7~9g 사이가 나와야 하며 만약 그렇지 않다면 재 조절할 필요가 있다.

분쇄입자 조절레버		숫자가 커지면 입자가 굵어지고 숫자가 작아지면 입자가 가늘어진다.
원두 배출량 조절레버		시계방향으로 돌리면 양이 줄어들고 시계 반대방향으로 돌리면 양이 늘어난다.
분쇄 커피 배출 레버	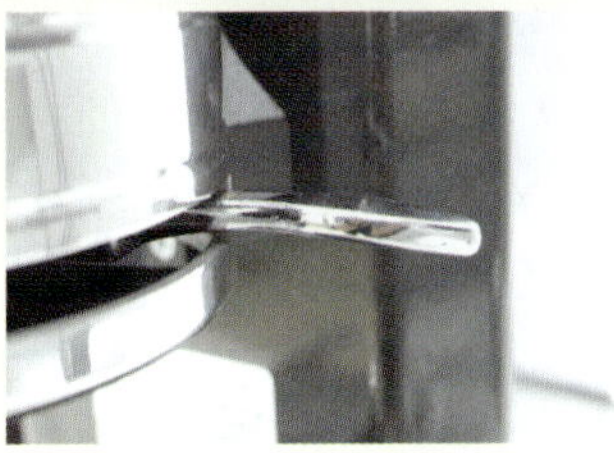	배출레버를 당기면 배출구에서 분쇄원두가 배출된다.
원두 투입레버	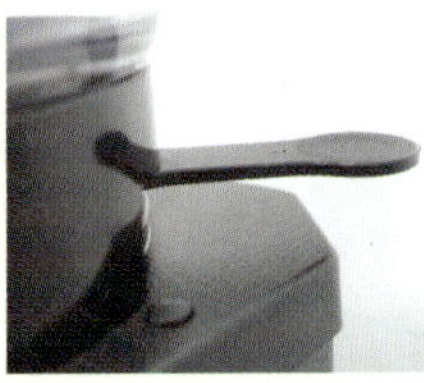	원두투입조절레버는 보통 두가지 방식으로안핌그라인더의 경우 레버를 당기면 원두투입구가 막히고, 밀면 원두투입구가 열리며, 메져그라인더의 경우 이와 반대로 작동한다.

02 그라인더 작동하기

호퍼에 원두 담기

사용하고자 하는 원두를 호퍼에 담는다.

분쇄입자 조절

추출 도구에 맞는 분쇄입도를 선택하여 조절한다. 일반적으로 분쇄입자 조절 레버는 그라인더에 표시되어 있는 숫자의 크기가 클수록 입자의 크기가 커지고 작을수록 입자의 크기는 가늘어 진다. 분쇄입자의 크기를 나타내는 단위를 메쉬mesh라 하며 분쇄입도를 조절하는 방법은 다음과 같다.

1. 분쇄입자 조절 레버를 조절하여 원하는 분쇄 입도를 설정한다.

2. 전원 스위치를 작동하여 소량만 분쇄하고 가루의 굵기를 확인한다.

3. 위의 과정을 반복하여 원하는 분쇄입도를 설정한다.

4. 분쇄입도의 결정이 끝나면, 적정량을 포터필터에 넣고 탬핑 후 추출하여 추출 상태를 확인한다.

5. 추출상태에 따라 위의 과정을 반복하여 원하는 추출이 될 수 있도록 분쇄 입도를 설정한다.

분쇄하기

분쇄입도를 설정한 뒤 작동 스위치를 누르면 커피 원두 분쇄가 시작되고, 적정량 분쇄가 끝나면 작동 스위치 버튼을 끈다.

배출하기

도저 오른쪽 아래 부분의 배출레버를 당기면 도저에 보관되어있는 분쇄원두가 배출구를 통해 배출된다.

03 자동 그라인더 사용방법

전자동 그라인더의 경우 제조사에 따라 다소 차이가 있으나, 일반적으로 그라인딩 시간과 원두량을 설정하여 조정하며, 또 다른 방법은 분쇄기 내부 날의 간격을 조절하여 분쇄입도를 조절하는 2가지 방법이 있다.

시간에 의한 분쇄입도조절

소형 전동 분쇄기에 대부분 사용하는 방법이며, 시간을 세팅하여 놓고 설정된 시간만큼 회전하면서 커피가 분쇄된다. 이 경우 그라인딩 시간을 길게 하고 원두량을 적게 넣으면 가는 분쇄가 되며, 시간을 짧게 하고 원두를 많이 넣으면 굵게 분쇄된다.

커터날의 간격에 의한 분쇄입도조절

커피분쇄기 내부의 날은 상하로 2개가 1세트로 되어 있으며, 2개 커터 날의 간격이 가까우면 가늘고 고운 분쇄입도의 원두가 배출되며 간격이 멀수록 거칠고 굵은 분쇄입도의 원두가 배출된다.

4.4 커피 그라인더 청소하기

Coffee Barista

1. 그라인더 청소를 위해 부품을 분해할 수 있다.
2. 호퍼의 커피 오일성분을 제거할 수 있다.
3. 도저 안의 커피가루와 오일성분을 제거할 수 있다.
4. 전용 세제를 사용하여 그라인더 날을 세척할 수 있다.
5. 청소를 마친 후 분해된 부품을 조립할 수 있다.

필요지식

01 그라인더 관리

그라인더는 호퍼, 도저와 같이 투명한 용기에 원두가 담겨 이동하는 부품으로 구성되어 있으며, 원두 특성상 로스팅 이후에는 기름성분이 배출되고, 공기와 접촉하면 산패하여 좋지 않은 냄새가 나고, 계속해서 두면 원두의 향미에도 영향을 미칠 뿐 아니라 외관상에도 좋지 않으므로 좋은 에스프레소를 추출하기 위해 그라인더의 올바른 관리가 필요하다.

호퍼 청소방법

호퍼는 사용할 원두를 분쇄직전의 상태로 보관하는 장치로 시간이 지남에 따라 원두의 숙성과 산패에 따라 오일성분이 배출되어 묻어나거나 원두의 향미변화에 따라 냄새가 베일 수 있어 커피맛과 관련이 있는 장치이다. 따라서 호퍼의 관리가 제대로 이루어 지지 않으면 양질의 커피를 추출해 내기 어려우므로 주기적인 청소와 관리가 필요하다.

1. 원두 투입 레버를 닫고 호퍼를 분리한 뒤, 담겨있던 커피원두를 따로 담아 보관한다.

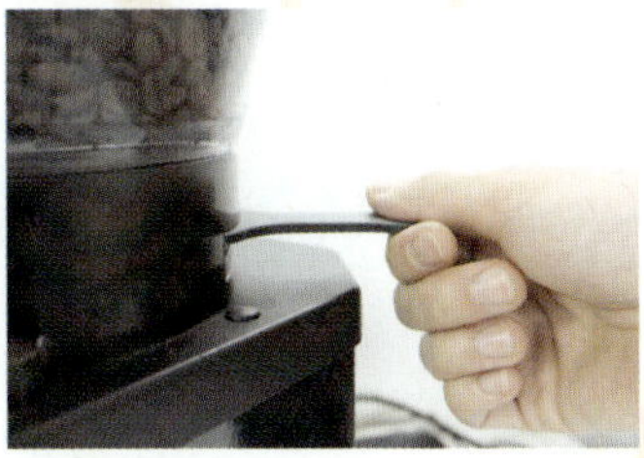

2. 세제를 이용하여 커피오일을 잘 닦아주고 세척 후, 물기를 잘 닦은 뒤 완벽하게 건조시켜야한다.

도저 청소방법

도저는 분쇄된 분쇄원두를 보관하는 공산이며, 배출레버를 통해 분쇄원두를 밖으로 배출 시키는 장치이다. 도저 내부의 청결이 제대로 이루어 지지 않으면 내부에 쌓인 미분들이 축적되고, 시간이 지남에 따라 생성되는 커피 오일과 뭉쳐 산패가 일어나거나 내부에 오일과 섞여 잔류하는 찌꺼기들로 인하여 배출량도 정확히 계량되지 않게 되기 때문에 커피의 맛과 향에 좋지 못한 영향을 준다. 따라서 도저 내부는 주기적으로 분리하여 청소하여 관리해주어야 한다.

1. 도저 안에 남아있는 커피 가루를 배출시켜 따로 보관한다.

2. 도저 뚜껑을 열고 내부를 분리한다.

3. 분리된 구성품을 전용세제를 사용하여 깨끗이 닦아내고 완벽히 건조 시킨다.

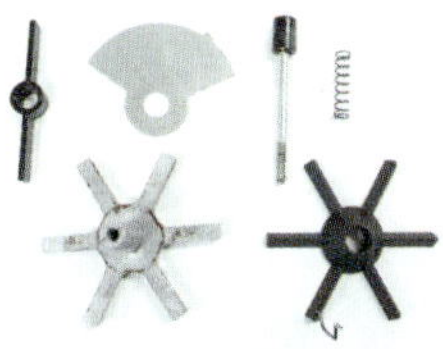

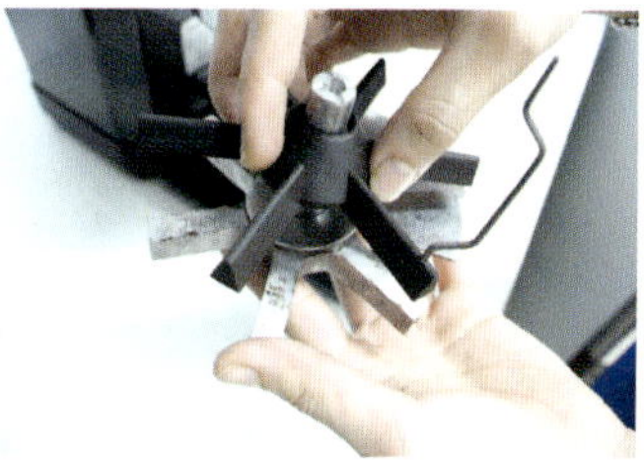

4. 건조상태를 확인하고 구성품을 조립한다.

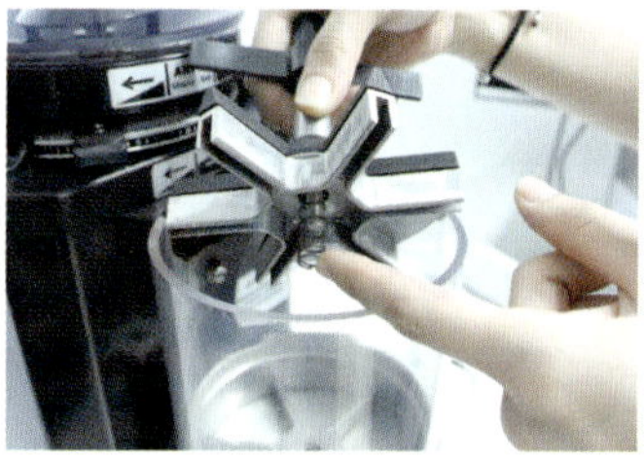

그라인더 날 청소

그라인더의 두 날 사이로 원두가 직접 지나가며 분쇄가 이루어지기 때문에 칼날 홈 사이에 원두 찌꺼기가 끼여 기름기가 축적된다. 그러므로 그라인더 날 청소는 매일 해주는 것이 좋지만 하우징에서 매일 분리해 내는 것이 여간 번거로운 일이 아니므로 최소 1주일에 한번은 분리해 청소해 주는 것이 좋다. 또한 이때 날의 마모도를 눈으로 직접 확인하는 것을 빠뜨려서는 안 되겠다. 그라인더를 구성하는 금속품은 부드러운 솔로 털어주고, 만일 기름기 제거를 위해 물로 세척할 경우 부식의 염려가 있으므로 물기를 완벽히 제거하여 건조 시킨 후, 조립해야한다.

1. 호퍼를 분리하고 남은 원두는 분쇄하여 따로 보관한다.

2. 분쇄도 조절 레버를 시계 반대 방향으로 돌려 윗날과 아랫날을 분리한다.

3. 분리된 날에 낀 커피 찌꺼기를 솔로 털어낸다.

4. 청소 솔과 청소기를 이용하여 그라인더 내부의 커피가루, 커피 찌꺼기 등을 제거한다.

5. 모든 과정이 끝나면 원래대로 결합한다.

1종 세정제를 이용한 그라인더 청소

1종 세정제는 천연재료를 사용하여, 인체에 무해한 세정제이며, 그라인더의 날을 청소하기에 용이하다. 본래의 청소과정을 거치지 않고 짧은 시간에 간편하게 청소할 수 있는 방법으로 최근에 사용되어지고 있다.

세정제의 종류

종류	용도	구성원료
1종 세정제	사람이 먹을 수 있는 야채, 과일, 식기 등을 세척할 수 있는 세정제	천연원료를 사용한 것으로 쌀겨, 콩, 녹차, 귤진피 등이 주 원료로 사용되어지며 그 외에는 식품첨가물로 구성
2종 세정제	음식기, 조리도구 등 식품용기구 세정제	거의 모든 구성원료가 화학제품으로 구성
3종 세정제	식품의 제조장치, 가공장치 등 제조 가공용 기구를 세척하는 세정제	

02 그라인더 사용량에 따른 칼날 교체

그라인더는 원두를 가는 날Burr인가 동시에 핵심 부품으로서 사용하는 빈도와 양에 비례하여 마모정도가 빨라진다. 따라서 수시로 점검하고 확인하는 것이 필요하다. 분쇄 날의 상태를 파악하기 위해서는 우선 커피를 분쇄하고, 가루의 굵기가 동일한 지 체크한다. 표준 평면 날의 경우 400~500kg정도, 원뿔날은 평면 날의 두 배의 커피를 분쇄할 수 있기 때문에 날의 교체시기를 파악하기 위해 매일 평균 커피 사용량을 조사하는 것도 좋은 방법이다.

1일 커피원두 사용량	교체주기
약 1kg	1년
약 2~3kg	6~7개월
약 4~6kg	3~4개월

마모된 날로 분쇄하게 되면 갈려져 나온 원두 가루는 고르지 못한 분포도를 보이며, 마찰열도 많이 발생함으로 이런 현상이 발생되는지 살펴서 날의 마모 정도를 파악하는 것이 좋다.

출제예상문제

01. 그라인더의 4대 구성요소가 아닌 것은?

① coffee ② hopper

③ burr ④ doser

해설 커피빈 통(hopper), 그라인더 날(burr), 커피 계량 박스(doser), 그라인더 모터(motor)

02. 다음의 글은 무엇에 대한 설명인가?

> 그라인더의 가장 중요한 부품으로 두 날 사이의 간격을 조절함으로써 원두의 굵기를 맞출 수 있으며, 대략 400kg정도 원두를 분쇄하였을 경우 교체해 주는 것이 좋다.

① motor ② hopper

③ burr ④ doser

03. 호퍼(hopper)란 무엇인가?

① 분쇄입자 조절 레버를 말한다.

② 원두를 담는 플라스틱 혹은 유리 재질의 통을 말한다.

③ 분쇄커피 배출 레버를 말한다.

④ 투명한 용기로 분쇄된 커피를 담는 통을 말한다.

04. 분쇄된 원두가 담겨 필터홀더에 담아주는 역할을 하며, 일반적으로 6개의 분할된 칸으로 나누어져 있는 것은?

① motor ② burr

③ hopper ④ doser

05. 일반적으로 그라인더 날의 열기를 식히기 위해서는 사용한 시간의 몇 배가 지나야 하는가?

① 1.5배 ② 2배

③ 2.5배　　④ 3배

해설 일반적으로 그라인더 날의 열기를 식히기 위해서는 사용한 시간의 2배의 시간을 통하여 열을 식혀준다.

06. 바람직한 커피 분쇄방법으로 맞지 않는 것은?

① 알맞은 분도를 선택한다.
② 분쇄된 커피입자의 크기가 일정하고 고른 분도를 유지한다.
③ 분쇄커피에 섞여있는 삽피를 가능한 많이 걸러낸다.
④ 분쇄과정에서 발열과 미분을 최대화 한다.

07. 분쇄원두의 입도가 가늘수록 커피에 나타나는 현상은?

① 커피의 단맛이 강조된다.　　② 커피의 맛이 가벼워 진다.
③ 크레마의 색이 연해진다.　　④ 커피의 쓴맛이 강조된다.

해설 분쇄원두의 입도가 가늘수록 커피 추출시 유속이 느려지기 때문에 커피의 쓴맛이 강조되고 커피 크레마의 색상도 짙어지며, 반점이 형성된다. 또한 커피를 추출할 때 물과 분쇄한 커피의 접촉시간이 길어지기 때문에 쓴맛, 탄맛을 많이 지닌 커피가 추출된다. 반면 분쇄원두의 입도가 굵으면 커피의 맛이 가벼우며 크레마의 색 또한 연해진다.

08. 강한 신맛과 쓴맛이 나는 그라인딩 단계는?

① 가는 분쇄(Very Fine)　　② 중간 분쇄(Fine)
③ 일반 분쇄(Medium)　　④ 굵은 분쇄(Coarse)

해설 일반 분쇄(Medium) : 추출방식으로는 커피메이커로 3~6분에 추출하며, 분쇄입자는 약 0.6~0.9mm로 강한 신맛과 쓴맛을 가지는 특징이 있다.

09. 일반적인 그라인딩 단계에 들어가지 않는 것은?

① 일반 분쇄(medium)　　② 중간 분쇄(fine)
③ 가는 분쇄(very Fine)　　④ 아주 가는 분쇄(excellent)

해설 일반적으로 그라인딩 단계는 굵은 분쇄(coarse), 일반 분쇄(medium), 중간 분쇄(fine), 가는 분쇄(very Fine) 등으로 나눠진다.

10. 가는 분쇄(Very Fine)에 맞는 추출 방식은?

① 에스프레소　　② 커피메이커

③ 더치커피 ④ 핸드드립

해설 가는 분쇄(Very Fine)에 맞는 추출 방식은 에스프레소, 터키식커피이다.

11. 그라인더의 칼날 구조에 따라 분류되는 형태에 속하지 않는 것은?

① 블레이드(Blade) ② 도저(doser)

③ 버(Burr) ④ 밀(Mil)

해설 그라인더는 칼날의 구조에 따라 크게 블레이드(Blade)와 버(Burr)또는 밀(Mil)의 형태로 분류한다.

12. 미세한 입자로 분쇄가 가능해 에스프레소 추출용에 최적화 된 그라인더는?

① 블레이드(Blade) ② 도저(doser)

③ 버(Burr) ④ 밀(Mil)

해설 칼날 형에 비해 비교적 균일한 분쇄가 가능하기 때문에 버 그라인더(Burr Grinder) 평면형(Flat Burrs)이 에스프레소용 원두를 분쇄하기 적합하다.

13. 전자동 그라인더의 설명으로 맞지 않는 것은?

① 도저리스(Doser-less)그라인더라고 한다.

② 원하는 양 만큼 갈아 포터필터에 바로 담아낼 수 있어 사용이 간편하다.

③ 분쇄 원두의 손실양이 거의 없다.

④ 편의성 때문에 업소용 에스프레소 그라인더 모델로도 각광받고 있다.

14. 탬핑(Tamping)에 의한 커피 추출 시 알맞은 것은?

① 탬핑의 강도가 강할수록 더 진한 커피가 추출된다.

② 탬핑의 강도가 강할수록 더 약한 커피가 추출된다.

③ 탬핑의 강도가 약할수록 진한 커피가 추출된다.

④ 탬핑의 강도와 커피의 농도와는 아무런 관계가 없다.

해설 탬핑의 강도가 강할수록 비교적 진한 커피가 추출되며, 탬핑의 강도가 약할 경우 비교적 연한 커피가 추출된다.

15. 다음 중 분쇄입자의 크기를 나타내는 단위를 무엇이라고 하는가?

① Mass ② Measure

③ Grinding ④ Mesh

16. 도저안의 분쇄된 커피가루를 배출하고 레버를 당겨 일정한 양의 커피를 담는 과정을 무엇이라고 하는가?

① 도징(Dosing) ② 뎀퍼(Damper)
③ 호퍼(Hopper) ④ 개스킷(Gasket)

17. 탬핑(tamping)에 대한 설명으로 맞는 것은?

① 원두를 개스킷에 담아 탬퍼를 이용해 다져주는 동작이다.
② 탬핑의 강도는 커피 추출 시 물의 온도와 관계있다.
③ 탬핑의 강도가 강할수록 연한 커피가 추출된다.
④ 탬핑의 세기는 분쇄원두 투입량과 분쇄입자의 크기에 따라 조절해야한다.

해설 분쇄원두를 포터필터에 담아 탬퍼(Temper)를 이용해 분쇄원두를 다져주는 동작이다. 탬핑의 강도는 커피 추출시 물이 분쇄원두를 투과하는 시간과 관계가 있다. 탬핑의 강도가 강할수록 분쇄원두 입자간의 밀도가 높아져 물이 분쇄원두를 투과하는 속도가 느려지고 커피와 물의 접촉시간이 길어지기 때문에 더 진한 커피가 추출된다. 탬핑의 세기는 분쇄원두 투입량과 분쇄입자의 크기에 따라 조절해야 한다.

18. 커피 추출 시 사용되는 물에 대한 설명으로 바르지 않은 것은?

① 물의 온도는 약 80℃±5℃여야 한다.
② 물의 온도가 낮으면 탄닌의 떫은 맛이 난다.
③ 원두의 배전도가 강할수록 낮은 온도의 물을 사용한다.
④ 원두의 배전도가 약할수록 높은 온도의 물을 사용한다.

해설 커피 추출 시 물의 온도는 약 90℃±5℃의 뜨거운 물을 사용한다.

19. 그라인더 호퍼의 청소 방법으로 바르지 않은 것은?

① 휘발성 향이 묻어 있을 수 있어서 뚜껑도 함께 세척해 주어야 한다.
② 커피오일 제거를 위해 전용세제를 사용하는 것이 좋다.
③ 최소 2주일에 한 번은 청소해 주어야 한다.
④ 세척 후 물기를 완벽히 제거해야 기계 고장 등을 방지할 수 있다.

해설 호퍼 청소는 매일 하는 것이 이상적이지만 최소 1주일에 한번은 세제로 청소해 주어야 오일이 산화되는 것을 방지 할 수 있다.

20. 그라인딩 단계 중 굵은 분쇄의 추출 방식으로 알맞은 것은?

① 커피메이커 ② 퍼컬레이터

③ 사이펀 ④ 에스프레소

21. 원두 분쇄 입자가 약 0.5mm 정도의 그라인딩 단계는?

① Fine ② Very Fine

③ Coarse ④ Medium

22. 도저 내부에 커피 찌꺼기가 잔류하면서 일어나는 현상은?

① 열화현상 ② 부패현상

③ 변색현상 ④ 산패현상

23. 그라인더 날의 분리 청소는 번거로움으로 인해 최소 며칠 주기로 하는게 좋은가?

① 2일 ② 4일

③ 7일 ④ 10일

24. 그라인더 날을 청소하기에 최적의 세정제는 무엇인가?

① 1종 세정제 ② 2종 세정제

③ 3종 세정제 ④ 4종 세정제

해설 1종 세정제 : 사람이 먹을 수 있는 야채, 과일, 식기 등을 세척할 수 있는 세척제, 2종 세정제 : 음식기, 조리도구 등 식품용기구 세척체, 3종 세정제 : 식품의 제조장치, 가공장치 등 제조가공용 기구를 세척하는 세정제

25. 그라인더 날의 상태를 파악하는 방법으로 바르지 않은 것은?

① 커피 분쇄 후, 가루의 굵기가 동일한지를 체크한다.

② 매일 평균 커피 사용량을 체크한다.

③ 마찰열의 발생 현상을 체크한다.

④ 매일 분리 청소를 하면서 날의 상태를 체크한다.

26. 1일 커피 원두 사용량과 그라인더 날의 교체주기가 적정한 것은?

① 1kg - 1년 ② 2kg - 1년
③ 3kg - 4개월 ④ 4kg - 6개월

27. 그라인더의 의미가 바르지 않은 것은?

① 커피 원두를 분쇄해 주는 기계이다.
② 그라인더를 숙지하지 않아도 양질의 에스프레소를 추출할 수 있다.
③ 독특한 디자인은 장식용으로도 많이 이용된다.
④ 그라인더 조절 여부에 따라 추출시간과 맛이 변한다.

28. 분쇄하고 난 커피원두 내부에 숨겨져 있던 커피 껍질을 무엇이라 하는가?

① 삽피 ② 내피
③ 내과피 ④ 삽과피

29. 그라인더를 통해 분쇄한 커피의 신선도에 따른 설명으로 올바른 것은?

① 물과 커피가 만나는 면적을 좁게 하여 커피의 성분을 효율적으로 추출하기 위해서이다.
② 뜨거운 물과 커피가 만나는 면적이 많아지므로 커피의 농도는 진해진다.
③ 분쇄된 커피는 공기와의 접촉면이 넓어져 산화가 느리게 진행된다.
④ 원두의 분쇄는 추출하기 전에 미리 분쇄하여 놓는 것이 가장 좋다.

30. 원두를 담아주는 호퍼(Hopper)를 주기적으로 청소해 줘야하는 주된 이유는 무엇인가?

① 커피 오일 ② 습기
③ 온도 ④ 버(burr)

정답

01	①	02	③	03	②	04	④	05	②	06	④	07	④	08	③
09	④	10	①	11	②	12	③	13	④	14	①	15	④	16	①
17	④	18	①	19	③	20	②	21	①	22	④	23	③	24	①
25	④	26	①	27	②	28	①	29	②	30	①				

Chapter 05

커피추출

5.1 에스프레소 추출하기

Coffee Barista

1. 커피기계의 그룹에서 필터홀더를 분리할 수 있다.
2. 커피기계의 필터홀더에 분쇄된 원두를 담을 수 있다.
3. 커피기계의 필터홀더에 담긴 분쇄된 원두를 탬핑할 수 있다.
4. 커피기계의 펄터홀더를 그룹에 장착할 수 있다.
5. 커피기계를 조작하여 커피를 추출할 수 있다.
6. 추출 후 필터홀더에 담긴 커피 찌꺼기를 제거할 수 있다.

필요지식

01 추출

잘 볶아진 원두를 사용하고자 하는 기구에 맞게 분쇄한 뒤, 물과 접촉시켜 원두가 가지고 있는 여러 성분들을 뽑아내는 과정을 추출Brewing이라고 한다. 일반적으로 뜨거운 물과 접촉하면 가용성 향미를 80% 정도 추출할 수 있으며, 추출시간과 물의 온도, 기계의 압력, 종류 등에 따라 맛이 달라진다. 그러므로 바리스타는 신맛, 단맛, 쓴맛, 떫은 맛 등이 얼마나 조화를 이루느냐를 조절하여 추출 시 변화를 줄 수 있어야 한다. 추출에 따른 많은 변수 중에서도 추출기구의 선택은 같은 원두를 사용하였다 하더라도 커피 맛 포인트가 현저히 달라질 수 있다. 따라서 추출기구들의 특성을 파악하고 그에 따른 원두의 선택, 적절한 분쇄조절, 원두 사용량과 추출시간, 사용 물의 온도를 조절함으로써 최상의 추출을 이끌어 낼 수 있다.

워터드립Warter Drip 방식처럼 찬물을 사용하여 장시간 추출하기도 하고 물에 담궈 우려내거나 끓이면서 젓거나 물을 흘려보내는 등 다양한 추출 방법이 있는데, 일반적으로 커피를 추출하는 방식을 크게 침지식 추출법과 여과식 추출법 두 가지로 나누어 정리해 볼 수 있다.

침지(浸漬) 방식

침지식 추출법은 침출식이라고도 하며, 여과방식에 비해 오래된 추출방식이다. 커피와 물을 직접적으로 접촉하여 뜨거운 물을 붓거나 찬물을 넣어 가열하여 커피성분을 뽑아낸다. 최초의 추출기구로 알려진 이브릭Ibrik은 가장 전통적이고 대표적인 침지식 추출법이다.

여과(濾過) 방식

여과식 추출법은 투과식이라고도 하며, 커피가루에 물을 부어 가루사이로 물이 통과하면서 가용성 성분을 추출하는 방식으로 핸드드립Hand Drip이 대표적이다. 분쇄된 커피 가루를 담는 필터와 추출된 커피액을 담는 별도의 용기가 있다.

	추출 방법	추출 도구
침지식	우려내기(Steeping)	프렌치프레스(French press)
	달이기(Decoction)	이브릭(Turkish coffee) 보일링(Boiling)
	삼출(Percolation)	퍼컬레이터(Percolator)
	진공 여과(Vacuum Filtration)	사이폰(Vacuum brewer)
여과식	드립 여과(Drip Filtration)	커피메이커, 핸드드립 워터드립, 기계드립
	가압추출(Pressurized Infusion)	모카포트(Moka pot) 에스프레소(Espresso)

02 에스프레소

에스프레소Espresso의 정의

이탈리아어로 'Espresso'의 어원은 영어식 표기인 Express(빠르다)에서 찾을 수 있다. 높은 압력(8~9bar)을 이용하여 곱게 간 원두 약 7~8g을 약 90C° 정도의 물로 20~30초 사이에 순간적으로 빠르게 추출하여 1온스 정도의 커피액을 추출하는 방식이다. 에스프레소용 원두는 신맛과 쓴맛의 균형을 위해 비교적 강배전한 원두를 사용한다. 또한 높은 압력을 이용해 원두 사이로 물을 밀어내기 때문에 다른 추출방식에 사용할 원두보다 분쇄 입자가 작아 짧은 시간에 많은 향미를 추출할 수 있도록 돕는다. 추출이 빠르고 물과 커피의 접촉시간이 짧아 비교적 카페인이 적고, 원두가 가지는 이로운 성분과 향기만 농축하여 추출함으로써 커피가 가진 순수한 맛에 가장 가까운 맛을 느낄 수 있다. 추출된 에스프레소 한 잔의 양은 25±5㎖가 이상적이며 추출된 농축액을 그대로 마시거나 취향에 따라 물이나 우유를 타서 마시기도 하고, 기호에 따라 설탕, 초코렛, 캐러멜, 휘핑크림 등을 첨가하여 다양한 맛을 내기도 한다. 에스프레소를 베이스로 무엇을 첨가하는가에 따라 카페 아메리카노, 카페라떼, 카페 카푸치노, 카페 모카 등 다양한 메뉴가 탄생한다.

에스프레소 머신

에스프레소 커피머신Espresso Coffee Machine, ECM의 발명은 이전의 커피시장과는 많은 것을 변화시켰다. 보일러의 압력과 모터를 이용, 빠른 시간에 추출하는 방식을 구현함으로써 에스프레소 커피가 현대식 커피의 대명사로 떠오르는데 결정적인 역할을 담당함은 물론 기계의 보급이 짧은 시간에 많은 커피를 추출하는 것을 가능하게 함으로써 커피 사업자의 경제적 부가가치를 한층 더 높이게 하는 발판이 되고, 커피숍의 대형화, 프렌차이즈화를 가능하게 함으로서 바리스타Barista라고 하는 새로운 직업군이 생겨 인정을 받으면서 소비자들은 좀 더 맛있는 커피를 보다 빠른 시간에, 더욱 안정적으로 즐길 수 있게 되었다. 또한 커피산업이 발전하는 바탕에 커피머신을 발명하고 기계를 생산, 보급할 수 있는 회사들이 있음은 간과할 수 없는데 이는 머신을 사용하는 커피숍이 많아지면서 기계 수리공이나 기계와 관련된 부품회사와 같은 부수적인 직업군이 나타남으로써 동반성장이 이루어졌으며, 계속해서 사람들은 작고 아담하고 세련된 모양의 기계에 관심을 갖게 되면서 아직까지도 기능 뿐 아니라 미적으로도 훌륭한 머신이 끊임없이 개발되고 있다.

양질의 크레마crema

에스프레소 머신의 개발로 인해 물에 끓여 마시거나 필터로 걸러 마셨던 이전에는 몰랐던 향기로운 갈색 크림의 선물인 크레마에 사람들은 열광하기 시작하였다. 높은 압력으로 뜨거운 물을 밀어 미세한 가루사이로 통과할 때, 원두가 가지고 있는 가용성 성분이 함께 추출된다. 이 때 원두 속의 오일과 투과증기가 만나 커피 위로 황금색의 크림층이 떠오르는데 이것이 크레마다. 영어로 cream이라는 뜻을 가지고 있으며 커피의 향미를 담은 지방 성분을 많이 함유하고 있어 부드럽고 달콤하다. 또한 커피액 상단에 떠 있어 커피가 빨리 식는 것을 방지하는 역할도 한다. 좋은 크레마는 3~4mm 정도의 층이 형성되고 지속력이 좋으며, 표면에는 타이거 벨트라고 하는 무늬가 생긴다. 그래서 에스프레소를 외관으로 평가할 때 크레마의 상태나 모양이 판단 기준이 되기도 한다. 크레마는 머신의 성능과 종류, 원두의 종류와 배전 상태, 추출 조건에 따라 달라지기 때문에 크레마의 상태를 보고 어느 정도 예상이 가능하다.

온도, 시간, 압력에 따른 커피 맛의 변화

온도	78℃	88℃	98℃
시간	5sec	20sec	35sec
압력	7bar	9bar	10bar
맛	떫은맛, 신맛	풍미	쓴맛, 탄맛

03 에스프레소의 4M

좋은 에스프레소를 얻기 위한 기본 요소는 양질의 원두를 특성을 고려하여 잘 혼합하고, 적당한 입자로 분쇄하여 바리스타의 숙련된 솜씨로 훌륭한 기계를 이용하여 추출하는 것이다. 이 요소들이 조화를 이루었을 때 양질의 크레마와 강렬한 풍미, 균형감 있는 한잔의 에스프레소를 만들어 낼 수 있다.

Miscela(Mix, 블랜딩)

조화로운 맛과 풍부한 향을 얻기 위해 커피를 혼합하는 과정을 말하며, 각 재배국의 지형이나 기후, 특성에 따른 생두의 다른 맛 포인트를 찾아 적절하게 배합하는 것은 특징 있는 에스프레소의 맛을 결정짓는 중요한 요소이다. 단종의 원두를 사용했을 때보다 블랜딩을 함으로써 풍부한 향기와 맛이 균형을 이루는 양질의 에스프레소를 얻기에 효과적이다.

Macinazione(Mill, 분쇄)

에스프레소는 빠르게 추출되기 때문에 원두를 미세하고 고르게, 삽피가 되도록 적게 발생하는 것이 좋다. 또한 분쇄 시 발생하는 열에 의해 맛에 영향을 줄 수 있음으로 그라인더에 대한 올바른 이해가 필요하다. 분쇄원두의 입자는 포터필터에 담기는 투입량에도 영향을 미친다. 보통 평균 입자가 0.5mm 정도가 좋으며, 에스프레소 한 잔당 약 7~8g 정도의 사용량이 일반적이다. 분쇄가 지나치게 굵으면 추출시간이 짧아 과소추출 되어 커피성분을 충분히 뽑아내기 어렵고, 점성이 약하며 색이 연한 싱거운 커피가 만들어진다. 반면 분쇄가 지나치게 가늘면 추출시간이 길어지게 되고 커피의 좋지 않은 성분까지 추출되어 맛이 날카롭고 쓴 맛이 강한 과다추출이 된다. 따라서 균일한 에스프레소의 추출을 위해 분쇄입도를 정확히 이해하고 조절할 수 있어야 한다.

Macchina(Machine, 머신)

추출되는 물의 온도가 항상 일정하며 추출압력은 9~10bar를 유지해야 한다. 이는 연속 추출 시에도 성능에 변함이 없어야 한다. 메모리 기능을 통해 추출물 양이나 시간 등이 세팅 가능하고 때에 따라 스팀이나 그라인딩과 같은 기능이 추가된 기계를 선택할 수 있다. 머신은 사용뿐만 아니라 유지 관리에도 각별한 신경을 쓰는 것이 중요하다.

Mano(Man, 바리스타)

Mano란 '손'이라는 뜻으로 바리스타를 의미한다. 머신의 발전으로 점차 할 일이 줄어들었다고는 하나 머신이 해결할 수 없는 변수를 조절함으로써 최상의 에스프레소를 뽑아내는 것은 단연 바리스타의 몫이다. 사용되는 원두의 특성, 머신의 특성과 유지관리, 정확한 분쇄입자 조절과 일정량의 커피담기, 신속한 추출동작, 위생관리 뿐만 아니라 친절한 고객 응대와 바른 서비스 마인드가 요구된다.

04 에스프레소 추출하기

본격적으로 에스프레소의 추출에 앞서 바리스타는 신선하고 향미가 좋은 원두 선택과 관리에 신경 써야 한다. 그라인더와 머신에 대한 이해와 유지 관리에 신경 쓰고, 에스프레소를 추출하기 전 사전 점검을 통하여 추출온도, 추출압력, 분쇄입도 등을 확인하여 항상 균일한 맛을 유지하기 위해 노력해야 한다. 에스프레소가 담길 잔은 항상 따뜻하게 데워 놓는 것이 커피의 맛과 향을 보존하는데 도움이 된다. 또한 추출단계는 크게 분쇄Grinding, 담기Dosing, 다지기Tamping, 추출Extraction 4단계로 구성된다.

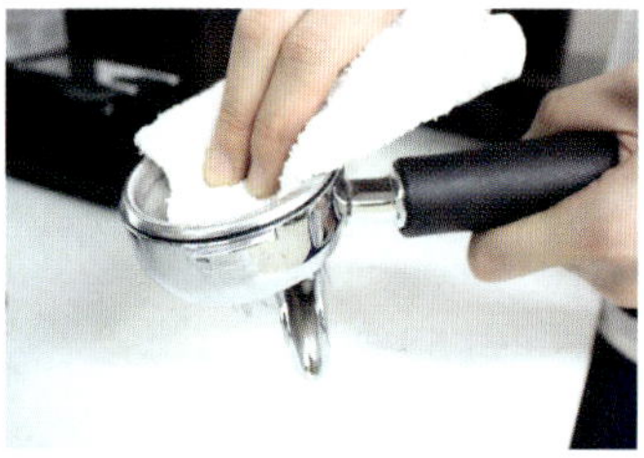

포터필터의 물기 제거

포터필터를 그룹헤드에서 분리하여 내부에 있는 물기를 깨끗한 린넨으로 제거한다. 만약 포터필터에 물기가 남아 있으면 과다추출이 될 우려가 있다. 포터필터의 온도를 유지하기 위해 빠른 작업이 중요하다.

분쇄 커피 담기Dosing

추출 직전에 바로 그라인딩하고 필요한 양 만큼 포터필터에 담아내는 과정이다. 불필요한 원두를 절감하고 오버 분쇄한 원두가 향미가 떨어지는 것을 방지하기 위해 바리스타는 끊임없이 정확한 양을 얻기 위해 노력해야 한다.

표면고르기

포터필터에 담긴 원두를 고르는 방법은 탬핑 동작으로 분쇄 원두의 위치를 고르게 위치 시켜주거나 도구를 이용하여 분쇄원두가 포터필터의 한쪽으로 모이지 않도록 표면을 고르게 맞춰준다.

다지기Tamping

탬핑이란 포터필터 안에 담긴 분쇄원두에 일정한 압력을 주기위한 동작으로, 탬퍼라는 도구를 사용한다. 탬핑을 통하여 분쇄원두간의 밀도와 전체 수평을 다져주어 추출 시에도 분쇄원두가 일정한 압력으로 균일한 성분이 추출되도록 돕는다.

포터필터 주변 잔여물 정리

탬핑 후 포터필터 테두리에 묻은 커피가루를 털어주어 그룹헤드에 결합 시 부드럽게 결합되도록 하고, 개스킷이 딱딱하게 굳어버리는 경화현상을 늦출 수 있기도 하다.

추출

포터필터를 그룹헤드에 결합하여 추출버튼을 눌러 미리 데워놓은 잔에 추출을 한다. 이때 결합 즉시 추출버튼을 눌러 추출하는 것이 좋으며 결합시간이 경과됨에 따라 쓴맛과 탄맛이 강해질 수 있다. 추출 시 압력계를 통해 적절한 압력으로 추출되는지 확인한다. 약 25±5초에 25±5ml의 에스프레소를 추출한다.

정리

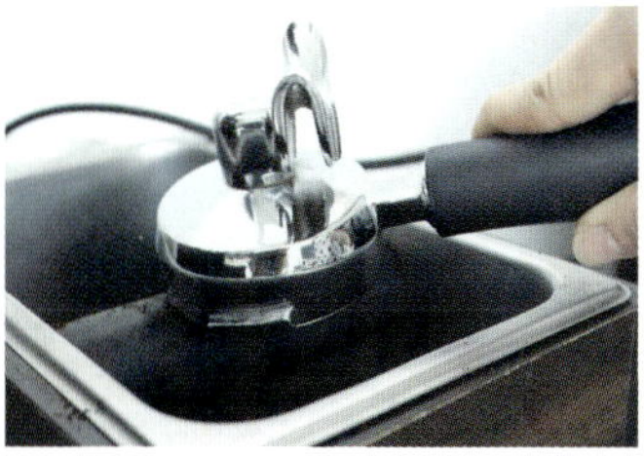

추출이 끝나면 장착된 포터필터를 분리하고 내부의 커피 찌꺼기를 털어준다. 그룹헤드의 샤워에 남은 커피 잔여물과 필터바스켓의 남은 잔여물을 완벽히 제거하기 위하여 추출 버튼을 눌러 물로 헹구어 낸다.

Coffee Barista

5.2 핸드드립 추출하기

1. 드립 추출에 사용할 정수된 물을 적당한 온도로 데울 수 있다.
2. 추출에 필요한 드립기구를 예열할 수 있다.
3. 추출에 필요한 드립필터를 알맞은 크기로 접어 드리퍼에 올려 놓을 수 있다.
4. 드립 그라인더를 사용하여 원두를 적당한 굵기와 양으로 분쇄할 수 있다.
5. 분쇄된 커피를 드리퍼에 올려 놓은 드립필터에 담을 수 있다.
6. 원활한 추출을 위해 뜸들이기를 할 수 있다.
7. 뜸들이기 후 일정한 속도로 물을 부어 커피를 추출할 수 있다.
8. 추출 후 찌꺼기가 담긴 드립필터를 제거할 수 있다.

필요지식

01 핸드드립이란?

핸드드립Hand Drip 커피는 분쇄원두를 담은 여과지에 전용 주전자를 이용하여 손으로 직접 커피를 추출하는 방식이다. 드립 도구들이 발명되기 전에는 물에 커피가루를 넣고 끓여 마시는 터키식 방법을 많이 사용하였는데 이 방식으로 추출한 커피는 쓰고 텁텁한 맛이 강했고 무엇보다 커피가루가 걸러지지 않았기 때문에 마시기에 불편함이 있었다. 이런 불편을 해소하기 위해 멜리타 벤츠Melita Benz여사가 고안한 것이 필터를 이용한 추출법이었으며 필터에 걸러 마시는 추출법이 발전하여 지금의 핸드드립 방식이 고안되었다. 현재 핸드드립에 사용되는 필터 거름망은 종이, 금속, 자기 등 여러 재질이 있으나 일반적으로 종이필터를 가장 많이 사용한다.

쉬어가기

멜리타 벤츠

1908년 독일의 평범한 가정주부였던 멜리타 벤츠 여사는 지저분한 커피찌꺼기에 대한 고민이 많았다. 당시 커피는 곱게 간 커피가루에 뜨거운 물을 부어 충분히 우려낸 후 마시는 형태여서 맛이 쓰고 텁텁할 수 밖에 없었다. 또한 숟가락으로 가루를 휘휘 저어 우려냈기 때문에 입안에는 항상 커피가루가 남았다. 이것에 실증을 느낀 멜리타는 구리로 만든 주전자 밑바닥에 구멍을 내고 노트 귀퉁이를 찢어 그 위에 끼운 뒤 그 안에 커피가루를 담고 물을 부어 보았다. 그러자 가루만 남고 커피 액은 구멍을 통해 흘러나왔는데 이렇게 추출된 커피는 가루를 우려낸 커피보다 깔끔하고 부드러웠다. 멜리타는 바로 베를린의 특허청을 통해 특허를 내고 자신의 이름을 내건 회사를 설립한다. 지금의 고깔 모양 드리퍼는 1937년이 되어서야 발전되었지만, 최초의 드리퍼는 생활 속의 불편을 해결하고자 고심했던 주부의 아이디어에서 비롯되었다.

02 핸드드립 추출의 3요소

핸드드립방식으로 추출하고자 할 때 맛을 좌우하는 중요한 요소는 다음과 같다.

시간

물이 담긴 주전자를 들고 첫 물을 부어 전체적으로 원두를 적셔준 다음 커피가 추출돼 서버나 포트로 떨어지는 순간까지 기다린다. 이때 커피의 분쇄입자에 따라 투과되는 물의 양이 달라지고 추출시간 또한 틀려진다.

온도

물의 온도는 약 92~96℃ 정도가 적당하며 원두에 따라 조금씩 달리한다. 일반적으로 온도가 높으면 신맛 계열이 잘 나타나지만 추출이 강하게 일어나 나쁜 향미가 추출될 수 있고, 낮으면 추출이 약해져 커피의 좋은 향미를 나타내는 물질이 충분하게 추출되지 못할 수 있다. 또한 추출이 완료될 때까지 온도변화를 최소화시켜 적정 온도를 유지하는 것이 좋다.

커피입자와 물의 고른 접촉

물과 분쇄입자 사이에 물이 흐를 수 있도록 충분한 공간이 확보되어야 고른 추출이 일어날 수 있다. 예를 들어 1~2인용 드리퍼에 기준량 이상으로 커피가루를 넣고 추출을 시도하면 물과 섞일 수 있는 공간이 부족해 커피입자와 물이 고르게 만나지 못하면서 원활한 추출이 일어날 수 없게 된다. 커피는 약 1.1~2배 정도의 물을 흡수하기 때문에 커피가루의 양보다 약 2배 이상의 공간을 확보하는 것이 좋다.

03 핸드드립 추출 준비물

핸드드립을 위해 기본적으로 드리퍼와 함께 커피가루를 걸러주는 종이필터(여과지), 추출된 커피가 담기는 서버와 물을 붓는 드립포트가 필요하다. 핸드드립 특성상 주전자와 서버는 가정용 어떤 기구도 대체 가능하지만 드리퍼와 필터는 그 모양과 크기에 맞게 준비되어야 원활한 추출이 가능하다. 물의 온도를 조절하기 위한 온도계나 원두가루의 양을 정확하게 재기 위한 영점저울 정도가 추가 된다면 정확한 추출을 위해 도움이 된다.

원두

로스팅 된지 1주일 이내의 원두를 사용 직전에 갈아 바로 사용하는 것이 좋다. 이때 분쇄입자는 0.05~0.1cm 정도가 좋으며 1잔당 약 7~10g을 담아 추출한다. 분쇄된 커피는 상온에서 약 4시간 이후부터 산화가 시작되어 커피 고유의 향미를 잃게 될 수 있기 때문에 원두의 분쇄는 추출 직전에 이루어져야 신선한 커피를 추출 할 수 있다. 또한 분쇄입도가 균일할수록 수용성 성분이 빠르게 추출되어 맛과 향기가 좋고, 입도가 너무 작거나 균일하지 않으면 물과 커피의 접촉시간이 길어져 추출 속도가 느리고 쓴맛이 많이 추출된다.

물과 온도계

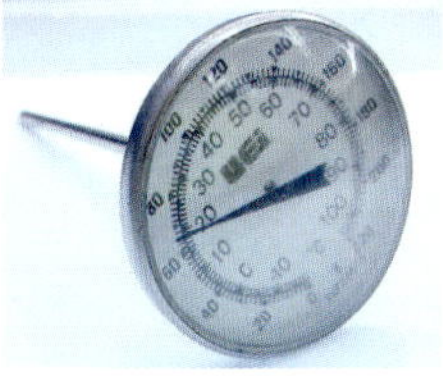

어떤 물을 몇 도로 사용했는지는 커피의 향미를 결정하는데 매우 중요한 요소이다. 추출된 커피의 약 98%는 물이며 향미 성분은 약 1.2% 정도에 지나지 않기 때문에 물의 선택 또한 중요한 요소이다. 물은 경도에 따라 크게 연수와 경수로 분류되어지며 경도란 물이 포함한 칼슘, 마그네슘의 양을 기준으로 경도가 낮은 것을 연수, 높은 것을 경수로 분류한다. 경수는 커피를 추출 했을 때 쓴맛이 강해지고 다소 거친 느낌을 주어 일반적으로 우리나라 사람들의 입맛에 맞지 않아 대체로 연수를 선호하고 있다. 커피를 추출할 때 적당한 온도는 92~96℃ 이지만 원두의 배전도에 따라 약 배전된 원두는 조금 높은 온도로, 강배전 된 원두는 조금 낮은 온도의 물로 추출 하는 것이 좋다. 일반적으로 배전 정도에 비해 높은 온도로 추출하면 뜨거운 물에 쉽게 용해되는 카페인 성분에 의해 더욱 쓴맛이 강조되며 너무 낮은 온도로 추출하면 커피의 성분을 충분히 추출하지 못하게 되어 밋밋한 맛의 커피가 추출 될 수 있다.

그라인더

좋은 그라인더는 분쇄입자가 균일하고 작동 및 유지 관리가 용이하다. 입자 조절 방식이 쉽고 원두를 분쇄 할 때 발생열이 낮아야 한다. 용도에 따라 핸드밀과 전동 그라인더로 나눌 수 있고 업장에서는 주로 전동 그라인더를, 가정에서는 핸드밀을 많이 이용한다. 고풍스럽고 외관이 특이한 핸드밀은 장식용으로도 많이 사용되고 있다.

핸드밀

맷돌과 같은 방식을 사용하는 수동식 그라인더로 가격이 저렴하여 가정에서 사용하기 적합한 반면, 분쇄정도가 균일하지 않고, 사람의 손으로 분쇄하기 때문에 속도가 느리다.

전동 그라인더

분쇄 입자가 균일하고 속도가 빠르다. 굉장히 미세한 입자까지도 분쇄할 수 있어 대부분 커피 전문점에서 사용하고 있지만 가격이 비싸다.

드립서버

드립서버는 추출된 커피액이 담기는 기구로 서버의 용량은 300~1,200cc까지 다양하다. 대체로 강화 유리재질로 되어 있으며, 눈금표시로 인해 정확한 추출량을 체크할 수 있다.

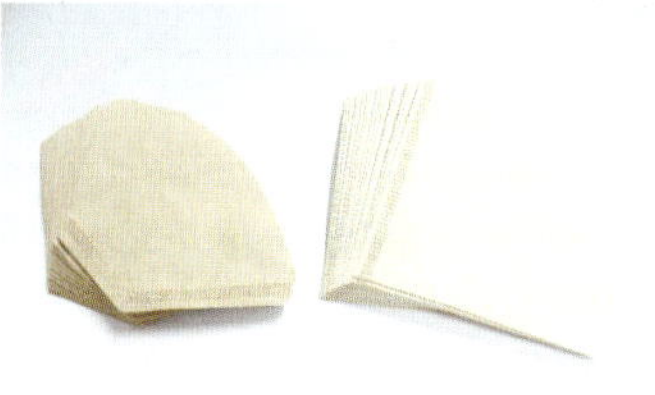

드립필터

필터의 종류는 종이, 천, 금속망 등이 있고 드리퍼의 용량에 따라 크기도 다양하다. 일반적으로 가장 많이 사용하는 종이는 재사용은 불가능하나 가격이 저렴하며 간편하게 사용할 수 있고,

천은 반영구적으로 사용이 가능하지만 천 조직 사이에 낀 커피 오일 성분을 제거하기 위해 깨끗하게 세척한 후 찬물에 보관해야 하는 번거로움이 있다.

드립포트

핸드드립 시 중요한 기구 중 하나인 드립포트(주전자)는 분쇄된 원두에 직접 물을 투입하는 역할을 한다. 이때 바리스타의 꾸준한 연습을 통해 일정한 물줄기와 속도로 지속적 주입을 해 주어야 한다. 드립포트는 일반 주전자에 비해 수구가 바닥과 가깝고 폭은 좁으며 매우 길어 커피 가루에 물을 주입할 때 물줄기의 조절이 수월하다. 다양한 형태가 출시되고 있지만, 몸통과 연결된 목 부분의 형태로 구분했을 때, 얇고 일정하게 뻗은 스타일과 굵어졌다가 가늘어지는 스타일로 나뉠 수 있다.

드립 방식에 따라 편의성이 다르기 때문에 선택을 달리 할 수 있다. 일부 바리스타들은 드립을 보다 편리하게 하기 위해서 주입구의 형태를 튜닝Tuning 하기도 하지만 잘못된 튜닝 시 드립포트를 못쓰게 되기 때문에 튜닝에는 상당한 주의가 필요하다. 물론 튜닝 이전에 기본 드립포트로 충분한 숙련이 우선돼야 한다.

드리퍼

드리퍼는 원두를 여과해 내는 도구로, 플라스틱, 도자기, 구리, 스테인리스 등 여러 재질로 만들어지고 있다. 제조사나 형태에 따라 멜리타, 칼리타, 고노, 하리오 드리퍼가 있으며 각각의 특성이 조금씩 차이가 있어 추출 방식도 달리 한다. 과거에서는 플란넬이라는 천의 일종인 '융' 드리퍼를 사용하였으나 현재는 페이퍼 드리퍼가 주로 사용된다. 드리퍼의 기본적인 모양은 비슷하나, 각 드리퍼 내부의 리브Rib와 추출구 디자인, 개수가 제조사마다 다르다. 리브는 드리퍼 안쪽에 돌출돼 있는 부분을 가리키는데, 필터와 드리퍼 사이로 공기가 드나들 수 있는 틈을 만들어주기 때문에 개수가 많고 높이가 높을수록 공기의 흐름이 원활해지고, 물도 통과하기 쉬워진다. 드리퍼의 바닥 가운데에 추출구가 있어 추출된 커피가 서버로 떨어지는 통로가 되는데, 추출구의 크기가 크고, 개수가 많을수록 추출된 커피가 빠르게 흐른다. 이러한 차이 때문에 물을 떨어뜨리는 방법도 조금씩 달라진다. 예를 들어, 멜리타와 칼리타는 비슷한 형태의 리브를 갖고 있지만, 추출구의 개수가 다르다. 그래서 똑같은 물을 부으면 추출구가 1개인 멜리타는 추출구가 3개인 칼리타보다 더 많은 물이 남게 되는 것이다. 커피가 물에 잠겨있는 시간이 길어질수록 좋지 않은 향미가 나오게 되므로, 멜리타는 커피가 배출되는 속도와 양을 고려해 물을 세밀하게 조절해야 한다. 반면 칼리타는 비교적 물 빠짐 속도가 빨라 정교한 드립이 숙달되지 않은 초보자들도 쉽게 사용이 가능하다. 신선한 커피일수록 커피가 빵처럼 부풀어 올라 가운데에만 물길을 주어도 옆으로 물길이 퍼져 나간다.

드리퍼의 종류

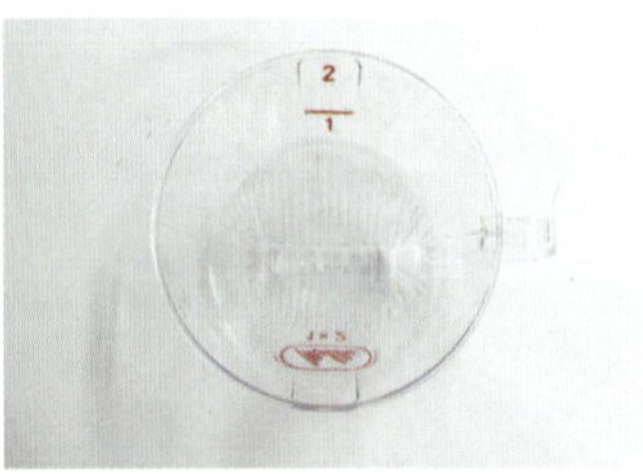

멜리타Melita

드리퍼 고안자인 '멜리타여사'의 이름을 따서 붙혀진 드리퍼로 역사다리꼴 형태를 띄고 있으며 칼리타에 비해 경사각이 가파르고 리브도 굵은 편이다. 중앙 바닥에 1개의 추출구가 있어 드리퍼 내부의 물빠짐 속도가 느리고, 커피가 추출구로 떨어지기 전, 드리퍼 하부에서 커피와 물이 만나 고여 있는 시간이 길어짐에 따라 농도가 진한 커피가 추출된다. 침출식은 커피가루와 물이 충분히 만나면서Brewing, 커피의 깊고 진한 향미까지 추출할 수 있는 장점이 있으나 추출시간이 길어지는 만큼 과다추출의 위험이 있어 추출구로 물이 순조롭게 빠지기 위한 물줄기의 속도조절이 필요하다.

칼리타Kalita

일본에서 만든 칼리타는 멜리타와 형태는 같으나 3개의 추출구를 가지고 있어 물 빠짐이 용이하고 흐름성이 좋다. 세밀한 물줄기 조절을 하지 않아도 고른 맛을 얻을 수 있고 배전의 상태에 관계없이 어느 로스팅에나 편안하게 추출할 수 있어 사용 범위가 넓다. 드리퍼에 커피가 머물렀다 떨어지기 때문에 바로 추출되는 고노나 하리오에 비해 가벼운 느낌이다. 칼리타 드리퍼는 하리오나 고노에 비해 추출구멍이 작기 때문에 주입되는 양에 비해 추출구로 빠져나가는 속도가 느려서 자연스럽게 드리퍼에 물이 차오르게 된다. 그래서 칼리타 드리퍼를 '침지식' 드리퍼로 부른다. 침지(沈漬)는 물속에 담가서 적신다는 뜻으로, 물이 빠르게 통과하는 추출식에 비해 추출시간은 길어지고, 그에 따라 표현할 수 있는 커피의 풍미도 달라진다. 그러나 크기가 작긴 하지만 추출구가 3개가 있어 드리퍼 전체가 잠기기 전에 서버로 빠져나가기 때문에 엄밀히 말하면 반(半)침지식에 가깝다. 따라서 드립 속도나 양에 상관없이 드리퍼 내부에서 물과 분쇄원두가 균일하게 잠겨있어 추출 테크닉이 부족하더라도 어느 정도 일정한 결과물을 기대할 수 있게 된다.

고노Kono

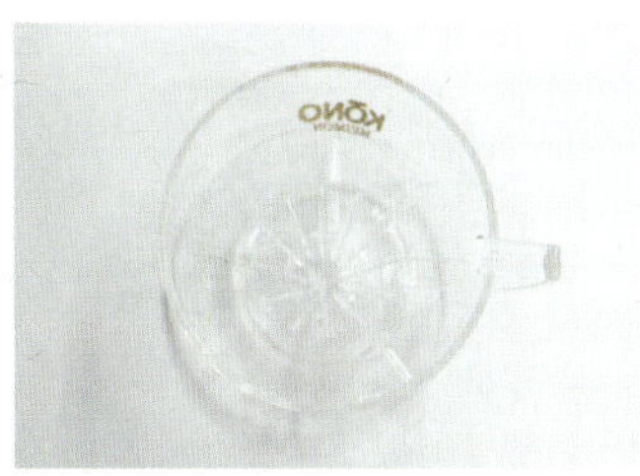

융 드리퍼의 모양을 본 따 원추형으로 만들어 졌으며 폭이 깊고 1개의 추출구가 있다. 추출구의 크기는 크고 추출되는 속도는 빠르지만 커피와 물이 닿는 흐름이 길기 때문에 멜리타, 칼리타에 비해 진하고 여운이 긴 커피를 추출할 수 있다. 아주 농밀한 커피를 내리기 위해서 약 1분가량의 뜸들이기를 진행하기도 한다. 드리퍼가 둥글기 때문에 원을 일정하게 그리며 추출하는 것이 좋다. 고노는 하리오에 비해 추출구가 작고 리브의 길이가 짧다. 리브는 공기가 드나드는 통로로, 공기와 함께 물의 흐름이 만들어지는데, 고노는 드리퍼 바닥부터 중간 정도까지만 리브가 있어 그

부분부터 추출이 일어난다. 리브가 짧아 커피가 추출되는 구간도 짧아지기 때문에 추출속도가 느려지고 리브가 없는 윗부분에는 커피가루가 물에 침지된다. 따라서 두 드리퍼에 동일한 양의 커피가루와 물을 넣고 추출을 시도한다면, 하리오에 비해 고노의 추출시간이 길어진다. 그만큼 커피성분의 추출 정도가 달라지기 때문에 하리오보다 깊고 진한 맛이 표현된다. 하지만 하리오의 경우 속도조절만으로 손쉽게 깔끔하고 다양한 맛의 커피를 추출할 수 있는 장점이 있다. 고노는 원추형 모양으로 인해 드리퍼 내부 커피가루의 밀도차가 있다. 드리퍼 중심부의 밀도와 바깥쪽의 밀도의 균형을 맞추어 균일한 추출을 유도하기 위해 '점드립'이라고 하는 드립법을 사용한다. 물방울을 점점이 떨어뜨리는 이 방법은 정교한 물 조절이 관건이어서 초보자들이 따라 하기 쉽지 않아 까다로운 드립법으로 알려져 있다. 그러나 커피가루의 밀도가 높은 가운데를 적셔주면서, 균일한 추출이 일어나도록 주의하고, 과다추출이 되지 않도록 천천히 물방울을 떨어뜨려 중심부를 충분히 적셔주는 과정을 수행한다면 얼마든지 풍부한 맛의 커피를 추출해 낼 수 있다.

하리오Halio

고노와 같은 원추형 드리퍼로 가운데 1개의 추출구를 가지고 있다. 고노에 비해 리브가 높고 조밀하며 회오리 모양으로 휘어져 있다. 추출구의 구멍이 좀 더 크며 공기의 흐름과 추출 속도가 빨라 부드러운 커피를 얻기에 용이하다. 커피 추출을 마무리 짓는 후반부에서 다량의 물을 붓기 전까지는 드리퍼 내부에 물이 고이지 않을 정도로 빠르게 추출이 이뤄진다. 이러한 방식을 흔히 '투출식'이라고 부른다. 추출속도 조절만으로도 원하는 맛의 커피를 쉽게 얻을 수 있고, 추출시간이 짧아 커피와 물의 접촉시간이 길어졌을 때(과다추출) 발생할 수 있는 쓴맛이나 잡미의 발생이 적은 장점이 있다.

융 드리퍼Nel Driper

융 드리퍼는 보조 도구 없이 융을 고정하는 틀에 천을 올려놓기만 하면 되기 때문에 사용이 편리하고 약간의 조절만으로도 다양한 맛 표현이 가능해 원활한 추출을 위한 가장 손쉬운 도구라 할 수 있다. 페이퍼에 비해 섬유질이 넓어 커피 오일을 더욱 많이 투과시켜 부드러운 맛을 느낄 수 있다. 일회용인 페이퍼와 달리 재사용이 가능하나, 사용 직후 바로 가루를 버리고 흐르는 더운 물로 세척해서 찬물에 담궈 보관해야 하며 매일 물을 갈아주는 수고를 감내 해야 한다. 장기간 사용을 하지 않을 경우는 잘 말려서 밀폐용기에 넣어 보관한다.

04 핸드드립 추출하기

핸드드립 추출 준비 단계

예열하기

추출 시 물이 지나는 모든 기구의 온도를 충분히 예열하는 작업은 추출 도중에 추출액이 식어 커피 맛에 영향을 주는 것을 사전에 방지한다. 온수를 이용해 드리퍼와 서버, 커피를 담아 낼 잔을 예열해 두어 맛과 향을 유지하는데 도움을 줄 수 있다.

여과지 장착

드리퍼의 용량과 모양에 맞는 필터를 선택하여 끝을 접고 드리퍼 안쪽에 밀착시켜준다.

칼리타 필터 접는 과정

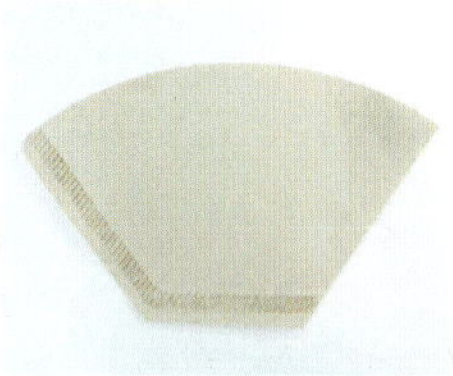

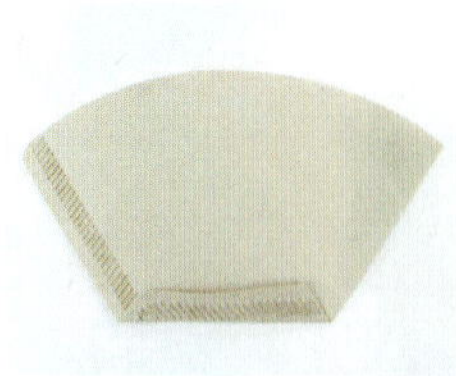

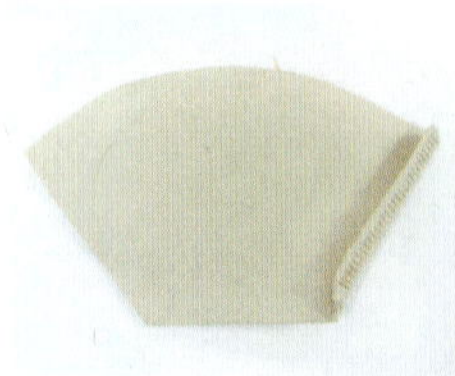

원두 담기

사용 직전 원두를 분쇄하여 필터 안에 담아둔다. 보통 계량스푼을 이용하는데 영점저울을 이용해 그라인더에서 바로 원하는 양을 담아내기도 한다. 정량의 원두를 담고 나면 살짝 흔들어 원두표면이 평평해지게 한 후 서버 위에 올려둔다.

뜸들이기

물을 많이 붓거나 뜸들이기 시간이 길 경우
커피 성분이 과다 추출, 쓴맛이 두드러지는 커피
물을 적게 붓거나 뜸들이기 시간을 짧게 할 경우
커피 성분이 적게 추출, 가볍고 밍밍한 커피

약 94~96℃의 뜨거운 물을 부어 커피를 추출하기 전에 분쇄가루를 불려 주며, 커피맛을 결정하는 아주 중요한 과정이다. 물의 양과 붓는 속도를 조절하여 중심에서 원을 그리며 바깥으로 점점 크게 부어 전체적으로 적셔준다. 이 때 많은 양의 물을 붓는 것이 아닌 분쇄커피 위에 살짝 얹는 정도로 적셔주는 것이 포인트이다. 그리고 주의할 점은 여과지에 물을 직접 붓지 않도록 하여야하며, 커피가루를 적시는 정도로만 부어주어야 한다. 뜨거운 물을 붓기 시작하면 신선한 원두일수록 커피가 크게 부풀어 오르는데 이는 원두에 포함된 이산화탄소에 의해 나타나는 현상이다. 뜸들이기 과정은 약 20~30초 가량 진행되며 이 후 커피가 완전히 부풀었다가 서서히 가라앉기 시작 할 때 커피 추출을 시작한다.

핸드드립 추출과 여러 가지 방법

나선형 추출

드리퍼의 중심에서 바깥쪽으로 나선을 그리며 물을 붓는 방법으로 필터에 물이 닿지 않게 주의하며 칼리타의 경우 나선형 추출을 하는 것이 보편적이다.

1차 추출

뜸 들이기가 마무리 될 시점에서 1차 추출이 시작되며 중심부터 나선형을 그리듯이 물을 떨어뜨린다. 이때 물줄기가 높고 너무 두꺼우면 물이 커피를 그대로 통과해버려 커피가 충분히 추출되기 어렵고, 지나치게 천천히 물을 떨어뜨리면 추출되는 액이 많아짐으로 3~4cm 높이에서 2~3mm 정도의 물줄기를 수직으로 부어주는 것이 적당하다. 필터에 물줄기가 직접적으로 닿으면 리브를 통하여 물이 그대로 통과되어 커피의 맛이 좋지 않게 된다. 1차 추출은 전체 추출양의 10%를 추출한다.

2차 추출

드리퍼 속의 물이 나 떨어지기 전 원두의 표면이 다시 부풀었다 수평이 되었을 때 2차 추출을 진행한다. 물을 붓는 속도는 커피 입자가 가늘거나 배전도가 강할수록 빠르게 붓고, 커피 입자가 굵거나 배전도가 약할수록 느리게 붓는다. 커피에 물을 부었을 때 지나치게 굵은 거품이 발생하면 물의 온도가 너무 높기 때문이고, 반대로 물의 온도가 낮을 경우 커피에 물이 스며들지 않고 위에 겉돌게 된다. 1차 추출과 동일한 방법으로 진행하며 전체 추출량의 10%를 추출을 한다.

3차 추출

3차 추출은 1차, 2차 추출에 비해 물줄기를 두껍게 하여 조금 빠르게 추출을 진행하며, 전체 추출량의 50%가 추출되어야 한다.

4차 추출

중앙에서 천천히 두꺼운 물줄기로 부어준다. 4차 추출은 커피의 성분을 추출해내기 보다는 커피의 농도와 양을 조절하는 단계이다.

분리

3차 추출 시 추출액이 50㎖가 추출이 되면 농도와 양을 조절하여 서버와 드리퍼를 분리한다. 추출이 끝나면 드립서버에 내려진 커피를 잔에 담아 65~70℃의 온도가 되었을 때 음용을 하는 것이 가장 좋다.

스프링 추출

드리퍼의 중심을 기점으로 스프링 모양을 유지하며 시계방향으로 추출한다. 원하는 추출양을 얻을 때까지 3~4회로 나누어 추출한다.

동전식 추출(고노식)

드리퍼의 중심에 500원 짜리 크기의 원을 그리는 방식이다. 1회당 5번 정도 회전하여 4회 정도에 걸쳐 추출한다. 일정한 크기의 물줄기를 유지하여 회전하는 것이 포인트이다.

점식 추출

드리퍼의 중심에만 물을 투입함으로써 진하고 강한 바디감의 커피를 추출할 수 있는 방식이다. 점식 추출법은 물을 붓는 다기보다 한 방울씩 떨어뜨려주기 때문에 원하는 커피양을 추출하기 위해 시간이 많이 걸린다. 고노 드리퍼를 사용하여 추출할 때 주로 사용한다.

Coffee Barista

5.3 사이폰(Syphon) 추출하기

1. 사이폰 추출에 사용할 물을 적당한 온도로 데울 수 있다.
2. 추출에 필요한 사이폰 필터를 로드에 장착할 수 있다.
3. 그라인더를 사용하여 원두를 적당한 굵기와 양으로 분쇄할 수 있다.
4. 분쇄된 커피를 로드에 담을 수 있다.
5. 플라스크에 적당량의 물을 담을 수 있다.
6. 플라스크에 로드를 비스듬히 올려 놓을 수 있다.
7. 플라스크에 담긴 물을 가열하기 위해 램프를 켤 수 있다.
8. 플라스크에 담긴 물이 끓으면 로드를 수직으로 결합할 수 있다.
9. 플라스크에 있는 물이 로드로 올라오면 스틱으로 커피를 저어 줄 수 있다.
10. 커피가 추출되기까지 적당한 시간을 유지할 수 있다.
11. 램프의 불을 끈 후 추출된 로드의 커피가 플라스크에 모두 떨어질 때까지 기다릴 수 있다.
12. 추출 후 로드에 담긴 커피 찌꺼기와 필터를 제거할 수 있다.

필요지식

01 사이폰의 이해

배큠팟Vacum Pot = 사이폰Syphon

화려한 추출 기구와 마술을 보는듯한 신기한 추출 방식 때문에 더 유명한 이 기구는 '액체를 거르다' '(삼투압 작용에 의해 액체 등이)스며들다'라고 하는 퍼콜레이트percolate에서 그 어원을 찾을 수 있다. 사이폰이라는 이름은 1925년 일본의 고노Kono사가 제품을 상품화하면서 고유명사가 되었지만 원래는 퍼콜레이터percolater라고 하는 기구였다. 위아래로 연결된 2개의 플라스크가 빈틈없이 밀착되어 진공상태를 이루기 때문에 퍼콜레이터 커피를 배큠(진공)

커피라고 부르기도 한다. 정확한 명칭은 배큠 브루어Vaccuum Brewer이다. 아래쪽 플라스크에는 물이 담겨 있어 가열하면 물이 끓으면서 높아진 압력에 의해 커피가루가 들어있는 위쪽 플라스크로 밀려 올라간다. 이때 대나무 주걱이나 막대로 저어준 후 불을 끄면 아래쪽 플라스크의 기압이 내려가면서 중력에 의해 필터를 거쳐 커피액만 아래쪽 플라스크로 다시 내려가게 된다. 당시에는 물 끓는 시간을 제외하면 추출시간은 1분을 넘기지 않는 비교적 빠른 추출방식이었다. 1838년 프랑스의 리차드Madame Jeanne Richard에 의해 개발되었고 둥근 유리관을 이용한 현대적인 모습의 사이폰은 1842년 프랑스의 배쉬Madame Vassieux가 개발, 특허를 내면서 1846년 본격적인 상업화를 시작했다. 현재는 많은 회사에서 다양한 모양의 사이폰 기구를 생산하고 있으며 특히 밸런싱 사이폰Balancing Syphon은 같은 원리로 추출되지만 두 개의 유리용기가 양쪽에 균형Balncing을 맞추듯 달려있는 독특하고 화려한 외관 때문에 인테리어용 판매가 늘고 있다.

사이폰 기구의 구조

사이폰은 크게 상부와 하부로 나뉘고 연결구조 사이에 윗부분에 고정된 필터가 있는 구조이다. 상부는 분쇄된 커피가루를 담은 로드, 하부에는 물을 담는 플라스크가 있고 그 아래에 물을 가열할 램프가 있다. 알코올램프가 아래쪽 플라스크를 가열하면 물이 끓기 시작하면서 증기압과 삼투압에 의해 커피가루가 있는 위쪽으로 올라간다. 뜨거운 물과 커피가루가 만나 잘 우려지도록 나무주걱으로 저어 준 후 불을 끄면 로드 하단부에 연결된 필터를 거쳐 커피 찌꺼기만 남고 커피액은 아래로 내려오게 된다. 독특한 추출방식 때문에 시각적 연출효과가 좋아 유리 제품을 많이 사용하지만 관리가 어렵고 시간이 많이 걸린다는 이유로 국내에서는 널리 보급되지 못했다. 커피 애호가들에 의해 거래되거나 장식용으로 종종 찾아 볼 수 있다.

로드

상부에 위치하며, 분쇄커피를 담는 부분으로 플라스크에서 로드로 물이 올라오면 잘 섞이게 저어주어 커피를 우려내는 공간이다. 가늘고 긴 하단 부위에 필터를 장착하여 찌꺼기를 걸러내 준다. 이 부분은 파손이 쉬워 취급 시 깨지지 않도록 특히 주의해야한다.

플라스크

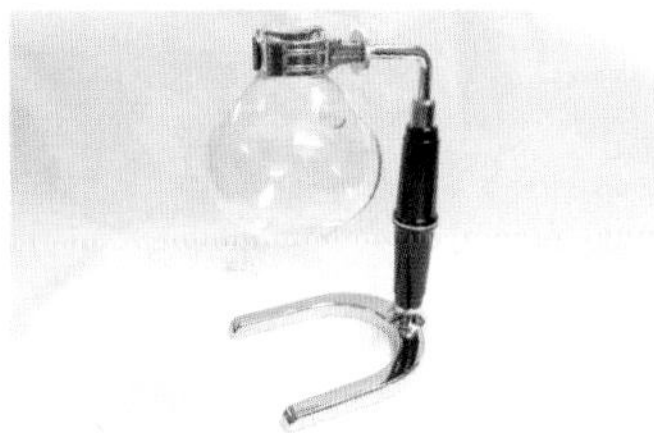

하부에 위치하며 물을 담는 부분이다. 열원이 직접적으로 열을 가해 물을 끓이는 부분으로서 표면에 물기가 묻어 있으면 깨질 위험이 높기에, 추출하기 전에 플라스크 외부의 물기를 확실히 닦아 주어야 한다.

필터

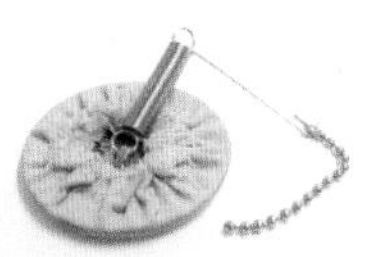

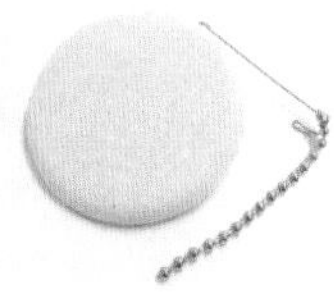

플리스크로 이이지는 로드의 끝부분에 장착하여 커피 씨꺼기는 걸러주고 커피액만 아래로 흘러보내는 역할을 한다. 재질에 따라 융과 종이필터를 많이 사용한다. 종이필터는 일회용이기 때문에 관리가 용이하고 커피의 지용성 성분까지 걸러내기 때문에 깨끗한 맛의 커피를 얻을 수 있다. 반면 융 필터는 여러 번의 재사용이 가능하지만 재대로 관리하지 않거나 조직이 상하면 바로 교체해 주어야 한다. 융 필터 교체 시 부드러운 면이 안쪽을 향하게 틀에 씌워 장착한다. 틀은 플라스틱, 금속, 도자기 등 다양한 재질이 있고, 각각 열전도율에 차이가 있다. 융 필터로 걸러진 커피는 지용성 성분과 함께 통과했기 때문에 상대적으로 풍부한 향미를 느낄 수 있다.

열원

플라스크 아래에서 직접적인 열을 가하는 부분으로 수증기압을 만드는 기능을 한다. 알코올램프, 할로겐램프, 가스, 전기스토브 등이 있으며 일반적으로 알코올램프를 많이 사용한다.

02 사이폰 추출하기

실험기구를 연상시키는 듯 한 외관과 알코올램프의 사용이 '구경꾼'을 부른다. 사이폰은 열원의 불 조절을 통해 증기압에 의해 로드 속으로 빨려 올라가는 물의 속도를 조절하고, 취급 시 안전에 유의한다면 비교적 균일한 커피를 추출해 낼 수 있는 기구 중 하나이다. 추출시간Brewing Time이 짧아 깨끗하고 부드러운 맛은 있으나 깊고 진한 커피를 즐기는 데는 한계가 있다.

추출시 유의 사항

자연교반

열원에 의해 아래쪽 플라스크 안에 있는 물을 가열할 때 화력이 너무 세거나 장시간 가열하면 증기압이 강해져 로드로 흡입되는 힘이 지나쳐서 커피가루와 물을 섞어 버리는 '자연교반' 현상이 일어날 수 있다. 자연교반에 의해 불규칙한 추출이 이루어지면 깨끗하고 고른 맛을 얻기가 어렵고 과다추출이 일어날 수 있으며, 로드에 남은 커피가루를 통해 교반의 상태를 확인할 수 있다. 잘된 교반은 균일한 추출이 이루어져 거품이 조밀하고 일정하며, 가운데가 볼록하게 솟은 돔 형태를 하고 있으나 잘못된 교반은 불규칙한 거품과 울퉁불퉁한 표면을 보인다.

안정성 문제

요즘에는 강화유리를 사용하여 안전에 신경 쓴 제품이 나오고 있기는 하지만 열원이 직접 유리를 가열하기 때문에 로드를 장착할 때나 이동할 때, 알코올램프에 불을 붙이고 끄는 작업 등 각별한 주의가 필요하다. 높은 증기압이나 잘못된 불 사용으로 플라스크가 깨져버리기도 하고 세척할 때나, 온도의 급격한 변화에 의해서도 유리는 잘 깨지는 습성을 가지고 있다. 그러므로 커피의 맛뿐만 아니라 안전을 위해 적정한 온도로 가열하고 화재 및 파열, 취급 시 주의하는 것이 필요하다.

추출 순서

필터장착

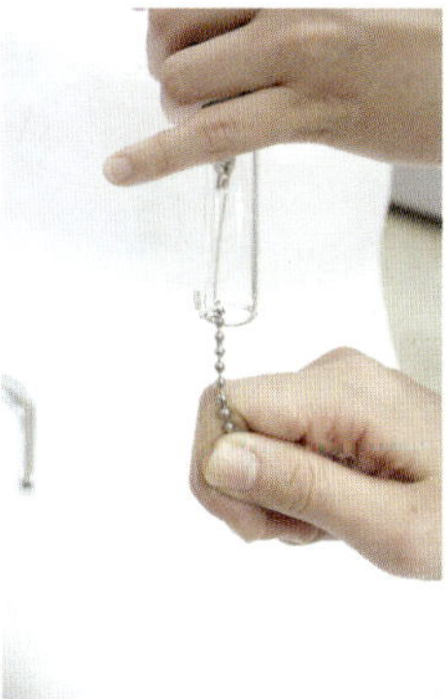

여과기에 필터를 씌워 스틱이 가운데 위치하도록 로드에 끼운 후 여과기 밑면에 달린 스프링을 손으로 당겨 안쪽으로 향하게 하여 결합 시 플라스크와 걸려 파손되지 않도록 유의하여 로드에 끼워서 장착한다.

원두담기

분쇄입도는 핸드드립용보다 가늘고 에스프레소용 보다 굵은 0.5mm 정도가 적당하다. 분쇄도에 따라 추출정도를 조절할 수 있으므로 원하는 맛에 따라 굵기와 투입양을 선택한다. 1~2인용을 기준으로 물 240㎖에 분쇄원두 24g 정도로 10 : 1의 비율이 일반적이다. 로드에 투입 후 수평이 되도록 조절Levelling하여 물과 커피가루가 균일하게 접촉할 수 있도록 한다.

추출수 담기

서브할 잔을 포함한 추출 시 모든 물의 이동경로에 온도차를 줄이기 위해 기구에 뜨거운 물을 부어 충분히 예열해 둔다. 추출 전에는 하단 플라스크에 1~2인 기준 240㎖정도의 물을 담고 외벽은 마른수건으로 물기를 제거한다. 추출수는 정수물이 좋고 찬물 보다는 온수를 준비하는 것이 좋다. 차가운 물을 사용하게 되면 가열시간이 오래 걸리고 습기가 차게 되어 결과적으로 전체 추출시간의 지연과 커피의 맛과 향에 영향을 줄 수 있다.

가열하기

열원에 불을 붙여 가열을 시작한다. 플라스크 내에서 발생하는 기포를 관찰하여 내부온도를 짐작할 수 있다. 내부의 물은 85~95℃ 사이에서 기포가 생성되면서 수증기가 발생한다. 이때 물이 로드로 올라가 원두를 적셔 과다추출 되지 않도록 물이 끓어오를 때까지 로드를 결합하지 않고 살짝 걸쳐 놓은 상태를 유지한다. 물의 온도가 100℃ 가까이 올라가면 보다 빠르게 기포가 생성되고 스프링이 격하게 떨리기 시작한다.

로드 결합

플라스크 용기의 물이 끓어오르기 시작할 때 플라스크와 로드를 완전히 장착시키며, 결합 후 끓는 물이 서서히 올라가 커피가루를 적셔주고, 원두와 물이 만나는 온도는 약 90~93℃가 된다.

저어주기

로드로 올라간 물이 커피가루의 2배가 되면 커피성분을 고르게 추출하기 위해 스틱으로 잘 저어주는데 이 작업을 '교반'이라고 하며 크게 3단계로 나눈다.

교반 1단계

물과 원두를 고르게 적셔주는 작업으로 플라스크의 바깥부터 안쪽으로 긁어내듯 젓거나, 6~8각형의 패턴을 그려가며 빠르게 젓는다.

교반 2단계

전체적으로 균일하게 혼합하는 작업으로, 11자를 긋듯이 플라스크 내부 전체를 젓는다. 속도는 중간 속도를 유지한다.

교반 3단계

안정화시켜주는 작업으로, 천천히 원을 그려준다.

열원제거

교반이 마무리되면 알코올램프의 뚜껑을 닫거나 불 조절이 가능한 열원은 화력을 줄여 15~20초 정도 추출을 유지한다. 점차 커피가루, 커피추출액, 거품이 3개의 층으로 분리되기 시작하면 불을 끊다. 성공적인 교반이 이루어지면 3개의 층이 선명하게 나타난다.

추출 및 분리

열원을 제거하면 로드에 있는 물이 중력에 의해 원래 있던 플라스크로 내려오게 되는데 이때 가운데 있던 필터를 거쳐 커피 가루는 걸러 낸다. 커피가 플라스크로 전부 추출되고 거품이 일면 커피 추출이 끝나며, 로드를 분리시킬 때에는 좌우로 비틀어 분리시켜야 쉽게 분리되는데 이때 열원에 의해 달궈진 도구에 화상을 입거나 유리가 파손되지 않도록 조심한다.

5.4 더치 추출하기

1. 정수된 상온의 물을 준비할 수 있다.
2. 그라인더를 사용하여 원두를 적당한 굵기와 양으로 분쇄할 수 있다.
3. 더치 기구에 필터를 장착할 수 있다.
4. 분쇄된 커피를 필터에 담을 수 있다.
5. 준비된 물을 더치 기구에 담을 수 있다.
6. 밸브를 사용하여 떨어지는 물의 속도와 양을 조절할 수 있다.
7. 추출된 커피를 밀폐용기를 사용하여 보관할 수 있다.
8. 추출 후 더치 기구에 담긴 커피 찌꺼기와 필터를 제거할 수 있다.

필요지식

01 더치커피 추출하기

더치커피Dutch Coffee란?

찬물, 혹은 상온의 물을 이용해 장시간 우려낸 커피를 '더치커피'라 한다. 영어식으로 찬 물에 우려낸다고 하여 콜드 브루cold brew라 부르기도 한다. 더치커피는 네덜란드 선원들이 인도네시아에서 유럽으로 커피를 수송할 때, 긴 항해시간 동안 장시간 커피를 즐기기 위하여 고안된 방법이라 하여 네덜란드풍Dutch의 커피라 붙여진 일본식 명칭이지만 관련문헌은 찾아볼 수 없고 'Dutch Coffee'는 상표명이거나, 초콜릿과 깔루아, 아이리시 위스키와 커피를 섞은 커피칵테일을 지칭하고 있어 정설은 없다. 해외에서는 '더치커피'라는 명칭 보다 'Cold Brewing'이라는 추출 방식을 지칭하거나 커피가루를 찬물에 담가서 장시간 우려내는Steeping 방식을 많이 사용하고, 네덜란드 더치기구 제작업체에서는 "더치커피란 말은 일본인들이 만든 상업용 전설이라 하면서 오히려 네덜란드 사람들이 신기해하고 최근에는 제품 마케팅에 사용하기 시작해서, 네덜란드 전설이 네덜란드에 수출된 셈이다."라고 할 만큼 그 시작에는 상업적인 요소가 없지 않음을 짐작할 수 있다.

한편 중남미와 구 네덜란드령 남방제도의 원주민들이 그 지역의 기후와 자연환경을 고려하여 용기에 커피가루를 담아 찬물을 넣고 하룻밤 두었다가 마시던 방식에서 나뭇가지나 천장에 주머니로 싼 용기를 달아 여과하여 아래쪽 다른 용기에 모이게 하는 방식으로 발전하였고 이 원리를 구 네덜란드령 동인도에서 네덜란드인이 좀 더 개량한 것이 더치 추출방식이라는 설도 있다.

더치커피의 특징

일반적으로 더치커피는 차가운 물을 분쇄 원두에 한 방울씩 떨어뜨려 짧게는 3~4시간, 길게는 12~24시간까지 장시간 추출함으로 커피나 물 맛이 순수하게 표현되고 뜨거운 물로 짧은 시간 추출한 일반 커피에 비해 쓴맛이 덜해 순하고 부드러운 풍미를 느낄 수 있다. 낮은 온도에서 오랫동안 추출되기 때문에 코로 느끼는 향은 적지만 독특한 향미와 새로운 맛을 즐기기에 부족함이 없다. 추출이 완료되면 1~2일 정도 냉장 숙성을 하면 커피의 풍미를 더욱 높이는데 이러한 특성이 와인과 닮았다하여 '커피의 와인'이라 불리기도 하며 한 방울씩 추출되는 모습을 묘사하여 '커피의 눈물'이라고 불리기도 한다.

일반커피와 가장 큰 차이는 바로 보관이 가능하다는 점이다. 추출 직후 바로 마시는 것을 전제로 높은 온도와 압력으로 성분을 추출해 내는 일반 커피는 시간이 지날수록 본연의 향미가 반감되지만 저온추출 된 더치커피는 오히려 저온숙성을 거쳐 그 향미를 배가시키고 1주일 정도는 그 향미를 유지하기 때문에 맛의 변화가 거의 없어 시간에 구애받지 않는다. 이것이 바로 더치커피가

와인에 비유되는 이유 중에 하나이다.

더치커피는 구입과 동시에 그 자리에서 마실 필요가 없다. 병에 넣어둔 완제품을 구입하거나 텀블러에 담아와 집에서든 야외에서든 카페와 동일한 더치커피를 즐길 수 있다. 이러한 장점 때문에 최근 더치커피의 수요가 늘어나고 있는 것으로 보인다.

더치 기구의 구조

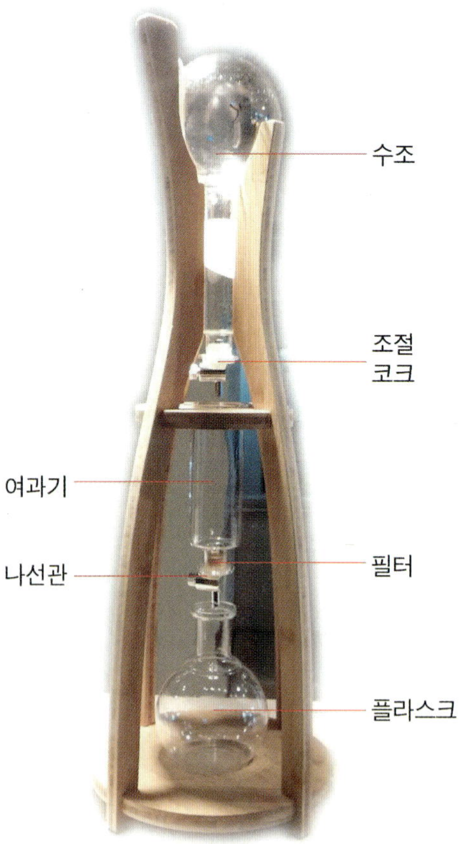

수조

더치 커피를 추출할 물을 담는 공간으로 더치 기구의 가장 위쪽에 위치하고 있는 일부분이다.

조절 코크

물이 여과기로 떨어지는 속도를 조절해주는 일부분으로 밸브를 열면 속도가 빨라지고 닫으면 줄어든다. 1초에 1방울 정도가 일반적이다.

여과기

분쇄된 원두가루를 담아두는 장소이며, 추출할 원두가루 양을 측정하여 담아준다.

필터

여과기에서 추출된 더치커피가 플라스크로 떨어질 때 원두가루를 걸러주는 도구로 종이필터와 융필터가 있다.

플라스크

나선관을 통해서 추출된 더치커피를 담아주는 공간이다.

더치커피 추출하기

더치커피는 추출하는 방식에 따라 침출식(浸出式)과 점적식(點滴式)으로 구분한다. 침출식은 용기에 분쇄한 원두와 물을 넣고 10~12시간 정도 실온에서 숙성시킨 뒤 찌꺼기를 걸러내 원액을 추출하는 방식으로 초기 더치커피나 해외에서 즐긴다. 점적식은 일반적으로 많이 알려진 워터 드리퍼Water Dripper가 이에 해당한다. 용기에서 추출된 커피가 용기로 한 방울씩 떨어지기 때문에 더치커피를 '커피의 눈물'이라 부르기도 한다.

필터장착

여과기 하단부에 필터를 장착한다.

원두담기

여과기에 분쇄된 원두를 담아준다. 더치커피의 분쇄원두는 핸드드립용 보다는 가늘고 에스프레소용 보다는 굵게 설정한다. 일반적으로 더치커피에 사용되는 원두는 강하게 로스팅 된 원두를 사용하며 원하는 맛 포인트에 따라 굵기와 물 조절은 범위가 다양할 수 있다.

물 담기

수조에 추출수를 담아준다. 물의 양은 최종 추출하고자 하는 양으로 원두의 10배 정도가 일반적이다. 커피 1잔당 10g의 원두를 사용한다고 가정할 때, 10잔을 추출하고자 할 경우 원두는 100g, 물은 1000cc가 필요한 셈이다.

조절 코크 설정

조절 코크를 이용하여 수조의 물방울이 떨어지는 횟수를 조절할 수 있다. 보통 1초에 1방울 정도가 적당하지만 원하는 총 커피 추출 시간에 따라 속도를 조절하면 된다. 물방울이 너무 빨리 떨어지면 과소추출로 인해 연한 커피가 되고, 너무 느리게 추출하면 잡미까지 추출될 우려가 있다.

숙성

추출이 끝나면 냉장고에 넣어 1~2일 숙성 과정을 거쳐 풍부한 향미를 느낄 수 있다.

02 더치커피 마시는 방법

더치커피는 장시간 추출하기 때문에 원두의 분쇄 정도와 물의 맛, 추출 시간이 완성된 커피 맛에 중요한 역할을 하고, 추출된 커피 원액은 저온 숙성을 통해 풍미를 더한다. 입맛에 따라 우유나 시럽 또는 물을 타서 희석하거나 얼음을 넣고 마시기도 하는데, 더치커피를 즐겨 마시는 사람들마다 저마다 약간은 다른 비율로 마시고 있는 실정이다.

더치 온더락

더치 원액 그대로 마시는 방법으로 더치커피만의 순수한 향미를 그대로 느낄 수 있는 메뉴로서 더치 원액을 잔에 넣어서 마시거나 기호에 따라 각 얼음을 넣어서 마시기도 한다.

더치 아메리카노

더치 원액에 뜨거운 물을 함께 섞어주어 원액보다 부드럽고 연하게 마시는 메뉴로서 더치커피 원액 30*ml*를 잔에 담고 뜨거운 물을 90*ml* 넣어 물과 커피가 잘 섞이도록 섞어준다.

더치 아이스 아메리카노

더치 아메리카노에 얼음을 넣어 차갑게 마시는 메뉴로서 더치 원액 30*ml*와 차가운 물 90*ml*를 잔에 넣고 각 얼음을 넣어 저어준다.

더치라떼

더치 원액에 따뜻한 우유를 넣어 마시는 메뉴로서 더치 원액 30*ml*와 따뜻한 우유 90*ml*를 잔에 넣어 저어준 후 마시면 커피의 향과 우유의 부드러운 맛의 조화를 느낄 수 있다.

더치 아이스 라떼

더치 라떼에 얼음을 넣어 차갑게 마시는 메뉴로서 더치 라떼에 각 얼음을 넣어 저어준다.

더치 비어

더치 원액과 맥주를 함께 섞어 마시는 메뉴로서 더치 원액 30*ml*를 담은 후 맥주를 270*ml* 정도 부어주면 거품이 생기면서 맥주의 향과 더치커피의 향이 잘 어우러진 음료로 맥주의 톡 쏘는 맛과 커피의 구수함이 느껴지는 것이 특징이다.

03 더치커피와 카페인

더치커피의 시작에는 '디카페인'이라는 수식어가 늘 따라다녔고 카페인에 민감한 사람들도 커피를 즐길 수 있다고 알려지면서 선풍적인 인기를 끌었다. 그러나 카페인은 섭씨 80℃의 물에서 녹기 때문에 낮은 온도의 물로 추출하는 더치커피에서는 카페인이 거의 없다는 주장은, 더치커피에도 카페인이 적지 않다는 연구결과들이 속속 전해지면서 시각을 달리하게 되었다. 수용성(水溶性)인 카페인을 온도에 따른 용해도로 분석해 본 결과 80℃에서 급격히 상승하기는 하지만 50℃ 이하의 물에서도 서서히 용해되는 것을 확인할 수 있었다. 커피의 추출법이 다양하고 변수가 많아서 정확히 온도별 카페인의 녹는 정도를 규정할 수 없으나 적어도 찬물에서도 카페인이 녹는다는 사실이 밝혀지면서 더치커피는 추출 시간이 긴 것을 고려할 때 카페인이 적지 않을 것이라고 추론해볼 수 있다.

최근에는 일부 더치커피 제조업체들이 자체 성분검사를 통해 카페인 함유량을 공개하고, 상대적으로 높은 카페인 성분이 검출된 업체에서는 '순한 커피', '저 카페인'과 같은 홍보문구를 수정하고 제조방식을 재검토하는 변화가 있기도 했다. 카페인 함량은 사용하는 원두의 특성이나 물과 원두가 접촉하는 시간, 비율 등에 따라 얼마든지 달라질 수 있으므로 디카페인 커피를 향한 연구는 계속되고 있는 실정이다.

Coffee Barista

5.5 이브릭 추출하기

1. 정수된 물을 준비할 수 있다.
2. 그라인더를 사용하여 원두를 적당한 굵기와 양으로 분쇄한다.
3. 분쇄된 원두, 물, 설탕을 체즈베에 담을 수 있다.
4. 체즈베를 적당한 시간 동안 반복하여 가열할 수 있다.
5. 커피 가루 침전 후 잔에 따를 수 있다.

필요지식

01 터키식 커피

터키식 커피Turkish Coffee를 우려내는 방법은 17세기 이래 변함없이 오리엔트 전역과 일부 아시아에서 사용되고 있다. 커피 없이 식사한다는 것은 상상도 할 수 없을 만큼 커피는 이들 나라의 문화에서 중요한 부분이다. 여러 세기 동안 유럽이나 미국식 필터 추출방식으로 대체되지 않고, 오히려 커피 애호가들에 의해 세계에서 가장 오래된 추출법과 추출 기구가 익숙한 모습이 되었다.

터키식 체즈베Cezve, 아라비아식 이브릭Ibrik, 혹은 그리스식 브리키Briki가 대표적인 오리엔탈식 커피 추출 기구로 미세하게 갈린 커피가루를 물과 함께 넣은 다음 반복적으로 끓여내는 방식이다. '불타는 장작(혹은 석탄)'이라는 뜻의 체즈베는 아라비아어에 기원을 두고 있으나 철자는 터키 문자에서 가져 왔다. 그리스에서 불리는 'briki'라는 용어가 영어권에서는 더 흔하게 쓰인다. 터키에서 'Ibrik'은 물을 담아두는 통이라는 의미로 사용되기도 한다.

커피가루를 물에 넣고 끓이고 젓기를 반복하여 커피성분을 계속 추출하기 때문에 여과식 커피와는 또 다른 매력을 갖고 있다. 그

거칠고 묵직한 커피 맛에 혹자는 "에스프레소가 껍질을 잘 깎아 내놓은 사과 같다면, 이브릭은 껍질 채 먹는 사과 같았다"라고 말했다. 진하면서도 정직한 커피의 매력을 가지고 있다. 커피가루를 바닥에 가라앉힌 뒤 풍부한 거품과 위쪽의 맑은 커피액만 걸러 마시는 수고를 무릅써야 하지만 남은 커피가루의 모양을 보고 점을 치는 전통이 있어 이야깃거리가 쏠쏠하다. 취향에 따라 아니스anise, 카르다몸cardamom, 계피cinnamon 같은 향신료를 넣거나 설탕 한 스푼 넣어 끓여 내면 색다른 이브릭의 매력을 맛볼 수 있다.

02 이브릭 추출하기

이브릭Ibrik 추출 준비물

터키식 전통 커피를 추출하기 위해 필요한 준비물은 이브릭 또는 체즈베, 곱게 분쇄한 커피가루, 물, 가스버너, 커피를 저을 때 사용할 롱 스푼 등 기호에 따라 설탕을 준비한다.
전통 커피를 추출하는 방식이기 때문에 추출 도구도 비교적 간단하다.

이브릭 추출하기

물과 커피 넣기

한잔 분량의 물을 붓고 곱게 분쇄한 커피가루(0.1mm)를 이브릭에 담는다. 불을 올린 후 커피가루(20g)와 물(120㎖), 기호에 따라 설탕(15g)을 함께 넣고 젓는다. 커피가루가 뭉치지 않도록 골고루 섞어주는 것이 중요하다. 이때 온수를 사용한다면 추출시간을 좀 더 단축시킬 수 있다.

가열

약한 불로 가열하고 천천히 저어주며 끓인다.

거품 관리

잠시 후 커피가 끓어오르면서 거품이 발생하기 시작한다. 이 때 너무 끓어올라 넘치지 않도록 잠시 불에서 내려 5~10초 정도 식힌 뒤 다시 불 위로 올려서 끓인다.

열 관리

1차 거품관리 과정이 끝나고 거품이 가라앉으면 다시 가열하여 커피를 끓여준다. 이 동작을 3~5회 정도 반복한다. 이 횟수에 따라 커피의 향미가 진해지게 되는데, 자신의 기호에 맞춰 횟수를 조절한다. 끓어오른 거품이 입구 둘레에 들러붙어 타게 되면 쓴 맛을 낼 수 있으므로, 커피 상태를 주시하면서 신속하게 식혀 거품이 넘치지 않도록 한다.

커피 따르기

열 관리 과정 3~5회를 반복한 뒤 찌꺼기가 가라앉기를 기다렸다 맑은 부분만 따라낸다. 이 때 미세한 커피가루가 함께 따라 나오기 쉬운데, 드립퍼에 사용하는 종이 필터를 이용하면 좀 더 깔끔한 커피를 즐길 수 있다. 융 필터를 이용한다면, 보다 풍부한 향미를 깔끔하게 즐길 수 있다.

출제예상문제

01. 가장 전통적이고 대표적인 침지식 추출법의 추출기구는?

① 프랜치프레스 ② 이브릭
③ 핸드드립 ④ 사이폰

해설 최초의 추출기구로 알려진 이브릭(Ibrik)은 가장 전통적이고 대표적인 침지식 추출법이다.

02. 여과 방식의 대표적인 추출방식은?

① 프랜치프레스 ② 이브릭
③ 핸드드립 ④ 사이폰

03. 침지방식의 추출방법이 아닌 것은?

① 가압추출 ② 삼출
③ 우려내기 ④ 달이기

해설 침지식은 우려내기(Steeping), 달이기(Decoction), 삼출(Percolation), 진공 여과(Vacuum Filtration)이고 여과식은 드립 여과(Drip Filtration), 가압추출(Pressurized Infusion)이 있다.

04. 침지방식의 추출 도구로 맞는 것은?

① 워터드립 ② 커피메이커
③ 모카포트 ④ 퍼컬레이터

해설 침지식의 추출 도구로는 프렌치프레스(French press), 이브릭(Turkish coffee), 일링(Boiling), 퍼컬레이터(Percolator), 사이폰(Vacuum brewer) 등이 있다.

05. 오리엔탈식 커피 추출 기구가 아닌 것은?

① 터키식 체즈베
② 그리스식 브리키
③ 터키식 이브릭

④ 아라비아식 이브릭

해설 터키식 체즈베(Cezve), 아라비아식 이브릭(Ibrik), 혹은 그리스식 브리키(Briki)가 대표적인 오리엔탈식 커피 추출 기구로 미세하게 갈린 커피가루를 물과 함께 넣은 다음 반복적으로 끓여 내는 방식이다.

06. 추출방법과 추출도구를 맞게 짝지은 것은?

① 진공여과 - 모카포트 ② 가압추출 - 기계드립
③ 달이기 - 이브릭 ④ 삼출 - 사이폰

해설 진공 여과(Vacuum Filtration)-사이폰(Vacuum brewer), 가압추출(Pressurized Infusion)-모카포트(Moka pot), 에스프레소(Espresso), 달이기(Decoction)-이브릭(Turkish coffee), 보일링(Boiling), 삼출(Percolation)-퍼컬레이터(Percolator)

07. 에스프레소에 대한 설명으로 알맞은 것은?

① 다른 추출 방식에 사용하는 원두보다 분쇄 입자가 굵다.
② 높은 압력으로 분쇄한 원두를 높은 온도의 물로 순간적으로 빠르게 추출한다.
③ 에스프레소 방식으로 추출되는 커피액은 약 2온스 정도 된다.
④ 에스프레소용 원두는 신맛과 쓴맛의 균형을 위해 비교적 중배전한 원두를 사용한다.

해설 이탈리아어로 'Espresso'의 어원은 영어식 표기인 Express(빠르다)에서 찾을 수 있다. 높은 압력(8~9bar)을 이용하여 곱게 간 원두 약 7~8g을 약 90C° 정도의 물로 20~30초 사이에 순간적으로 빠르게 추출하여 1온스 정도의 커피액을 추출하는 방식이다. 에스프레소용 원두는 신맛과 쓴맛의 균형을 위해 비교적 강배전한 원두를 사용한다.

08. 에스프레소 커피 맛의 풍미가 가장 좋은 조건은?

① 온도 88℃, 시간 20초, 압력 9bar
② 온도 85℃, 시간 15초, 압력 8bar
③ 온도 80℃, 시간 10초, 압력 7bar
④ 온도 78℃, 시간 05초, 압력 5bar

09. 에스프레소의 4M에 해당되지 않는 것은?

① 로스팅 ② 블렌딩
③ 기계 ④ 바리스타

해설 에스프레소의 4M으로는 Miscela(Mix, 블렌딩), Macinazione(Mill, 분쇄), Macchina (Machine, 머신), Mano(Man, 바리스타)가 있다.

10. 에스프레소 추출의 4단계로 맞는 것은?

① 담기 - 고르기 - 분쇄 - 추출
② 분쇄 - 고르기 - 담기 - 추출
③ 담기 - 분쇄 - 다지기 - 추출
④ 분쇄 - 담기 - 다지기 - 추출

해설 에스프레소 추출단계는 크게 분쇄(Grinding), 담기(Doseing), 다지기(Tamping), 추출(Ectraction) 4단계로 구성된다.

11. Tamping에 대한 설명으로 바르지 않은 것은?

① 탬퍼를 이용하여 커피 입자들 사이의 밀도를 고르게 해준다.
② 힘이 과하게 들어가면 묽은 커피가 된다.
③ 힘이 약하게 들어가면 추출과정이 빨라진다.
④ 균형을 잘못 맞출 경우 좋지 못한 맛의 커피가 된다.

12. 핸드드립(Hand Drip)에 대한 설명으로 틀린 것은?

① 블랜딩 보다는 단종을 이용해 추출하는 것이 일반적이다.
② 드리퍼에 원두를 담은 거름망을 올려 물을 부어 추출하는 방식이다.
③ 1838년 프랑스의 리차드에 의해 개발되었다.
④ 에스프레소 커피에 비해 분쇄입자를 굵게 한다.

13. 핸드드립 추출방식에서 맛을 좌우하는 요소가 아닌 것은?

① 시간 ② 온도
③ 커피입자 ④ 주위환경

해설 시간, 온도, 커피입자, 물의 고른 접촉.

14. 핸드드립에 대한 설명이 바르지 않은 것은?

① 커피 추출시 적당한 온도는 92~96℃이다.

② 분쇄된 커피는 상온에서 약 4시간 정도 방치하면 향이 거의 날아간다.

③ 수돗물보다는 정수된 물을 사용하는 것이 바람직하다.

④ 강배전된 원두인 경우, 조금 높은 온도로 추출하는 것이 좋다.

해설 원두의 배전도에 따라 약배전된 원두는 조금 높은 온도로, 강배전된 원두는 조금 낮은 온도의 물로 추출하는 것이 좋다.

15. 핸드드립의 분쇄입자는 어느 정도가 좋은가?

① 0.01~0.05cm ② 0.1~0.2cm

③ 0.05~0.1cm ④ 0.1~0.15cm

해설 로스팅 된지 1주일 이내의 원두를 사용 직전에 갈아 바로 사용하는 것이 좋다. 이때 분쇄입자는 0.05~0.1cm 정도가 좋으며 1잔당 약 7~10g을 담아 추출한다.

16. 드리퍼의 종류가 아닌 것은?

① 융 ② 보일링

③ 칼리타 ④ 고노

17. 3개의 추출구를 가지고 있으며, 정교한 드립이 숙달되지 않은 초보자들도 쉽게 사용이 가능한 드리퍼는?

① 멜리타 ② 칼리타

③ 고노 ④ 융

18. 다음 드립퍼에 대한 설명이 틀린 것은?

① 고노 드리퍼는 '점드립'이라고 하는 드립법을 사용한다.

② 융 드리퍼는 페이퍼에 비해 섬유질이 좁아 커피 오일이 적게 투과된다.

③ 칼리타 드리퍼는 어느 로스팅에나 편안하게 추출할 수 있다.

④ 멜리타 드리퍼는 드리퍼 고안자의 이름을 따서 붙였으며 역 사다리꼴 형태를 띄고 있다.

해설 융 드리퍼(Nel Driper)는 페이퍼에 비해 섬유질이 넓어 커피 오일을 더욱 많이 투과시켜 부드러운 맛을 느낄 수 있다.

19. 핸드드립 추출 방법이 아닌 것은?

① 사다리식 ② 나선형식
③ 스프링식 ④ 동전식

20. 나선형 추출 방법의 설명으로 (　　)안에 알맞은 말은?

> 물을 붓는 속도는 커피 입자가 (ⓐ) 배전도가 (ⓑ) 빠른 속도로 붓고, 커피 입자가 (ⓒ) 배전도가 (ⓓ) 느린 속도로 부어준다.

① ⓐ 가늘고 ⓑ 약할수록 ⓒ 굵고 ⓓ 강할수록
② ⓐ 가늘고 ⓑ 강할수록 ⓒ 굵고 ⓓ 약할수록
③ ⓐ 굵고 ⓑ 약할수록 ⓒ 가늘고 ⓓ 강할수록
④ ⓐ 굵고 ⓑ 강할수록 ⓒ 가늘고 ⓓ 약할수록

21. 강한 바디감의 커피를 추출할 수 있는 방식은?

① 점식 추출 ② 나선형 추출
③ 동전식 추출 ④ 스프링 추출

해설 동전식 추출 (고노식)은 일정한 크기의 물줄기를 유지하여 회전하는 것이 포인트이다.

22. 고노 드리퍼를 사용할 때 주로 사용하는 방법으로 강한 바디감의 커피를 추출할 수 있는 것은?

① 스프링 추출 ② 나선형 추출
③ 동전식 추출 ④ 점식 추출

23. 사이폰에 대한 설명으로 틀린 것은?

① 삼투압 작용이 일어난다.
② 배큠(Vacum Pot) 커피라고도 한다.
③ 2개의 플라스크 중 1개가 진공상태를 이룬다.
④ 1925년 일본의 고노사가 상품화 하면서 고유명사가 되었다.

해설 위아래 로 연결된 2개의 플라스크가 빈틈없이 밀착되어 진공상태를 이루기 때문에 퍼콜레이터 커피를 배큠(vacuum : 진공) 커피라고 부르기도 한다. 정확한 명칭은 배큠 브루어(Vaccuum Brewer)이다.

24. 사이폰 추출 시 유의 사항으로 맞는 것은?

① 물을 가열 할 때 화력이 너무 세면 안 된다.

② 증기압이 강해져야 하므로 장시간 가열해야 한다.

③ 자연교반이 일어나도록 해야 한다.

④ 교반의 상태를 확인할 수 없다.

해설 열원에 의해 아래쪽 플라스크 안에 있는 물을 가열할 때 화력이 너무 세거나 장시간 가열하면 증기압이 강해져 로드로 흡입되는 힘이 지나쳐서 커피가루와 물을 섞어 버리는 '자연교반' 현상이 일어날 수 있다. 자연교반에 의해 불규칙한 추출이 이루어지면 깨끗하고 고른 맛을 얻기가 어렵고 과다추출이 일어날 수 있으며, 로드에 남은 커피가루를 통해 교반의 상태를 확인할 수 있다.

25. 사이폰 추출 시 커피가루와 물이 처음 만나는 온도는 얼마인가?

① 85~95℃ ② 87~90℃

③ 90~93℃ ④ 95~98℃

해설 열원에 불을 붙여 가열을 시작하면 플라스크 내에서 발생하는 기포를 관찰하여 내부 온도를 짐작할 수 있다. 내부의 물은 85~95℃ 사이에서 기포가 생성되면서 수증기가 발생하며, 커피가루와 물이 만나는 온도는 약 90~93℃가 된다.

26. 더치커피에 대한 설명으로 틀린 것은?

① 장시간 추출함으로 일반 커피에 비해 쓴맛이 강하다.

② 영어식으로 '콜드 브루(cold brew)'라고 부르기도 한다.

③ 네덜란드 선원에 의해 고안된 방법이다.

④ 저온숙성으로 보관이 가능하다.

해설 찬물, 혹은 상온의 물을 이용해 장시간 우려낸 커피를 '더치커피'라 한다. 일반적으로 더치커피는 차가운 물을 분쇄 원두에 한 방울씩 떨어뜨려 짧게는 3~4시간, 길게는 12~24시간 까지 장시간 추출함으로 커피나 물 맛이 순수하게 표현되고 뜨거운 물로 짧은 시간 추출한 일반 커피에 비해 쓴맛이 덜해 순하고 부드러운 풍미를 느낄 수 있다.

27. 더치커피 추출 시 추출수는 어느 정도가 적당한가?

① 물의 양은 원두의 2배 정도가 적당하다.

② 물의 양은 원두의 5배 정도가 적당하다.

③ 물의 양은 원두의 7배 정도가 적당하다.

④ 물의 양은 원두의 10배 정도가 적당하다.

해설 물의 양은 최종 추출하고자 하는 양으로 원두의 10배 정도가 일반적이다.

28. 더치커피의 풍부한 향미를 느낄 수 있는 숙성 기간은 며칠인가?

① 1~2일
② 1주일
③ 2주일
④ 1개월

해설 낮은 온도에서 오랫동안 추출되기 때문에 코로 느끼는 향은 적지만 독특한 향미와 새로운 맛을 즐기기에 부족함이 없다. 추출이 완료되면 1~2일 정도 냉장 숙성을 하면 커피의 풍미를 더욱 높이는데 이러한 특성 때문에 '커피의 와인' 혹은 '커피의 눈물' 이라는 별칭을 가지고 있다.

29. 더치 기구의 구조에서 물이 커피탱크로 떨어지는 속도를 조절해주는 장치는?

① 수조
② 여과기
③ 조절 코크
④ 필터

30. 보통 카페인이 물에 녹는 온도는?

① 80℃
② 85℃
③ 90℃
④ 95℃

정답

01	②	02	③	03	①	04	④	05	③	06	③	07	②	08	①
09	①	10	④	11	②	12	③	13	④	14	④	15	③	16	②
17	②	18	②	19	①	20	②	21	①	22	④	23	③	24	①
25	③	26	①	27	④	28	①	29	③	30	①				

Chapter 06

커피음료 우유 스티밍

6.1 커피음료용 우유 데우기

Coffee Barista

1. 신선한 냉장 우유를 차가운 스팀피쳐에 담을 수 있다.
2. 스팀밸브를 열어 스팀파이프에 남아 있는 물을 제거할 수 있다.
3. 스팀피쳐에 스팀파이프를 넣고 밸브를 열어 우유를 적당한 온도로 가열할 수 있다.

필요지식

01 우유의 선택

음료로써 커피는 카페인이 많고 영양이 부족하며 특히 칼슘의 흡수를 방해한다는 단점이 있다. 그런 면에 있어 우유는 에스프레소 베리에이션음료Espresso Coffee & Variation와 최상의 궁합을 가진다. 우유는 칼슘 함량이 높고 흡수율도 약 90%나 되기 때문에 커피에 우유를 넣어 마시면 상호 보완적인 역할을 할 수 있다. 프랑스 풍 모닝커피 까페오레Cafe au Lait는 우유를 넣는 대표적인 커피 메뉴이다. 또한 우유의 단백질은 고소하고 담백한 맛을, 지방산은 부드러운 우유 특유의 질감을 주며, 유당은 단맛을 낸다. 우유의 고소하고 부드러운 단맛이 커피와 어우러져 더욱 다양한 메뉴를 탄생시킬 수 있다.

우유의 종류

저지방 우유 Low-fat milk

유지방 함량을 낮춰 다이어트 음료 제조에 사용하며, 일반적으로 1.0~2.0%의 유지방을 함유하고 일반우유보다 거품 보유력이 떨어진다. 그래서 더 오랫동안 열을 주어야 하며 유동적으로 거품이 일게 해야 하고, 고소한 맛이 다소 떨어지며 가격이 비싸다.

멸균 우유Sterilized milk

우유를 장기간 보존하기 위하여 135~150℃에서 2~5초간 가열하여 일반 실온에서 자랄 수 있는 모든 미생물을 완전히 사멸시킨 우유로 거품 만드는 작업은 어렵지 않으나 우유의 맛과 향이 강해서 커피의 향미를 떨어뜨리기 때문에 베리에이션용으로 사용하기에 부적합하다.

유지방 살균 우유Pasteurized milk

병원균은 전혀 존재하지 않지만 젖산균이나 무해한 균의 일부가 남아 있도록 처리한 우유로 일반적으로 커피 음료 제조에 많이 사용한다. 적정온도로 데우면 부드러운 거품과 고소한 단맛을 얻을 수 있다.

02 스팀 피처의 선택

스팀피처Steam Pitcher는 우유를 데우거나 우유거품을 만드는 데 사용하는 도구이다.

재질

스팀피처는 우유를 데울 때 사용하는 도구이므로 스티밍Steaming과정에서 우유 맛에 변화를 주지 않아야 한다. 그래서 재질로 스테인리스를 사용하는데 스테인리스는 유리나 플라스틱과 같은 다른 재료에 비해 깨지거나 변형될 염려가 적고 사용과 관리가 편리하며, 열전도율이 높아 안정된 우유 거품을 만들기에 용이하다. 또한 우유가 받을 열을 스테인리스 용기가 흡수해 배출함으로써 우유가 데워지는 속도를 늦춰 고운 거품을 낼 수 있다.

두께와 형태

스팀피처는 아래 부분이 넓고 위로 갈수록 좁아지는 형태를 가지고 있어 스팀의 분사 방향과 일치한다. 때문에 피처 안에서 원활한 회전이 이루어질 수 있다. 우유는 지방과 단백질, 젖당을 함유하고 있는데 스티밍 과정에서 지방이 공기를 흡착시키고 단백질이 지방과 공기를 감싸는 구조이다. 지방 함량이 많으면 열을 가할 때 단백질과 지방이 더 빨리 분리되므로 바닥이 두꺼운 스팀피처를 사용하여 우유에 열이 가해지는 속도를 늦춰 줄 수 있다.

온도와 용량

스팀피처가 차갑지 않으면 우유온도가 빨리 올라가게 됨으로 항상 차게 유지한다. 스팀피처의 크기는 만들고자 하는 양에 따라 선택하면 된다. 스팀피처 안에는 우유를 적당량 담는 것이 중요하다. 우유의 양이 적으면 제대로 된 거품을 만들 수 없고, 너무 많으면 거품 내기가 어렵다. 일반적으로 300*ml*, 600*ml*, 900*ml* 용량을 주로 사용 한다.

03 우유 데우기

우유에는 80% 정도의 카제인을 함유한 단백질이 있다. 단백질은 열에 불안정한 물질로 40℃ 이상에는 변성이 일어나는데 우유가 75℃ 넘게 끓어버리면 지방성분이 응고되고 혼합되었던 공기가 분리되면서 우유의 고유한 성질을 잃게 된다. 따라서 우유에 열을 가해 데우는 스티밍Steaming과정에 있어 온도는 매우 중요하다. 적정 온도는 60~70℃ 사이로 에스프레소의 온도와 조화를 이뤄야 하며, 에스프레소 머신의 스팀압력은 1.0~1.5bar가 적당하다.

우유 데우는 순서

스팀피저에 우유를 담는다.

차가운 피처에 4~5℃의 냉장 살균우유를 사용하여 피처의 용량을 고려하여 우유를 적절히 담는다. 차가운 우유를 사용하지 않으면 우유의 온도가 급격히 상승하므로 주의한다.

스팀밸브를 1~2초간 살짝 열어 응축수를 배출시킨다.

드립트레이 바깥쪽으로 스팀밸브를 작동시킬 경우 응축수에 의해 다칠 수 있으므로 드립트레이 안쪽으로 분사시킨다.

우유가 담긴 스팀 피처에 노즐을 담근다.

처음 스팀노즐은 깊이 담그는 것이 좋다. 노즐을 너무 낮게 담그면 강한 스팀에 의해 순간적으로 공기가 많이 주입될 수 있다.

스팀 밸브를 열어준다

모든 커피기계는 약간의 유격(간격)이 존재한다. 스팀밸브를 시계 반대 방향으로 돌리다 보면 약간 힘이 들어가는 부분이 생기는데 스팀은 이때부터 나오기 시작하며 레버를 돌릴수록 압력이 강해진다.

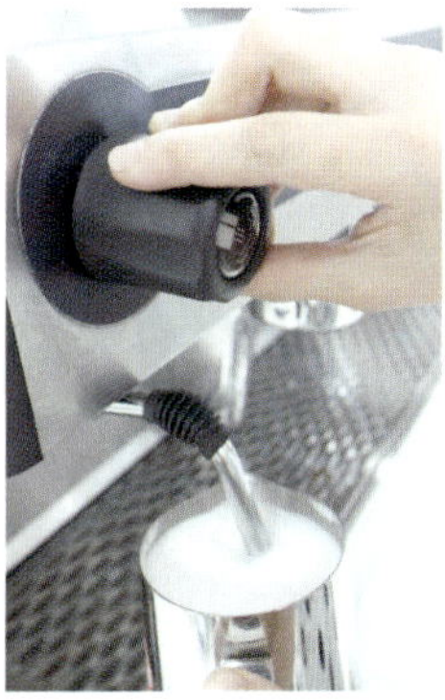

우유가 데워지면 스팀 밸브를 잠근다.

우유 온도가 60~70℃ 사이가 되면 빠른 동작으로 스팀 밸브를 잠근 다음 스팀피처를 빼준다.

스팀노즐 청소한다.

스팀을 사용하고 난 다음에는 항상 스팀노즐을 드립트레이 쪽으로 1~2초 열어준 다음 깨끗한 젖은 행주를 이용하여 노즐을 닦아내야 한다. 스팀을 먼저 틀어주는 이유는 스팀노즐이 뜨거워지면서 노즐 안쪽에 남아 있는 우유 찌꺼기들이 굳어 있을 수 있기 때문이다. 그래서 바리스타는 항상 스팀노즐을 사용한 후에는 스팀을 먼저 틀어준 다음 노즐을 닦아주는 습관을 길러야 한다. 이때 사용한 행주는 항상 깨끗한 곳에 보관한다.

04 우유 데우기의 유의할 점

우유의 용량

거품의 양과 사용할 우유의 양을 계산해서 스팀피처의 용량에 맞게 담아낸다. 이 때 우유의 양이 적으면 제대로 된 메뉴를 만들 수 없고, 너무 많으면 거품이 넘치거나 버려지는 양이 많아진다. 한번 데운 우유는 재사용 할 수 없기 때문에 적당량을 담아내는 훈련이 필요하다. 일반적으로 300㎖ 피처의 경우 우유의 양은 120㎖, 600㎖ 피처는 200㎖, 900㎖ 피처는 350㎖ 정도면 적당하다. 300㎖용은 1잔, 600㎖는 2잔, 900㎖는 3~4잔 분량의 우유 데우기가 가능하다.

우유의 온도

차갑게 보관된 스팀피처에 4~5℃의 냉장 살균우유를 사용하는 것이 좋다. 만일 스팀피처가 차갑지 않으면 우유의 온도가 더 빨리 올라가기 때문에 거품 내기 전에 항상 확인하는 습관을 기르도록 한다. 온도계를 이용하여 온도 상승에 따른 변화를 기억하고, 온도에 민감한 우유 성분의 변화를 놓치지 않도록 노력해야 한다.

스팀노즐의 관리

우유를 데우기 직전과 데운 직후에는 항상 스팀밸브를 열어 노즐을 체크해야 한다. 스티밍 전에 밸브를 열어주는 것은 노즐 안에 들어있는 응축수를 빼주는 과정이며, 또한 스팀 압력과 온도를 확인 할 수 있다. 스티밍 직후에는 공기 주입 시 빨려 들어간 우유를 빼주는 과정이다. 바로 실시하지 않으면 스팀봉의 온도에 의해 금방 굳어 버리기 때문에 미리 준비해 둔 깨끗한 젖은 행주를 감싼 후에 스팀밸브를 작동시켜야 안전사고에 대비할 수 있다.

6.2 커피음료용 우유 거품내기

1. 신선한 냉장 우유를 차가운 스팀피쳐에 담을 수 있다.
2. 스팀밸브를 열어 스팀파이프에 남아 있는 물을 제거할 수 있다.
3. 스팀파이프와 우유 표면과의 간격을 유지하여 공기를 주입할 수 있다.
4. 공기 주입 후 스팀파이프를 사용하여 우유와 우유 거품을 적당한 온도로 혼합할 수 있다.
5. 아이스 메뉴를 위한 낮은 온도의 우유 거품을 만들 수 있다.

필요지식

01 우유 거품 생성 원리

우유 거품을 만드는데 중요한 요소는 단백질과 지방성분으로 이러한 성분들이 공기와 접촉하여 거품이 형성된다. 우유가 데워지는 과정에서 단백질 성분이 분해되며, 공기의 주입량에 따라 거품의 질감이나 두께를 조절할 수 있다. 좋은 거품을 형성하기 위해서는 신선하고 차가운 상태의 우유를 사용하는 것이 좋으며, 저지방 우유보다는 일반우유가 거품을 형성하는데 유리하다. 또한 한번 스티밍을 한 우유는 이미 우유에 함유되어 있는 단백질과 지방성분의 분해가 일어났기 때문에 재사용 하지 않는 것이 좋다.

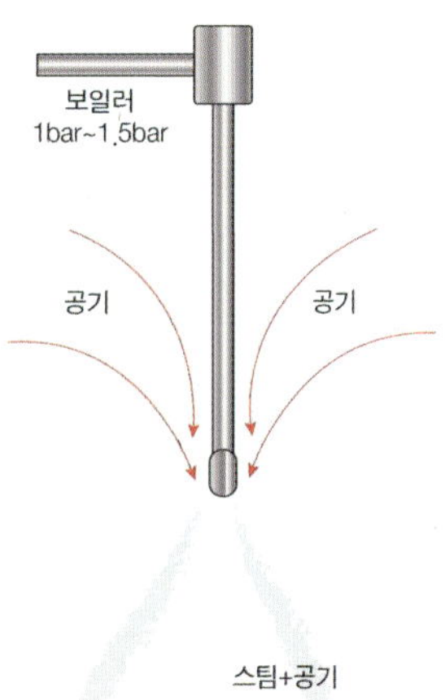

스팀노즐을 통한 공기 주입

스팀노즐에서 뿜어져 나오는 수증기의 압력이 주변에 있는 공기를 끌어 당기기 때문에 우유 속에 넣어 주면 잔거품들이 표면 장력을 형성해 쉽게 사그라지지 않는 부드러운 거품이 만들어진다. 스팀노즐은 보일러 안의 수증기를 배출시키기 때문에 높은 온도를 통해 우유를 데우는 역할도 한다. 단백질 변성이 일어나기 전인 40℃ 이전까지 공기 주입을 마치고, 부피가 2배로 늘어나면 스팀의 회전력을 이용해 공기를 포함한 가벼운 우유와 전체 우유를 골고루 섞어주는 작업으로 마무리한다.

우유의 성분에 의한 거품 생성

우유는 80%의 카제인을 포함한 단백질과 지방산, 99.8%의 젖당을 함유하고 있다. 지방은 공기를 흡착하는 역할을 하고, 스티밍 과정에서 온도가 올라 갈 때 녹아든 단백질이 지방을 포함한 공기층을 감싸면서 거품의 밀도를 높인다. 단백질은 불안정한 물질로 열에 약하며 약 40℃ 이상의 온도에서는 성질이 변하고, 한번 변성되면 원래의 형태로 복구되지 않으므로 공기를 유입하는 작업은 36~38℃ 정도에서 멈추는 것이 좋다.

02 우유 거품 생성 과정

우유 거품을 내기 위해서는 차가운 우유를 사용해야 하는데 이는 차가운 우유에 있는 지방구조는 알알이 구조를 형성하고 있지만 뜨거운 우유는 열에 의해 지방구조가 이미 변형되어 있기 때문에 차가운 우유를 이용해야 거품생성이 용이하다.
우유 거품의 생성과정은 크게 3단계로 나누어지며 공기주입 → 1차혼합 → 2차혼합의 과정으로 이루어진다.

우유 거품 내는 순서

스팀압력 확인 및 응축수 제거

사용하고자 하는 용량에 맞게 스팀피처를 준비하고 4℃ 정도의 차가운 우유를 적당량 부어둔다. 스팀밸브를 열어 스팀의 압력과 세기, 정상적인 작동 여부 등을 확인한다. 스팀압력계의 수치는 1.0~1.5bar 정도가 적당하며, 스팀노즐 내부에는 사용 후 스팀이 식으면서 물이 고이게 되는데 이 물을 빼 주어야 우유에 들어갈 농도를 흐리게 하는 것을 방지할 수 있다.

공기주입

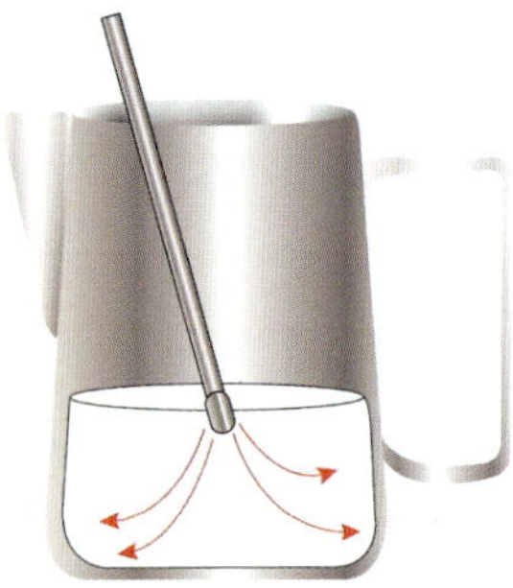

스팀노즐과 기계가 직각이 되게 세운 상태에서 스팀노즐이 우유의 약 1cm 정도만 잠기도록 담근 후 공기주입을 시작한다. 이때 노즐과 우유표면이 수직이 되게 위치시켜야 우유에 미치는 힘이 전체적으로 고르게 작용해 고운 거품을 얻을 수 있다. 40℃ 이전에 부피가 2배가 되도록 짧게 공기주입을 마친 후 혼합에 들어야 하며, 공기주입시 스팀노즐을 너무 깊게 담그면 공기 유입을 막아 거품이 부족하게 되고, 우유의 온도가 급격히 상승하며, 소음이 발생할 수 있다. 반대로 우유표면에 너무 가까이서 시작하면 압력에 의해 수증기가 튀거나 큰 거품이 형성되어 질감이 거칠거나 질이 떨어지게 된다. 공기주입 시간은 가급적 단백질 변성이 오기 전에 순차적으로 마무리하여 거품의 밀도를 높이고 고운 거품을 만들기 위한 2차 혼합 시간을 충분히 가질 수 있도록 한다.

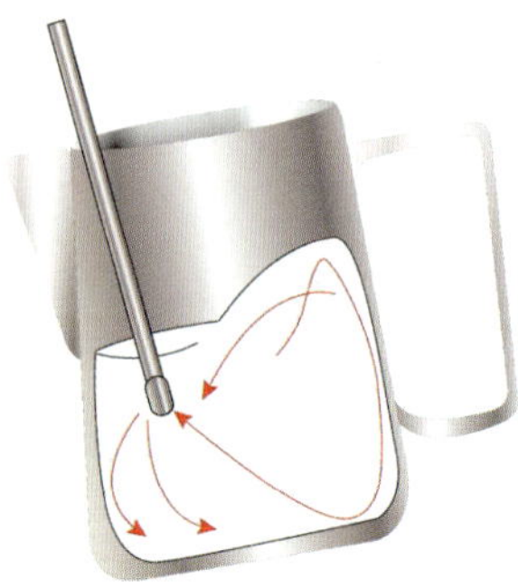

혼합 및 안정화

스팀노즐을 벽면 쪽으로 이동시켜 스팀의 힘으로 회전시켜서 공기 주입 시 발생한 거칠고 큰 기포를 혼합하고 위로 떠오른 작은 거품의 밀도를 높여 고운 거품으로 만들어준다. 안정화 과정을 통해 우유 표면이 보다 매끄럽고 부드러운 벨벳 거품이 형성되도록 한다. 손의 감각, 혹은 온도계를 통해 약 65~70℃ 정도가 되면 스티밍을 멈추고 70℃를 넘어가면 우유가 끓어 비린내가 나고 거친 막이 형성됨으로 주의한다.

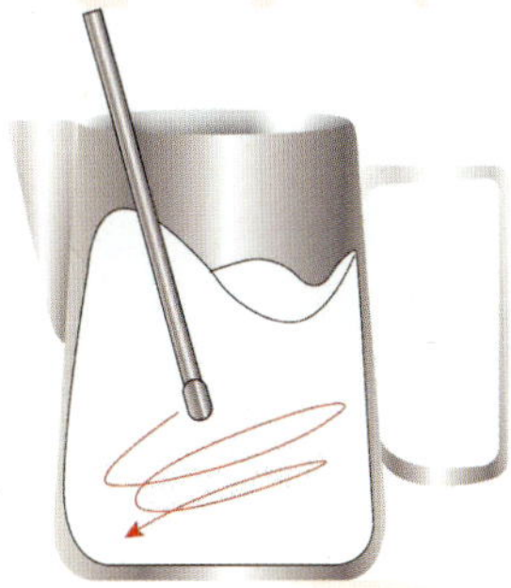

스팀노즐 청소

스팀노즐 관리는 사용 직후 바로 이루어지지 않으면 다음 사용시 스팀밀크의 맛에 나쁜 영향을 미치므로 반드시 밸브를 재작동시켜 노즐 안에 남아있는 우유를 제거해 주고, 스팀 봉 겉에 묻어 있는 우유가 마르기 전에 젖은 행주로 닦아주어 청결을 유지한다. 또한 스팀에 사용하는 행주는 스팀 전용으로 준비해 두고 사용하며, 항상 깨끗한 상태로 유지하여 위생과 청결에 주의하여야한다.

벨벳밀크의Velvet-Milk 조건

벨벳밀크란 폼밀크Foam-Milk 혹은 '마이크로 버블'의 의미로 '우유의 밀도가 벨벳처럼 곱다'하여 붙여진 이름이다. 이탈리아에서는 벨루토Velluto라 불리는데, 벨벳은 이탈리아 벨루티Velluti가(家)의 별명에서 유래되었다. 에스프레소의 크레마도 벨벳에 비유되기 때문에 고운 우유 벨벳과 에스프레소 벨벳의 조화는 사람들로 하여금 카푸치노의 매력에 더욱 빠져들게 하는 중요한 요소이다. 벨벳밀크는 미세한 우유거품이 입안에 풍부한 농도를 제공해주기 때문에 음료에 식감을 갖게 한다. 그렇기 때문에 부드러워야 하며 우유와 거품의 혼합이 안정적으로 밀도가 좋아야 한다. 우유가 가장 맛있는 온도는 에스프레소의 온도와도 비슷해서 60~70℃의 고소하고 풍부한 우유거품과 진하고 부드러운 크레마를 품은 에스프레소가 만나야 훌륭한 카푸치노를 만들 수 있다. 공

기를 포함한 우유는 가볍기 때문에 2차 혼합과정에서 피처 상부에 거칠거나 마른 거품을 윤기 있게 골고루 회오리를 만들어 주는 작업이 매우 중요하다. 벨벳밀크는 흔들었을 때 거품과 분리되지 않고 우유와 함께 광택 있게 찰랑거리며, 매끄러운 우유표면은 밀도가 높아 가볍지만 흐르지 않는다. 우유 속에 젖당은 적당한 온도의 스티밍 과정에서 단맛을 주므로 벨벳밀크에 가장 좋은 우유는 유지방 함량 3.5%의 살균우유이다. 저지방우유는 거품의 생성이 충분치 않을 수 있으니 좀 더 공기 주입을 늘리고, 고지방 우유의 경우 고운거품을 생성하기 어렵기 때문에 혼합에 신경 쓴다.

Coffee Barista

6.3 커피 스팀노즐 관리하기

1. 스티밍 후 밸브를 열어 스팀파이프 속에 남아 있는 우유를 제거할 수 있다.
2. 스티밍 후 스팀파이프 표면에 묻어 있는 우유를 제거할 수 있다.
3. 스팀노즐 팁을 분해하여 스팀파이프 안을 청소할 수 있다.

필요지식

01 스팀노즐 관리하기

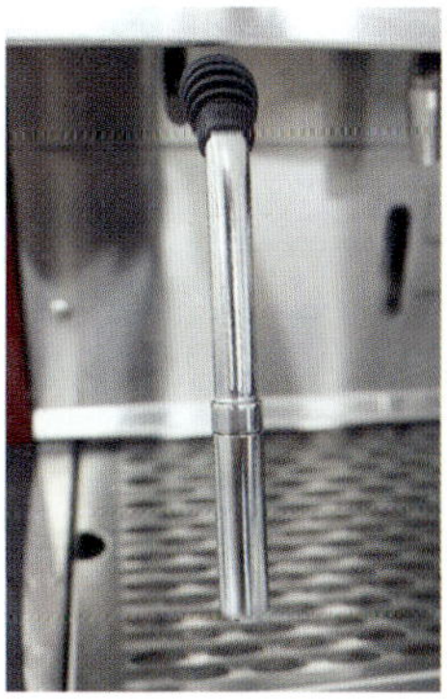

우유를 데우거나 거품을 만들 때 반드시 필요한 기구이므로 사용법과 관리법의 숙지가 필요하다. 스팀노즐의 구성과 청소방법 등은 이전 챕터를 통해 자세히 설명하였으나 스티밍 작업에 중요한 요소임으로 다시 한번 확인해보기로 한다.

스팀노즐Steam Nozzle의 선택

스팀노즐에서 나오는 수증기가 공기를 끌어들이며 우유 거품을 만들기 때문에 우유의 사용량에 따라 분사구멍의 개수를 선택할 수 있다. 대개 3~5개로 이루어져 있고 600㎖의 용기를 사용할 때는 주로 3구가, 900~1200㎖를 사용할 경우에는 4구를 사용한다.

스팀노즐의 사용

스팀노즐에는 스팀이 식으면서 고인 물이 남아 있을 수 있다. 이 물을 빼주지 않고 그냥 사용하면 남아 있는 물이 우유에 섞이면서 농도를 흐리게 만든다. 따라서 우유거품을 만들기 전에 반드시 스팀밸브를 열어 물을 빼주어야 우유의 맛이 달라지는 현상을 예방할 수 있다. 밸브를 열어주는 시간은 약 1~2초 정도가 적당하며, 이때 행주로 스팀노즐을 감싸 물이 튀는 것을 방지한다. 스팀노즐의 청결을 위해 사용 후에는 반드시 스팀밸브를 열어 남은 우유가 노즐 안쪽에 남아 있지 않도록 잔여물을 제거한다. 남은 우유를 신속히 제거하지 않으면 우유의 단백질 성분에 의해 응고되어 스팀이 약해질 수 있다. 스팀 노즐 외부에 묻은 우유는 젖은 행주를 사용하여 닦아주고 행주 관리도 철저히 해야 한다.

스팀노즐 관리

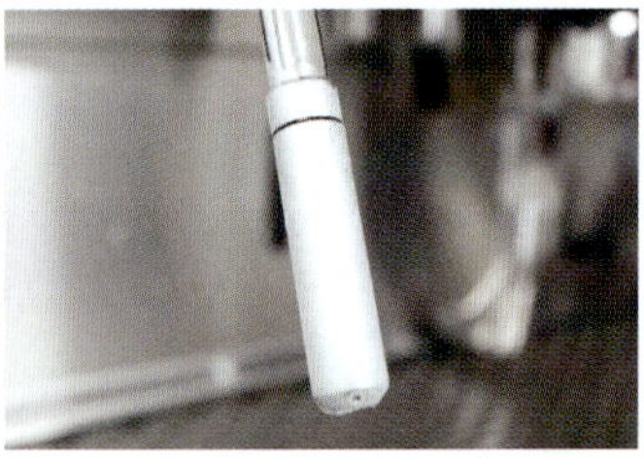

스팀노즐은 우유에 직접 담궈 사용하기 때문에 항상 청결한 상태로 유지해야 한다. 따라서 사용 전 스팀밸브를 열어주어 응축수를 제거하고, 사용 후 스팀밸브를 열어 스팀완드 안의 청결을 유지하는 것이 좋다. 사용 할 때마다 이런 작업을 반복하더라도 스팀완드 끝에 있는 팁 안에는 우유 찌꺼기가 남아 있을 수 있다. 머신은 늘 따뜻함을 유지하고 있기 때문에 우유 찌꺼기가 상해 좋지 않은 영향을 끼치지 않도록 매일 업장 마감청소 시 분해하여 노즐 안쪽과 팁 구멍 안까지 깨끗하게 청소한다.

출제예상문제

01. 커피의 음료로 사용되는 우유의 특징이 아닌 것은?

① 커피의 칼슘 흡수를 배가 되도록 도와준다.
② 우유는 칼슘 함량과 흡수율이 높다.
③ 에스프레소 베리에이션음료와 최상의 궁합이다.
④ 커피에 우유를 넣어 마시면 상호 보완적인 역할을 한다.

해설 커피는 칼슘의 흡수를 방해한다는 단점이 있다.

02. 일반적으로 커피 음료 제조에 많이 사용하는 우유는?

① 지지방 우유 ② 멸균 우유
③ 유지방 살균 우유 ④ 분유

해설 저지방 우유는 유지방 함량을 낮춰 다이어트 음료 제조에 사용하며, 일반우유보다 거품 보유력이 떨어진다. 멸균 우유는 우유를 장기간 보존이 가능하며, 거품 만드는 작업은 어렵지 않으나 우유의 맛과 향이 강해서 커피의 향미를 떨어뜨리기 때문에 베리에이션용으로 사용하기에 부적합하다. 유지방 살균 우유는 병원균은 전혀 존재하지 않지만 젖산균이나 무해한 균의 일부가 남아 있도록 처리한 우유로 일반적으로 커피 음료 제조에 많이 사용한다.

03. 스팀 피처의 재질이 스테인리스인 이유로 잘못된 것은?

① 열전도율이 높아 안정된 우유 거품을 만들기에 용이하다.
② 다른 재료에 비해 깨지거나 변형될 염려가 적다.
③ 우유가 받을 열을 스테인리스 용기가 흡수해 배출해 준다.
④ 스테인리스 용기가 흡수한 열 때문에 우유를 빠르게 데워준다.

해설 우유가 받을 열을 스테인리스 용기가 흡수해 배출함으로써 우유가 데워지는 속도를 늦춰 고운 거품을 낼 수 있다.

04. 스티밍 과정 중 에스프레소 온도와 조화를 이루는 우유의 적정 온도는?

① 50~60℃ ② 60~70℃
③ 70~80℃ ④ 80~90℃

05. 머신을 이용하여 밀크 스티밍 시 유의할 점으로 맞는 것은?

① 처음 스팀 노즐은 깊게 담그는 것이 공기의 유입을 최대화 할 수 있다.
② 스팀피쳐의 온도는 항상 따뜻하게 유지한다.
③ 스팀직전 스팀밸브를 열어 1~2초간 응축수를 배출 시킬 수 있도록 한다.
④ 우유의 온도는 70℃ 이상 올라갈 수 있도록 데워준다.

06. 우유 거품을 만드는데 중요한 요소는?

① 단백질과 지방 ② 지방과 칼슘
③ 칼슘과 글로불린 ④ 글로불린과 단백질

07. 우유의 좋은 거품을 형성하기 위한 유리한 조건이 아닌 것은?

① 신선한 상태의 우유를 사용한다. ② 차가운 상태의 우유를 사용한다.
③ 일반우유를 사용한다. ④ 저지방우유를 사용한다.

해설 좋은 거품을 형성하기 위해서는 신선하고 차가운 상태의 우유를 사용하는 것이 좋으며, 저지방우유보다는 일반우유가 거품을 형성하는데 유리하다.

08. 다음 우유의 성분 중 칼슘의 흡수를 도와주는 물질은 무엇인가?

① 무기질 ② 지방
③ 유당 ④ 칼슘

09. 우유의 거품 내는 순서로 맞는 것은?

① 응축수제거 - 스팀압력확인 - 혼합 - 공기주입 - 스팀노즐청소
② 공기주입 - 스팀압력확인 - 응축수제거 - 혼합 - 스팀노즐청소
③ 스팀압력확인 - 응축수제거 - 공기주입 - 혼합 - 스팀노즐청소
④ 혼합 - 스팀압력확인 - 공기주입 - 응축수제거 - 스팀노즐청소

10. 벨벳밀크의 조건이 아닌 것은?

① 벨벳밀크는 흔들었을 때 거품과 분리가 되지 않아야 한다.
② 벨벳밀크는 표면이 매끄럽고 가볍지만 흐르지 않아야 한다.
③ 벨벳밀크는 부드러워야 하며 우유와 거품의 혼합이 안정적이어야 한다.
④ 벨벳밀크는 멸균우유로 해야 고운 거품을 생성한다.

해설 우유 속에 젖당은 적당한 온도의 스티밍 과정에서 단맛을 주므로 벨벳밀크에 가장 좋은 우유는 유지방 함량 3.5%의 살균우유이다.

11. 우유를 데우거나 우유거품을 만드는데 사용하는 도구는?

① 스팀피처 ② 스팀노즐

③ 필터홀더 ④ 스팀완드

12. 스팀 노즐 관리로 틀린 것은?

① 항상 청결한 상태로 유지해야 한다.

② 사용 전 스팀밸브를 열어 응축수를 제거해야 한다.

③ 사용 후 스팀밸브를 열어 스팀완드 안의 청결을 유지해야 한다.

④ 스팀 노즐의 분리 청소는 일주일 간격으로 깨끗이 한다.

13. 스팀밸브를 열어 남은 우유가 노즐 안쪽에 남아있지 않도록 하는 것은 우유의 어떤 성분 때문인가?

① 단백질 ② 지방

③ 나트륨 ④ 칼슘

해설 스팀노즐의 청결을 위해 사용 후에는 반드시 스팀밸브를 열어 남은 우유가 노즐 안쪽에 남아 있지 않도록 잔여물을 제거한다. 남은 우유를 신속히 제거하지 않으면 우유의 단백질 성분에 의해 응고되어 스팀이 약해질 수 있다.

14. 우유를 데울 때 에스프레소 머신의 스팀압력으로 가장 적당한 것은?

① 0.1~0.5bar ② 0.5~1.0bar

③ 1.0~1.5bar ④ 1.5~2.0bar

15. 우유에서 카제인을 함유하고 있는 성분은?

① 지방 ② 단백질

③ 유당 ④ 젖당

16. 단백질은 열에 불안정한 물질로 몇 ℃에서 변성이 일어나는가?

① 10℃ ② 20℃

③ 30℃　　④ 40℃

17. 우유를 데우기 전 스팀노즐에서 스팀을 빼주는 이유로 알맞지 않은 것은 무엇인가?

① 응축수를 제거하기 위해서
② 원활한 스팀배출을 확인하기 위해서
③ 이물질을 제거하기 위해서
④ 우유의 농도를 짙게하기 위해서

18. 다음 (　　)안에 알맞은 말은?

> 스티밍 과정에서 (ⓐ) 이 공기를 흡착시키고, (ⓑ) 이 (ⓒ)과 (ⓓ)를 감싸는 구조이다.

① ⓐ 단백질　ⓑ 지방　ⓒ 단백질　ⓓ 공기
② ⓐ 지방　ⓑ 글로불린　ⓒ 단백질　ⓓ 공기
③ ⓐ 지방　ⓑ 단백질　ⓒ 지방　ⓓ 공기
④ ⓐ 단백질　ⓑ 지방　ⓒ 글로불린　ⓓ 공기

19. 맛과 향이 강해서 베리에이션용으로 사용하기에 부적합한 우유는?

① 저지방우유　　② 멸균우유
③ 일반우유　　④ 유지방 살균우유

20. 우유의 단백질로 유즙의 주 성분이며 우리가 흔히 먹는 치즈의 원료이기도 한 이 물질은 무엇인가?

① 칼륨　　② 카제인
③ 젖당　　④ 지방

정답

01	①	02	③	03	④	04	②	05	③	06	①	07	④	08	③
09	③	10	④	11	①	12	④	13	①	14	③	15	②	16	④
17	④	18	③	19	②	20	②								

Chapter 07

에스프레소 커피음료 제조

7.1 에스프레소 음료 만들기

Coffee Barista

1. 커피 추출량을 조정하여 리스트레또를 만들 수 있다.
2. 커피 추출량을 조정하여 에스프레소를 만들 수 있다.
3. 커피 추출량을 조정하여 룽고를 만들 수 있다.
4. 리스트레또, 에스프레소, 룽고의 도피오를 만들 수 있다.
5. 추출된 기본 에스프레소 커피에 얼음을 첨가하여 아이스 에스프레소 커피를 만들 수 있다.

필요지식

01 에스프레소 기본 메뉴

커피메뉴를 구성하는 가장 기본은 에스프레소이다. 에스프레소는 높은 압력에 의해 빠르게 뽑아낸 커피 농축액이라 할 수 있다. 이 진한 커피액에 무엇을 첨가 하느냐에 따라 다양한 메뉴가 탄생하는 것이다. 에스프레소는 추출 시간과 양에 따라 리스트레또ristretto, 룽고lungo, 도피오doppio로 나뉜다. 간단한 변수를 통해 손님이 원하는 맛의 포인트를 살려줄 수 있기 때문에 그 개념과 차이를 잘 이해하고 응용한다면 훌륭한 메뉴를 더할 수 있다.

에스프레소Espresso

이탈리아에서 커피는 바로 에스프레소를 말한다. 커피의 가장 기본이며 바리스타가 메뉴를 구성함에 있어 모든 추출의 시작이 된다. 에스프레소는 1온스(25~30ml)의 양을 지름 50~60mm잔에 담아 물과 우유 30ml, 설탕 5g을 같이 제공한다. 온도는 65~70℃ 정도가 좋다. 서버할 때 에스프레소용 티스푼을 잔 받침 위에 손잡이 방향과 일치하게 놓고 손님의 오른쪽에 손잡이가 놓이도록 한다. 에스프레소는 가늘게 분쇄한 원두 7~9g을 포터필터에 담아 탬핑하여 약 25~30초 사이에 25~30㎖를 추출하는데 이때 크레마crema라고 하는 갈색의 층이 생긴다. 향미를 가진 오일 성분이 위에서 막을 형성해 커피가 빨리 식는 것을 방지하고 향이 날라가지 않도록 하는 역할을 한다. 크레마의 색과 향, 맛을 통해 추출상태를 평가할 수 있다. 이탈리아에서는 커피에 레몬 껍질 또는 레몬즙을 첨가하여 음식을 먹을 때 함께 마시는 카페 로마노Cafe Romano라는 메뉴가 있다.

리스트레또Ristretto

리스트레또는 '농축하다, 짧다'라는 이탈리아어로 기본이 되는 에스프레소보다 추출 시간을 짧게 하여 커피의 가장 맛있는 부분만 추출하여 더 강한 향미를 느낄 수 있는 커피이다. 작지만 훌륭하다는 의미의 '포코마 부오노pocoma buono'라 불리며 진한 커피를 즐기는 이탈리아인들에게 인기가 많은 메뉴이다. 포터필터에 곱게 분쇄한 원두가루를 7~9g 담고 탬핑한 후 20~25초 사이에 15~20㎖를 추출한다. 보통 추출이 시작되면 커피의 농도는 점점 진해지다 다시 연해지는데 리스트레또는 농도가 가장 진한 시점에서 추출을 멈추기 때문에 가장 농후하면서도 아주 부드러운 맛을 갖게 된다.

룽고Lungo

'길다long(롱)'의 뜻을 가진 이탈리아어로 추출시간을 길게 함으로써 연하고 쓴맛이 강조된 커피를 즐길 수 있다. 에스프레소용 보다 약간 굵게 분쇄하여 7~9g의 원두를 포터필터에 담아 약 30~35초 동안 35~40㎖의 커피를 추출한다. 길게 추출한 에스프레소를 말한다. 맛이 에스프레소보다 연하고 씁싸름한 맛을 느낄 수 있어 이후 아메리카노에 응용되기도 했다.

에스프레소의 종류별 특징

종류	리스트레또	에스프레소	룽고
용량	15~20㎖	25~30㎖	35~40㎖
맛	신맛이 강하고 진하다.	신맛, 단맛, 쓴맛이 조화롭다.	쓴맛이 강하고 비교적 연하다.

도피오Dopio

도피오는 '두 배Double(더블)'라는 의미의 이탈리아어로 조건을 동일하게 추출한 것의 양적인 두 배 개념이기 때문에 에스프레소, 리스트레또, 룽고 모두 동일하다. 에스프레소 더블의 경우 14g의 분쇄커피를 한잔에 받아 50~60*ml* 제공하기 때문에 한잔이 부족한 사람들을 위한 메뉴라 하겠다. 아이스메뉴에 사용하여 맛을 강화하기도 한다. 도피오는 분쇄입도를 굵게 하여 추출양을 늘리는 룽고와 달리 에스프레소와 동일한 분쇄입자와 조건으로 추출하기 때문에 농도에 차이가 없다.

리스트레또 도피오

20~25초 사이에 2잔(30~40*ml*)의 리스트레또를 한잔에 추출한다.

에스프레소 도피오

25~30초 사이에 2잔(50~60*ml*)의 에스프레소를 한잔에 추출한다.

룽고 도피오

30~35초 사이에 2잔(70~80*ml*)의 룽고를 한잔에 추출한다.

아이스 에스프레소Ice Espresso

믹싱틴이나 믹싱글라스에 얼음을 담고 그 위에 샷을 부어 시원하게 마시는 메뉴이다. 뜨거운 샷을 얼음에 붓기 때문에 기본적으로 2샷을 이용해 재빨리 셰이킹Shaking하여 급랭시키는 것이 중요하다. 셰이킹을 빠르고 힘차게 해 주어야 공기가 많이 혼합된 부드러운 거품이 생긴다. 셰이커를 이용하기 때문에 '샤커레토Shakerretto'라 부르기도 한다. 커피의 진한 향과 부드러운 거품을 함께 즐길 수 있으며, 셰이커를 이용하지 않고 그냥 얼음을 넣어 만드는 방법도 있다. 커피를 차게 만들 때는 신맛이 더 강하게 느껴지기 때문에 시럽을 약간 첨가하면 풍미가 살아나 기분 좋은 쓴맛과 쌉싸래한 맛을 더 잘 느낄 수 있다.

7.2 에스프레소 커피음료 만들기

Coffee Barista

1. 에스프레소에 물을 첨가하여 아메리카노를 만들 수 있다.
2. 에스프레소에 우유를 첨가하여 카페라떼를 만들 수 있다.
3. 에스프레소에 우유와 우유거품을 첨가하여 카푸치노를 만들 수 있다.
4. 에스프레소에 우유거품을 첨가하여 카페마끼아또를 만들 수 있다.
5. 에스프레소에 우유와 우유거품을 첨가하여 라떼마끼아또를 만들 수 있다.
6. 얼음을 첨가하여 각 아이스 음료를 만들 수 있다.
7. 에스프레소 추출 이외의 다양한 기구를 통해 추출한 커피를 활용하여 커피음료를 만들 수 있다.

필요지식

01 HOT 커피메뉴

카페 아메리카노 Caffe Americano

에스프레소에 뜨거운 물을 첨가하여 묽게 희석한 커피로 미국에서 '커피'라고 하면 바로 이 아메리카노를 말한다. 에스프레소의 향은 즐기되 농도를 떨어뜨려 부드럽게 마시기 때문에 아침식사에 베이글, 머핀, 쿠키 등과 함께 마신다. 에스프레소와 뜨거운 물을 1 : 2 정도의 비율로 희석하지만 기호에 따라 물 넣는 양은 조절된다. 150~180*ml* 잔을 이용하며, 각종 향 시럽을 첨가하거나 리스트레또, 룽고, 도피오 등으로 농도를 조절하여 다양하게 즐길 수 있다.

준비물 에스프레소 1shot, 뜨거운물 150㎖

만들기
① 잔 데우기
② 뜨거운 물을 잔에 담는다.
③ 추출한 에스프레소를 잔에 붓는다.

카페라떼Caffe Latte

에스프레소Caffe와 우유Latte의 합성어로 300~360㎖ 잔에 샷과 70℃ 정도로 데운 우유를 넣어 우유의 부드럽고 고소한 맛을 살린 커피이다. 에스프레소와 우유의 비율은 1 : 3 또는 1 : 4 정도로 1 : 1의 비율을 갖는 까페오레cafe au lait와 차이가 있다. 우유의 영양가가 커피와 상호보완하여 아침 식사대용으로도 많이 마시는 메뉴이다.

준비물 에스프레소 1shot, 스팀밀크 150~200㎖

만들기
① 잔 데우기
② 에스프레소 추출
③ 추출한 에스프레소 위에 부드러운 스팀밀크를 잘 섞어서 붓는다.

카푸치노Caffe Cappuccino

카푸치노라는 명칭은 진한 갈색의 거품 위에 우유거품을 얹은 모습이 이탈리아 프란체스코회에 카푸친 수도회 수도사들이 머리를 감추기 위해 쓴 '카푸초'와 닮았다고 하여 카푸치노라고 이름이 붙여졌다는 설이 있다. 독일어로 카푸치너kapuziner라고 하며, 토스카나 지방에서는 캅푸쵸cappuccio라고 한다. 처음 카푸치노를 만들어 먹을 때에는 계핏가루나 초콜릿 가루를 뿌려먹지 않았으나 현재는 카푸치노 위에 기호에 따라 계핏가루나 초콜릿 가루를 뿌려 먹거나 레몬이나 오렌지의 껍질을 갈아서 얹기도 한다.
에스프레소와 우유, 우유거품이 높이 기준 1 : 1 : 1, 양 기준 1 : 2 : 3의 비율로 들어간다. 우유와 우유거품이 분리되지 않고 잘 섞여야 부드럽고 진한 맛을 제대로 느낄 수 있다. 150~180㎖의 잔을 주로 사용하고 에스프레소의 갈색과 우유거품의 흰색이 잘 조화 되도록 거품을 올려주고 최소 1cm 이상은 덮일 수 있도록 한다.

준비물 에스프레소 1shot, 스팀밀크 100~150㎖

만들기
① 잔 데우기
② 에스프레소 추출
③ 에스프레소 위에 스팀밀크를 우유와 거품을 잘 섞어서 붓는다.
④ 기호에 따라 쵸코파우더나 시나몬파우더를 뿌려준다.

에스프레소 마끼아또Espresso Macchiato

진한 에스프레소를 부드럽게 즐기는 이탈리아 정통 커피 메뉴로 '점을 찍다', '얼룩진'이라는 마키아또Macchiato 이름처럼 에스프레소에 우유거품을 2~3스푼 올려 둥근 모양을 만들어주는 것이 포인트이다. 이탈리아에서는 에스프레소 잔에 우유 거품만 첨가하여 에스프레소 본연의 맛을 강조하는 반면 국내에서는 우유와 거품의 양을 늘려 부드러운 맛을 살린다. 기호에 따라 캐러멜 시럽을 이용한 캐러멜 마키아또Caramel Macchiato, 우유를 좀 더 첨가한 라테 마키아또Latte Macchiato 등의 메뉴가 있다.

준비물 에스프레소 1shot, 스팀밀크 40㎖

만들기
① 잔 데우기
② 에스프레소 추출
③ 추출한 에스프레소 위에 부드러운 우유거품을 얹는다.

라떼 마끼아또Latte Macchiato

에스프레소에 우유거품으로 점을 찍는 에스프레소 마끼아또와 반대로 우유에 에스프레소를 부어서 부드러운 맛을 살린 커피 메뉴이다. 200~250㎖의 손잡이가 있는 유리잔에 먼저 우유 1/2과 설탕시럽 15~20㎖을 섞어준 후 나머지 우유를 부어 우유와 우유거품이 분리될 시간을 준다. 마지막에 에스프레소를 잔 가운데 부어 마무리 한다. 우유의 흰 색에 갈색 커피 점을 찍고 우유와 우유 거품 사이로 커피 층을 내는 모양이 포인트이다. 라테 마끼아또를 맛있게 즐기려면 젓지 않고 그냥 마셔 우유와 우유거품, 에스프레소, 시럽을 입안에서 혼합시킨다. 설탕시럽 대신에 캐러멜, 헤이즐럿, 딸기, 바닐라, 아이리쉬 등 여러 시럽을 첨가할 수 있다.

준비물 에스프레소 1shot, 스팀밀크 100~150㎖, 시럽 10㎖

만들기
① 잔 데우기
② 잔에 시럽을 넣은 스팀밀크를 따른다.
③ 에스프레소 추출
④ 우유가 담긴 잔 정 중앙에 에스프레소를 따른다.

02 ICE 커피메뉴

아이스 에스프레소Iced Espresso / 샤케레토Shkerratto

얼음과 설탕, 에스프레소를 믹싱틴과 믹싱볼을 이용하여 충분히 셰이킹 한 후 에스프레소와 에스프레소의 거품을 즐기는 커피로 이탈리아어로 '흔들다'라는 뜻을 가지고 있다. 칵테일 잔을 이용해 커피와 크레마 거품층의 선명함을 보여줄 수 있다.

준비물 에스프레소 2oz, 설탕시럽 15㎖, 물 200㎖, 얼음

만들기
① 믹싱틴과 믹싱볼을 준비하고 믹싱틴에 얼음을 7부 정도 담는다.
② 에스프레소 2잔을 추출한다. 그리고 찬물과 설탕시럽을 준비한다.
③ 얼음이 담긴 믹싱볼에 설탕시럽 15㎖ 를 붓고 에스프레소 2잔과 찬물을 첨가한다.
④ 믹싱볼을 결합하고 천천히 흔들면 거친 거품이 생기므로

곱게 만들기 위해 빠르게 흔들어 준다. 약 10번 정도를 흔들면 된다. 다 만들어지면 믹싱틴과 믹싱볼을 분리하여 테이블에 두드리고 돌려주기를 반복하면 아주 고운 거품이 만들어진다.

⑤ 준비된 아이스 잔을 약간 기울인 상태에서 믹싱틴을 흔들면서 얼음과 같이 부어주면 된다.

아이스 아메리카노Iced Americano

샷을 얼음에 부어 급속 냉각시킴으로써 시원하게 즐길 수 있는 아메리카노이다. 얼음이 들어가기 때문에 아이스메뉴는 샷의 농도를 진하게 하거나 양을 늘리는 것이 좋다.

준비물 에스프레소 1oz, 물, 얼음

만들기 ① 400~450㎖의 아이스 아메리카노잔에 얼음을 가득 담는다.

② 스테인레스 시럽볼을 이용해서 에스프레소를 추출한다.

③ 얼음이 채워진 아이스 잔에 에스프레소를 붓는다. 에스프레소를 부을 때는 얼음 위에 직접 부어 급속냉각시킴으로써 맛과 향의 변화를 최소화한다. 잔에 9부가 되도록 찬물을 부어준다.

아이스 카페라떼Iced Caffe Latte

아이스 카페라테를 만들 때 우유의 고소한 맛을 살리고 얼음이 녹는 것을 방지하기 위해 샷을 먼저 붓고 우유를 채우는 경우와, 시각적 효과를 살리기 위해 우유를 먼저 채우고 나중에 샷을 부어 그라데이션 효과를 주는 방법이 있다.

준비물 에스프레소 1oz, 차가운 우유, 얼음

만들기 ① 400~450㎖의 아이스 카페라테 잔에 얼음을 가득 담는다.

② 스테인레스 시럽볼을 이용해서 에스프레소를 추출한다. 에스프레소와 찬 우유 200㎖를 준비한 상태에서 혼합한다. 먼저 우유를 준비된 잔에 8부 정도가 되게 붓는다. 우유를 부은 다음 에스프레소를 얼음 위에 부어준다.
③ 완성되면 설탕시럽, 물, 스트로우, 롱 스푼과 같이 제공한다.

아이스 카푸치노 Iced Cappuccino

시원하게 카푸치노를 즐기기 위해 우유거품을 너무 뜨겁지 않게 만드는 것이 관건이다. 우유거품기를 이용할 경우 풍부한 거품을 얻기에 용의하나 거친 거품이 생성되므로 수저로 잘 저어 올려준다. 스팀을 이용해 거품을 얻을 경우 공기주입 및 혼합시간을 반으로 줄여야 미지근한 온도를 유지할 수 있기 때문에 각별히 주의 한다. 더운 우유가 들어가면 아이스 음료의 청량감이 떨어지므로 큰 스푼을 이용해 잔에 9부 정도가 올라가도록 떠 넣는다. 기호에 따라 초콜릿 가루나 시나몬가루를 뿌려서 마신다.

준비물 에스프레소 2oz, 차가운 우유, 얼음, 우유거품

만들기
① 아이스 카푸치노 잔에 얼음을 8부 정도 담는다.
② 에스프레소는 2잔을 추출한다.
③ 아이스 카푸치노 잔에 찬 우유 100㎖를 반 정도가 되게 붓는다.
④ 곱게 만들어진 우유거품을 큰 스푼을 이용해서 잔에 9부 정도가 되도록 담는다.
⑤ 우유와 우유거품이 준비된 잔 위에 에스프레소를 부어준다.

7.3 응용 에스프레소 커피음료 만들기

Coffee Barista

1. 시럽을 첨가하여 응용 에스프레소 커피음료를 만들 수 있다.
2. 소스를 첨가하여 응용 에스프레소 커피음료를 만들 수 있다.
3. 파우더를 첨가하여 응용 에스프레소 커피음료를 만들 수 있다.
4. 휘핑크림을 첨가하여 응용 에스프레소 커피음료를 만들 수 있다.
5. 주류를 첨가하여 응용 에스프레소 커피음료를 만들 수 있다.
6. 얼음을 첨가하여 각 아이스 에스프레소 커피음료를 만들 수 있다.
7. 에스프레소 추출 이외의 다양한 기구를 통해 추출한 커피를 활용하여 응용 커피음료를 만들 수 있다.

필요지식

01 HOT 커피메뉴

콘파냐Con Panna

콘파냐는 이탈리아어로 '~을 넣은'이라는 의미의 콘Con과, '생크림'을 뜻하는 파냐Panna라는 뜻을 가지고 있다. 에스프레소에 부드럽게 휘핑한 생크림이나 가스 휘핑기를 이용한 묵직한 크림을 올려 주어 진한 에스프레소와 차갑고 달콤한 크림을 함께 즐길 수 있다. 에스프레소 잔에 제공되기 때문에 생크림을 올릴 때 커피가 솟아오르지 않도록 주의한다. 기호에 따라 우유를 첨가하거나 설탕, 시럽, 다양한 토핑으로 마무리한다.

준비물 에스프레소 1oz, 휘핑크림

만들기
① 잔 데우기
② 에스프레소 1잔을 추출한다.
③ 휘핑크림을 올린다.

카페 비엔나Caffe Vienna

에스프레소 위에 크림을 올린 콘파냐와 달리 아메리카노 위에 휘핑크림을 듬뿍 얹어 달콤한 크림과 쌉싸름한 커피의 독특한 조화를 느낄 수 있는 메뉴이다. 오스트리아 빈(비엔나)에는 '한 마리 말이 끄는 마차'라는 뜻의 아인슈페너Kaffee Einspanner라는 메뉴가 있는데, 카페 비엔나가 오스트리아의 교통수단이었던 마차의 마부들이 설탕을 젓지 않아도 한 손을 이용해 마실 수 있도록 고안해 낸 커피라는 설이 있어 아마도 이 메뉴가 카페 비엔나로 불리게 된 것이 아닌가 짐작한다. 300년이 넘는 긴 역사를 지닌 카페 비엔나는 뜨거운 커피와 부드러운 크림, 시간이 지날수록 진해지는 단맛이 어우러져 한잔에 3가지 맛을 즐길 수 있다. 기호에 따라 물 대신 데운 우유를 넣거나 설탕을 뿌려준다.

준비물 에스프레소 1oz, 휘핑크림, 뜨거운 물

만들기
① 잔 데우기
② 에스프레소 1잔을 추출한다.
③ 뜨거운 물에 에스프레소 1잔을 넣는다.
④ 휘핑크림을 올린다.

카페 모카Caffe Mocha

초콜릿과 커피의 환상적인 조합에 부드러운 우유의 맛이 더해져 단맛이 강조되는 커피이다. 예멘의 모카커피에서 영감을 얻어 에스프레소에 초콜릿 시럽이나 초콜릿 가루를 넣어 인위적으로 초콜릿 맛을 강조하여 크림을 올려준다. 에스프레소와 우유는 1 : 3 정도의 비율로 섞고 휘핑크림을 올려 초코소스로 마무리 한다. 땅콩가루나 슬라이스 아몬드를 토핑하거나 초콜릿을 분쇄하여 넣어주어 씹는 맛을 더하기도 한다. 크림은 부드러운 것과 묵직한 것 모두 사용하지만 농도에 의해 따뜻한 커피는 부드러운 크림을, 아이스 메뉴에는 묵직한 크림을 배치하는 것이 이상적이다.

준비물 에스프레소 1oz, 휘핑크림, 스팀우유, 초코소스

만들기
① 잔 데우기
② 에스프레소 1잔을 추출한다.
③ 잔에 초코소스 1펌프를 넣고 에스프레소를 붓는다.
④ 초코가 녹게 잘 젓는다.
⑤ 데운 우유를 넣는다.
⑥ 휘핑크림을 올리고 초코 소스로 모양을 낸다.

캐러멜 마키아또Caramel Macchiato

카페모카와 함께 단맛을 좋아하는 손님에게 커피 전문점의 인기 메뉴 중 하나이다. 마끼아또의 변형으로 에스프레소에 은은한 캐러멜의 향과 진한 커피에 우유거품으로 살짝 점을 찍는 느낌으로 2~3스푼 정도 올려준다. 캐러멜소스가 너무 달거나 우유가 많으면 커피 맛을 덮을 수 있기 때문에 샷의 농도를 진하게 하고 소스와 우유의 양 조절에 유의해야 한다.

준비물 에스프레소 1oz, 휘핑크림, 캐러멜소스, 스팀우유

만들기
① 잔 데우기
② 에스프레소 1잔을 추출한다.
③ 캐러멜소스 1펌프를 넣고 에스프레소를 붓는다.
④ 캐러멜이 잘 녹게 젓는다.
⑤ 데운 우유를 넣는다.
⑥ 거품을 올리고 캐러멜소스로 모양을 낸다.

모카치노Mochaccino

에스프레소와 초코소스를 혼합해 부드러운 거품을 올린 커피로 달콤한 초코소스와 두꺼운 우유 거품이 조화롭다. 이탈리아어의 'ccino'는 영어의 'like/~처럼'이라는 뜻이다. 즉, 카페모카 처럼 만들되 휘핑크림이 카푸치노 형태이다.

준비물 에스프레소 1oz, 휘핑크림, 스팀우유, 초코소스

만들기 ① 잔 데우기
② 에스프레소 1잔을 추출한다.
③ 잔에 초코소스 1펌프를 넣고 에스프레소를 붓는다.
④ 초코가 녹게 충분히 젓는다.
⑤ 데운 우유를 넣는다.
⑥ 거품을 올리고 시나몬파우더나 초코파우더를 뿌린다.

02 ICE 커피메뉴

아이스 카페 비엔나Iced Caffe Vienna

시원한 아이스 아메리카노 위에 묵직하고 달콤한 휘핑크림을 올려 다른 느낌의 맛을 볼 수 있는 메뉴이다. 따뜻한 비엔나는 크림이 녹아 커피와 서로 섞이지만 아이스는 깔끔하게 나뉘어 있어 따로 마실 수도, 동시에 머금을 수도 있는 재미가 있다. 크림을 듬뿍 녹여 따뜻하게 마시는 것보다 한층 깔끔하고 부드러운 맛을 즐길 수 있다.

준비물 에스프레소 1oz, 휘핑크림, 물

만들기 ① 에스프레소 1잔을 추출한다.
② 잔에 얼음을 넣고 차가운 물을 담는다.
③ 에스프레소를 넣는다.
④ 잔의 벽을 따라 휘핑크림을 올린다.

아이스 카페 모카Iced caffe Mocha

카페 모카를 시원하게 즐기는 메뉴로 우유가 섞인 진한 농도의 에스프레소에 초코소스와 휘핑크림이 잘 어우러져 달콤하고 고소한 맛을 느낄 수 있는 커피이다. 달콤 쌉싸래한 초코 맛이 더운

날씨와 무척 어울리며, 집에서도 간단하게 만들어 마시는 방법으로는 집에 모카 포트가 없다면 에스프레소 대신 믹스 커피를 사용하면 된다. 믹스 커피로 만들 경우에는 전자레인지에 소량의 우유를 살짝 데운 다음 커피 믹스와 초코소스를 충분히 녹인다. 그리고 얼음을 가득 넣은 우유에 부어주면 아이스 카페모카가 완성된다.

준비물 에스프레소 1oz, 휘핑크림, 차가운우유, 초코소스

만들기
① 에스프레소 2잔을 추출한다.
② 에스프레소에 초코소스를 넣고 충분히 녹인다.
③ 얼음을 넣은 잔에 차가운 우유를 준비한다.
④ 초코와 에스프레소를 잔에 붓고 잘 섞이도록 충분히 저어준다.
⑤ 휘핑크림, 초코소스나 초코파우더를 올린다.

아이스 캐러멜 마키아또Iced Caramel Macchiato

캐러멜 마키아또를 차갑게 만든 커피로 에스프레소에 캐러멜 소스를 녹인 후 우유를 붓고 우유 거품으로 점을 찍는 메뉴이다. 기호에 따라 휘핑크림을 올리거나 캐러멜 소스를 장식으로 그릴 수 있고 시럽을 더해 좀 더 달게 마실 수 있다. 숙취가 있을 때 달콤한 꿀물 대신 해장용으로 마시면 좋다. 아이스메뉴는 우유, 커피, 우유 거품을 넣는 순서에 따라 자연스러운 그라데이션 효과를 줄 수 있어 상품으로써 가치가 높다. 또한 우유 거품위에 소스로 다양한 모양을 내는 '드리즐' 기법을 통해 더욱 화려하고 맛있는 음료가 된다.

준비물 에스프레소 1oz, 휘핑크림, 차가운우유, 캐러멜소스

만들기
① 에스프레소 2잔을 추출한다.
② 에스프레소에 캐러멜 소스를 넣고 충분히 녹인다.
③ 얼음을 넣은 잔에 차가운 우유를 준비한다.
④ 우유 거품을 스푼으로 떠서 올려준다.
⑤ 캐러멜소스와 에스프레소를 거품 가운데 부어준다.
⑥ 거품을 올리고 캐러멜 소스로 모양을 낸다.

카페 아포카토Caffe Affogatto

차가운 아이스크림에 진하게 추출된 뜨거운 에스프레소를 부어 먹는 이탈리아의 대표 디저트로 이탈리아에서는 전통 아이스크림인 젤라또와 함께 곁들이는데 유지방이 적어 쫄깃쫄깃한 식감 때문에 독특한 맛을 느낄 수 있다. 시중에 파는 어떤 아이스크림과도 잘 맞지만 바닐라 아이스크림이나 호두 아이스크림처럼 향이 강하지 않은 유지방 아이스크림이 잘 어울린다. 과거에는 생소한 메뉴였으나 최근에는 화려한 모양의 아포카토를 쉽게 만나 볼 수 있다.

준비물 에스프레소 2oz, 아이스크림, 토핑 견과류

만들기
① 에스프레소 2잔을 추출한다.
② 잔에 아이스크림을 떠 넣는다.
③ 견과류를 뿌린다.
④ 아이스크림 위에 에스프레소를 붓는다.

프라푸치노Frappuccino

프라푸치노는 프라페Frappe와 카푸치노Cappuccino의 합성어로 커피 전문점 스타벅스 메뉴로 만들어진 음료이다. 블렌더로 얼음과 우유를 함께 갈아서 만드는 음료이며 자연스럽게 거품이 형성되어 프라푸치노라는 이름이 붙여졌다. 현재는 대부분의 카페에서도 판매되는 메뉴이며, 커피가 아닌 다양한 메뉴들이 개발되어 다양한 소스, 시럽, 파우더 등의 재료를 이용하여 만들기도 한다.

준비물 에스프레소 2oz, 우유 100㎖, 얼음

만들기
① 에스프레소, 얼음, 우유를 넣는다.
② 블렌더로 갈아준다.

03 커피 칵테일

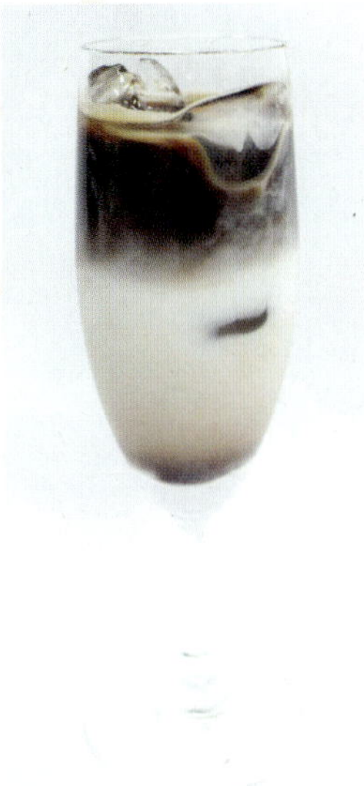

카페 깔루아Caffe Kahlua

깔루아는 테킬라, 커피, 설탕을 주성분으로 만드는 대표 커피 리큐르Liqueur이다. 커피에 깔루아를 넣어 달달하게 만드는 칵테일 커피로 우유와 커피, 깔루아의 농도 차를 이용해 플로어딩하면 보기 좋으며, 우유를 먼저 붓고 조심히 깔루아를 흘려 넣으면 층이 난다.

준비물 에스프레소 1oz, 깔루아, 우유

만들기
① 에스프레소 1잔을 추출한다.
② 얼음 잔에 우유 100㎖를 넣는다.
③ 깔루아 1온스를 넣는다.
④ 에스프레소를 넣는다.

아이리쉬 커피Caffe Irish

대표적인 에스프레소 칵테일로 몸을 따뜻하게 해주는 커피이다. 제2차 세계대전이 끝난 직후, 아일랜드의 국제공항에 위치한 한 술집 주인이 위스키를 커피에 타서 팔면서 유명해졌다. 브랜디를 기본으로 하나 부드러운 맛 때문에 베일리스 리큐르를 넣고 마지막에 브랜디를 올려 불을 붙이는 레시피가 여성들에게 인기가 있다. 셰이커로 고운 우유 형태의 크림을 만들어 올리거나 묵직한 휘핑크림을 올리기도 한다.

준비물 에스프레소 2oz, 아이스크림, 토핑 견과류

만들기
① 에스프레소 1잔을 추출한다.
② 잔을 빙 돌려가며 테두리에 레몬즙을 묻힌다.
③ 잔에 뜨거운 물 180㎖를 섞은 에스프레소를 붓는다.
④ 아이리시 위스키 15㎖를 넣는다.
⑤ 설탕을 조금 넣고 저어준다.
⑥ 휘핑크림을 올린다.

04 휘핑기

휘핑기 구성

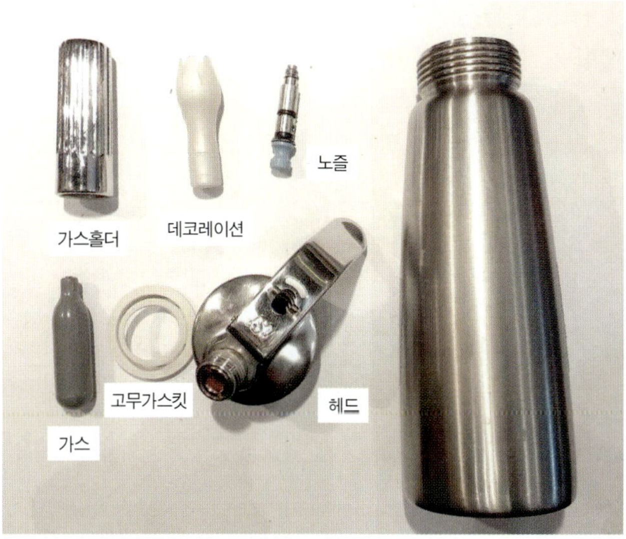

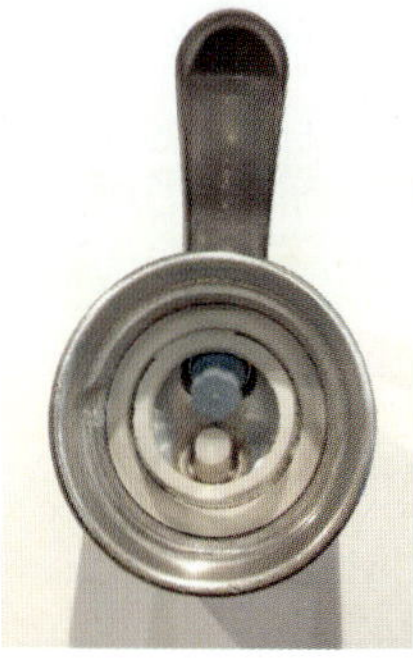

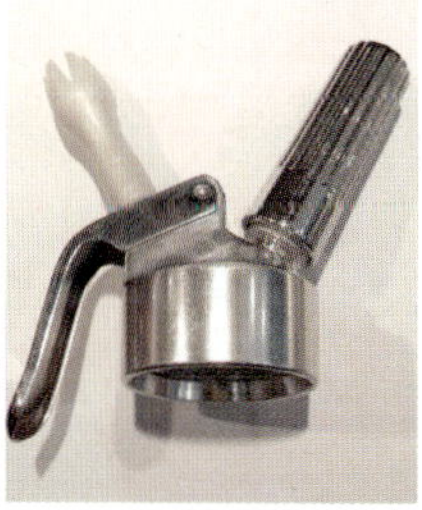

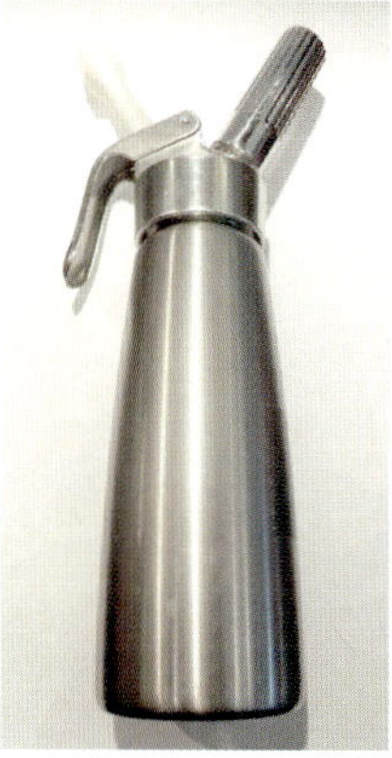

휘핑기 사용방법

1. 크림이 나오는 노즐을 헤드 안쪽으로 끼운다.
2. 헤드 윗부분으로 나온 노즐에 데코레이션을 끼운다.
3. 헤드 안쪽에 고무 가스킷을 끼운다.
4. 본체에 휘핑크림을 넣어준다. 단 2/3 이상 넘으면 크림이 샐 수 있으므로 넘기지 않는다.
5. 헤드를 본체에 돌려 꽉 닫아준다.
6. 가스홀더에 질소가스를 넣어준다.
7. 휘핑기를 거꾸로 한 상태에서 가스홀더를 연결하여 꽉 조여준다.
8. 휘핑기를 위아래로 출렁이는 느낌이 나지 않도록 흔들어준다.

7.4 라떼아트 만들기

Coffee Barista

1. 우유와 우유거품을 활용하여 하트를 만들 수 있다.
2. 우유와 우유거품을 활용하여 로제타를 만들 수 있다.
3. 우유와 우유거품을 활용하여 다양한 디자인의 라떼아트를 만들 수 있다.
4. 기구를 이용하여 라떼아트를 만들 수 있다.
5. 소스를 활용하여 라떼아트를 데코레이션 할 수 있다.

필요지식

01 라떼아트

라떼아트Latte Art는 곱게 데운 우유를 에스프레소 위에 부어 그림을 그려내는 기법이며 숙련된 바리스타의 추출과 예술적 감각을 가미시켜 볼거리를 제공하는 기술이다. 어느 바리스타에 의해 커피에 우유를 부어 라떼를 만드는 과정에서 발견되기 시작하였고, 이탈리아의 로제타 아트로 알려지며 발전해왔다.

02 라떼아트 실전

라떼아트 기본

하트

1. 잔을 살짝 기울여 스팀밀크를 크레마가 깨지지 않도록 우유를 부어준다.
2. 크레마 안정화가 끝나고 잔이 반쯤 찼을때 잔의 가장자리에서 피쳐를 좌우로 부드럽게 흔든다.

3. 흰 우유거품이 그려지기 시작하면 붓는 양을 점점 늘려준다
4. 잔이 거의 다 찼을 때, 붓고 있는 스팀 밀크를 흰 우유 거품의 좌우를 대칭하여 앞으로 전진하며 마무리한다.

로제타

1. 잔을 살짝 기울여 스팀밀크를 크레마가 깨지지 않도록 우유를 부어준다.
2. 크레마 안정화가 끝나고 잔이 반쯤 찼을때 잔의 중심으로 우유가 떨어지는 포인트를 옮겨 피쳐를 좌우로 부드럽게 흔든다.
3. 흰 우유거품이 그려지기 시작하면서 결이 생성되었을 때, 피쳐를 뒤로 빼면서 좌우로 흔들어준다.
4. 잔이 거의 다 찼을 때, 붓고 있는 스팀 밀크를 우유결의 좌우를 대칭하여 중심으로 전진하여 마무리한다.

라떼아트 응용

튤립

1. 크레마 안정화가 끝나고 잔이 반쯤 찼을때 잔의 중심에 못 미치는 위치에서 피쳐를 좌우로 부드럽게 흔든다.
2. 흰 우유거품이 표면에 보여지면 우유의 양을 늘리며 피쳐를 좌우로 부드럽게 흔들어주고 잔의 2/3가량 채우고 멈춘다.
3. 그려진 흰 우유거품의 뒤쪽에 크레마를 경계로 삼고 잔의 가장자리 위치에서 같은 방법으로 흰 우유거품을 띄우고 마지막에 거품의 좌우를 대칭하여 앞으로 전진하며 마무리한다.

더블하트

1. 크레마 안정화가 끝나고 잔이 반쯤 찼을때 피처를 잔의 가장 자리에서 좌우로 부드럽게 흔든다.
2. 흰 우유거품이 표면에 보여지면 우유의 양을 약간 늘리며 피처를 좌우로 부드럽게 흔들어주고 잔의 2/3가량 채워지도록 흰 우유거품의 중심을 지나 하트를 만들어준다.
3. 붓는 것을 멈추지 않은 상태로 첫 번째 하트의 끝 지점에서 다시 우유의 양을 늘려 흰 거품을 띄워준다.
4. 양을 조금씩 늘려 같은 크기의 하트로 마무리한다.

월계수

1. 잔을 살짝 기울여 스팀밀크를 크레마가 깨지지 않도록 우유를 부어준다.
2. 크레마 안정화가 끝나고 잔이 반쯤 찼을때 잔의 중심으로 우유가 떨어지는 포인트를 잔의 가장자리 왼쪽 위로하여 피처를 좌우로 흔들며 흰 우유거품을 생성한다.
3. 흰 우유거품이 그려지기 시작하면서 결이 형성 되었을때, 피처를 뒤로 빼면서 좌우로 흔들어준다.
4. 잔이 거의 다 찼을때, 붓고 있는 스팀 밀크를 우유결의 좌우를 대칭하여 중심으로 전진하여 마무리한다.

라떼아트 전용펜을 이용한 에칭 테크닉

에칭이란 도구를 이용하여 선을 표현하는 기법으로 동판화에서 쓰여지며, 라떼아트에서는 송곳처럼 생긴 전용 라떼아트 펜을 이용하여 초코소스, 우유거품 등을 이용하여 그림을 그리는 기법이다. 바로 붓는 라떼아트 보다 시간은 더 필요로 하는 기법이나, 그리는 과정을 숙지하면 누구나 쉽게 만들 수 있는 기법이다.

꽃

1. 잔을 살짝 기울여 스팀밀크를 크레마가 깨지지 않도록 우유를 부어준다.
2. 남은 우유거품을 펜(스푼)을 이용해 원형과 테두리를 그려준다.
3. 전용펜을 사용하여 원형의 거품 중심에서 펜을 안팎으로 지나며 마무리한다.

네잎크로버

1. 잔을 살짝 기울여 스팀밀크를 크레마가 깨지지 않도록 우유를 부어준다.
2. 남은 우유거품을 스푼(펜)을 이용해 작은 원 4개를 올려준다.
3. 전용펜을 사용하여 각 원의 중심을 지나며 마무리한다.

라떼아트 기본 응용 + 에칭 테크닉

토끼

더블하트의 응용방법이다.

1. 크레마 안정화가 끝나고 잔이 반쯤 찼을때 피처를 잔의 가장 자리에서 좌우로 부드럽게 흔든다.
2. 흰 우유거품이 표면에 보여지면 우유의 양을 약간 늘리며 피쳐를 좌우로 부드럽게 흔들어주고 토끼의 귀 부분을 형성한다.
3. 중심을 지나 다시 피쳐의 양을 늘려 좌우로 흔들어 흰 우유거품이 형성되면 토끼의 얼굴이 형성된다.
4. 전용펜을 이용하여 눈, 코, 입을 그려준다.

곰

튤립의 응용방법이다.

1. 크레마 안정화가 끝나고 잔이 반쯤 찼을때 피처를 잔의 중심이 못 미치는 위치에서 좌우로 부드럽게 흔든다.
2. 흰 우유거품이 표면에 보여지면 우유의 양을 늘리며 피처를 좌우로 부드럽게 흔들어주고 면적을 넓게 형성하여 잔의 2/3 가량 채우고 멈춘다.
3. 그려진 흰 우유거품의 뒤쪽에 크레마를 경계로 삼고 잔의 가장자리를 위치에서 같은 방법으로 흰 우유거품을 작은 원으로 형성한다.
4. 전용펜을 이용하여 눈, 코, 입을 그려준다.

소스를 이용한 다양한 데코레이션

출제예상문제

01. 에스프레소에 대한 설명으로 틀린 것은?

① 커피메뉴를 구성하는 가장 기본이다.
② 이탈리아에서 만든 커피를 말한다.
③ 높은 압력과 빠른 추출로 만든 커피이다.
④ 추출 시간과 양에 따라 3가지로 나뉜다.

02. 에스프레소 1온스의 양은 얼마인가?

① 20~25㎖ ② 25~30㎖
③ 30~35㎖ ④ 35~40㎖

03. 에스프레소의 종류가 아닌 것은?

① 에스프레소 ② 리스트레또
③ 룽고 ④ 도피오

해설 에스프레소는 종류로는 리스트레또(ristretto), 에스프레소(Espresso), 룽고(lungo)로 나뉜다. 도피오(Dopio)는 '두 배Double(더블)'라는 의미의 이탈리아어로 조건을 동일하게 추출한 것의 양적인 두 배 개념이기 때문에 에스프레소, 리스트레또, 룽고 모두 동일하다.

04. 다음에서 각각의 특징이 틀리게 표현된 것은?

① 에스프레소는 25~30㎖의 용량으로 세가지 맛이 조화롭다.
② 리스트레또는 20~25㎖의 용량으로 신맛이 약하고 진하다.
③ 룽고는 35~40㎖의 용량으로 쓴맛이 강하고 연하다.
④ 샤커레토는 2shot의 용량으로 신맛이 강하다.

05. 리스트레또에 대한 설명으로 바른 것은?

① 추출시간을 40초로 길게 끓어서 만든다.
② 탬핑한 후 추출양은 30~35㎖이다.

③ 가장 농후하면서 아주 부드러운 맛이다.

④ 쓴맛이 가장 강하게 난다.

해설 리스트레또는 '농축하다, 짧다'라는 이탈리아어로 기본이 되는 에스프레소보다 추출 시간을 짧게 하여 커피의 가장 맛있는 부분만 추출하여 더 강한 향미를 느낄 수 있는 커피이다. 원두가루를 7~9g 담고 탬핑한 후 20~25초 사이에 15~20㎖를 추출한다. 농도가 가장 진한 시점에서 추출을 멈추기 때문에 가장 농후하면서도 아주 부드러운 맛을 갖게 된다.

06. 룽고의 추출 양으로 알맞은 것은?

① 35~40*ml* ② 30~35*ml*

③ 25~30*ml* ④ 20~25*ml*

해설 에스프레소용 보다 약간 굵게 분쇄하여 7~9g의 원두를 포터필터에 담아 약 30~35초 동안 35~40㎖의 커피를 추출한다.

07. '길다'의 뜻을 가진 이탈리아어로 추출시간을 길게 함으로써 연하고 쓴맛이 강조된 것은?

① 에스프레소 ② 리스트레또

③ 룽고 ④ 도피오

해설 길게 추출한 에스프레소를 말한다. 맛이 에스프레소 보다 연하고 쌉싸름한 맛을 느낄 수 있어 이후 아메리카노에 응용되기도 한다.

08. 조건을 동일하게 2배의 양으로 추출이 적용되는 것은?

① 에스프레소 ② 리스트레또

③ 룽고 ④ 도피오

해설 도피오는 '두 배Double(더블)'라는 의미의 이탈리아어로 조건을 동일하게 추출한 것의 양적인 두 배 개념이기 때문에 에스프레소, 리스트레또, 룽고 모두 동일하다.

09. 에스프레소에 우유거품을 둥근 모양으로 올려 만들어주는 커피는?

① 라떼 마끼아또 ② 카페 콘파냐

③ 샤케레또 ④ 에스프레소 마끼아또

해설 진한 에스프레소를 부드럽게 즐기는 이탈리아 정통 커피 메뉴로 '점을 찍다', '얼룩진' 이라는 마키아또(Macchiato) 이름처럼 에스프레소에 우유거품을 2~3스푼 올려 둥근 모양을 만들어 주는 것이 포인트이다.

10. 에스프레소, 우유, 우유거품이 높이 기준이 1 : 1 : 1, 양 기준이 1 : 2 : 3의 비율로 들어가는 커피메뉴는?

① 카페라떼 ② 카페오레
③ 카푸치노 ④ 에스프레소 마끼아또

11. 신맛, 단맛, 쓴맛이 가장 조화롭게 어울려진 것은?

① 에스프레소 ② 리스트레또
③ 룽고 ④ 도피오

12. 이탈리아어로 '흔들다' 라는 뜻을 가지고 있는 커피는?

① 라떼 마끼아또 ② 샤케레토
③ 카페 비엔나 ④ 모카치노

13. 에스프레소에 부드럽게 휘핑한 생크림 올려 주어 진한 에스프레소와 차갑고 달콤한 크림을 함께 즐길 수 있는 커피는?

① 콘파냐 ② 카페 모카
③ 카페 비엔나 ④ 캐러멜 마기아또

14. 아메리카노 위에 휘핑크림을 얹어 맛을 내는 커피는?

① 카페 콘파냐 ② 카페 모카
③ 카페 비엔나 ④ 모카치노

해설 300년이 넘는 긴 역사를 지닌 카페 비엔나는 뜨거운 커피와 부드러운 크림, 시간이 지날수록 진해지는 단맛이 어우러져 한잔에 3가지 맛을 즐길 수 있다.

15. 다음 커피 중 아이스크림을 사용하는 것은?

① 아포가토 ② 프라푸치노
③ 모카치노 ④ 캐러멜 마키아또

해설 프라푸치노는 프라페(Frappe)와 카푸치노(Cappuccino)의 합성어이다.

16. 테킬라, 커피, 설탕을 주성분으로 만드는 대표 커피 리큐르는?

① 아포가토　　② 프라푸치노
③ 깔루아　　④ 마키아또

해설 알코올 도수가 높기 때문에 저녁에 피로를 풀 정도로 한잔하는 것이 바람직하다.

17. 대표적인 에스프레소 칵테일로 몸을 따뜻하게 해주는 커피는?

① 콘파냐　　② 깔루아
③ 프라푸치노　　④ 아이리쉬 커피

18. 다음 커피 메뉴 중 베리에이션 커피가 아닌 것은?

① 에스프레소　　② 카푸치노
③ 카페라떼　　④ 카러멜 마키아또

19. 에스프레소의 용량이 적은 것부터 바르게 표시한 것은?

① 룽고 < 에스프레소 < 리스트레또 < 도피오
② 도피오 < 리스트레도 < 에스프레소 < 룽고
③ 에스프레소 < 리스트레또 < 도피오 < 룽고
④ 리스트레또 < 에스프레소 < 룽고 < 도피오

20. 다음 중 커피 양이 제일 적은 양으로 서비스되는 커피메뉴는 무엇인가?

① 도피오　　② 리스트레또
③ 아메리카노　　④ 룽고

정답

01	②	02	②	03	④	04	②	05	③	06	①	07	③	08	④
09	④	10	③	11	①	12	②	13	①	14	③	15	①	16	③
17	④	18	①	19	④	20	②								

부 록

모의고사 1회

모의고사 2회

모의고사 3회

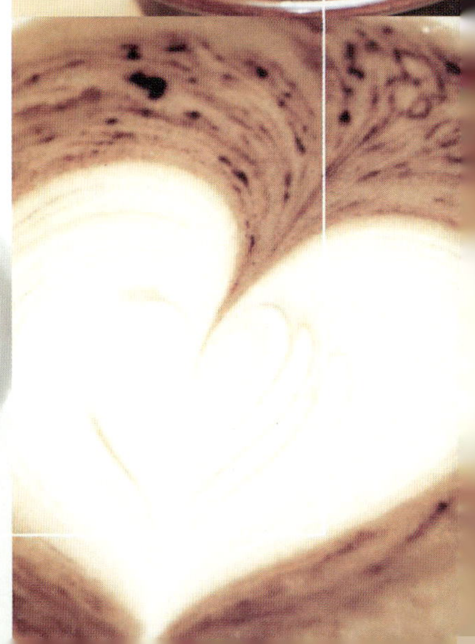

모의고사 1회

01. 에티오피아 고원 발견설이 맞는 것은?

① 에티오피아 고원 아비시니아에서 전해진다.
② 7~8세기경 칼디에 의해서 발견되었다.
③ 승려 셰이크 오마르에 의해서 발견되었다.
④ 의약제로 사용되었다.

02. 우리나라에 커피가 들어온 시기로 맞는 것은?

① 고종 즉위식 때
② 구한말 아관파천을 전후한 시기
③ 청일전쟁 이후
④ 러일전쟁 이후

03. 정동구락부에 대한 설명으로 틀린 것은?

① 우리나라 최초의 다방이다.
② 러시아 공사 베베르의 미인계에 의해서 만들어졌다.
③ 손탁이란 여성이 경영하였다.
④ 일본인 나까무라에 의해서 만들어졌다.

04. 커피 열매를 식물형태학적으로 분류하면 어디에 속하는가?

① 핵과
② 장과
③ 견과
④ 건과

05. 전 세계 최초의 커피 경작지이고, 세계 최대의 커피 무역항이었던 모카가 있는 나라는?

① 코스타리카
② 예멘
③ 케냐
④ 탄자니아

06. 세계 제1의 커피 생산국은 어디인가?

① 콜롬비아
② 에콰도르

③ 페루　　④ 브라질

07. 전 세계 블루마운틴 생산량의 90%를 소비하는 나라는?

① 미국　　② 일본
③ 영국　　④ 브라질

08. 커피의 3대 품종으로 분류되는 것은?

① 아라비카마일드, 로부스타, 엑셀사
② 마일드, 브라질, 엑셀사
③ 마일드, 아라비카브라질, 로부스타
④ 아라비카, 로부스타, 리베리카

09. 버본과 타이피카의 자연 교배종인 것은?

① 문도노보　　② 켄트
③ 카투아이　　④ 카티모르

10. 커피의 품질을 결정짓는 중요한 요소인 향은 어디에서 비롯되는가?

① 니아신　　② 휘발성유기산
③ 단백질　　④ 무기질

11. 로부스타의 특징으로 틀린 것은?

① 카네포라의 대표적인 한 종류이지만, 현재는 카네포라의 동의어로써 사용된다.
② 생두가 아라비카 보다 2배 크고 녹색의 타원형 모양을 하고 있다.
③ 중앙 및 서아프리카, 동남아, 남아메리카 등지에서 주로 재배된다.
④ 아라비카종 보다 2배 정도의 카페인을 가지고 있다.

12. 커피나무의 재배조건 중 해발고도가 맞는 것은?

① 로부스타는 저지대, 아라비카는 고지대에서 재배가 가능하다.
② 로부스타는 고지대, 아라비카는 고지대에서 재배가 가능하다.
③ 로부스타는 저지대, 아라비카는 저지대에서 재배가 가능하다.
④ 로부스타는 고지대, 아라비카는 저지대에서 재배가 가능하다.

13. 파푸아뉴기니의 유명한 커피로 짝지어진 것은?

① 코피 루왁, 만델링　　② 카우아이 이스테이트, 마우이 모카
③ 시그리, 아로나　　④ 카피로얄, 몬순 말라바

14. 커피원두의 가공방식인 습식법에 대한 설명으로 틀린 것은?

① 물이 많이 필요한 방법이다.
② 물을 많이 사용하게 되어 환경을 오염시킨다는 단점이 있다.
③ 10~24시간의 발효과정을 거치며 이때 점액질이 제거된다
④ 특별한 설비가 필요 없는 가장 전통적인 방법이다

15. 커피머신 부품 중 커피 추출시 압력이 밖으로 새는 것을 막아주는 역할을 하는 것은?

① 그룹 개스킷　　② 샤워 필터
③ 필터 고정 스프링　　④ 스팀 완드

16. 마라고지페에 대한 설명으로 틀린 것은?

① 타이피카의 변종이며, 코끼리빈으로 불린다.
② 인도 고유의 품종으로 생산성이 높고 녹병에 강하다.
③ 일반 생두에 비해 비정상적으로 크다.
④ 브라질의 마라고지페라는 곳에서 처음 발견되었다.

17. 인도네시아의 유명한 커피가 아닌 것은?

① 코피 루왁　　② 만델링
③ 가요 마운틴　　④ 모카 자바

18. 한개의 커피 체리 안에 평평한 면으로 마주보고 있는 생두를 무엇이라 하는가?

① 피베리　　② 번 빈
③ 홀 빈　　④ 플랫 빈

19. 스팀밀크를 만드는 과정에서 우유의 단백질 외에 거품의 안전성에 중요한 역할을 하는 성분은?

① 지방　　② 유당

③ 나트륨 ④ 칼슘

20. 로스팅 후 냉각과정에서 물을 뿌려 온도를 떨어뜨리는 수냉 방식을 무엇이라 하는가?

① 급냉 방식 ② 워터 퀀칭
③ 공냉 방식 ④ 에어 퀀칭

21. 다음 중 블랜딩(Blending)을 하는 이유가 아닌 것은?

① 새로운 맛과 향을 창출해 내기 위해
② 단종 커피의 특성을 최대한 살리기 위해
③ 원가 상승을 낮춰 수익을 창출하기 위해
④ 차별화되는 커피를 만들어 내기 위해

22. 체리에서 생두를 분리하는 정제 과정 중 습식법에만 있는 공정은?

① 건조 ② 발효
③ 탈곡 ④ 냉각

23. 좋은 커피를 얻기 위한 요소가 아닌 것은?

① 분쇄 ② 로스팅
③ 원두 ④ 절구

24. 핸드드립으로 내릴 수 있는 그라이딩 단계는?

① 가는 분쇄(Very Fine) ② 중간 분쇄(Fine)
③ 일반 분쇄(Medium) ④ 굵은 분쇄(Coarse)

25. 추출 용기 안에 있는 커피 가루에 뜨거운 물이 반복 순환하여 커피를 내리는 방식은?

① 우려내기(steeping) ② 달이기(Decoction)
③ 삼출(Percolation) ④ 진공 여과(Vacuum filtration)

26. 신선하고 맛있는 커피를 만들기 위한 조건에 맞지 않은 것은?

① 생두의 원산지와 품종 ② 분쇄방법
③ 추출기구 ④ 바리스타의 복장 상태

27. 커피의 산패에 대한 내용으로 알맞지 않은 것은?

① 산패는 유기물이 산화되어 지방산을 발생시키고 그로인해 맛과 향이 변하는 현상이다.

② 커피의 산패과정은 특정 과정에서만 일어나는 것이다.

③ 산패문제는 커피를 생산할 때보다는 유통과 소비단계에서 더욱 심각하게 진행된다.

④ 다양한 포장기술의 개발은 산패를 지연시키는 방법일 뿐이다.

28. 입 안에서 느껴지는 커피의 무게감과 점도 등을 나타내는 말은?

① 아로마(Aroma) ② 후레버(Flavor)

③ 바디(Body) ④ 후미(aftertaste)

29. 원두상태의 커피를 코로 직접 맡았을 때 느껴지는 향기로 커피 봉투를 개봉하였을 때 강하게 느껴지는 향기는?

① 향기(Fragrance) ② 향미(Flavor)

③ 과일향(Fruity) ④ 아로마(Aroma)

30. 커피의 맛을 더해주는 부재료이며, 커피의 신맛과 쓴맛에 첨가하면 단맛의 풍미를 더하는 것은?

① 설탕 ② 향신료

③ 술 ④ 우유

31. 포터필터를 장착하는 곳은?

① 그룹헤드 ② 개스킷

③ 도징 ④ 넉 박스

32. 에스프레소 1샷을 레귤러 잔에 맞추어 양을 많이 뽑는 것을 무엇이라 하는가?

① 도피오(Dopio) ② 룽고(Lungo)

③ 리스트레또(Restretto) ④ 로스팅(Roasting)

33. 에스프레소 위에 데운 우유를 한 스푼 정도 살짝 올려 제공하는 것은?

① 라떼아트(Latte Art) ② 라떼 마키아또(Latte Macchiato)

③ 마키아또(Macchiato) ④ 모카(Mocha)

34. 다음은 무엇에 대한 설명인가?

> 서로 다른 2종 이상의 커피를 혼합하는 것으로 경제적인 목적과 새로운 맛을 창출하는 목적이 있다.

① 향 커피 ② 혼합 커피
③ 디카페인 커피 ④ 레귤러 커피

35. 핸드드립의 추출 준비 단계 중 커피에 수분과 열을 주어 커피의 성분이 추출되기 쉽게 해주는 작업은?

① 뜸 들이기 ② 스프링 추출
③ 예열하기 ④ 원두 담기

36. 에스프레소를 만들 때 포타필터의 커피를 눌러 다지기 위한 도구는?

① 탬퍼(Tamper) ② 탬핑(Tamping)
③ 파치먼트(Parchment) ④ 페이퍼필터(Paper Filter)

37. 에스프레소를 만들 때 커피를 담는 공간을 무엇이라고 하는가?

① 포타필터(Porta Filter) ② 파치먼트(Parchment)
③ 페이퍼필터(Paper Filter) ④ 휘핑(Whipping)

38. 스트레이트 에스프레소를 내릴 때 사용되는 1.5~3oz 크기의 도자기 컵을 일컫는 명칭은?

① 데미타스(Demitasse) ② 핸드밀(Handmil)
③ 휘핑(Whipping) ④ 바르맨(Barman)

39. 다음 중 커피의 품질에 대한 설명으로 옳지 않은 것은?

① 커피콩을 저장하면 점점 퇴색하여 황갈색으로 변한다.
② 밀도로는 커피콩의 밀도가 작을수록 상급품이다.
③ 대부분의 커피 콩 밀도는 1.10~1.30g/*ml*이다.
④ 수분이 1% 많아지면 약 8%의 가격이 높아진다.

40. 커피 컵 테스팅에 대한 설명 중 틀린 것은?

① 커피 컵 테스팅은 커피 콩의 표본 맛과 향의 특성을 평가하기 위한 방법이다.
② 컵핑은 커피를 구매하거나 배합하는 등 경제적인 목적과 밀접한 연관이 없다.
③ 첫째 단계는 미리 정해진 방식에 따라 커피를 추출하는 것이다.
④ 두번째 단계는 일련의 절차에 따라 커피 커퍼의 미각과 후각에 의해 커피 맛과 향을 평가하는 것이다.

41. 덜 익은 체리에서 수확한 원두를 무엇이라고 하는가?

① 검은콩(Black bean)
② 미성숙 콩(Immature bean)
③ 덜 익은 콩(Quaker bean)
④ 시들어버린 원두(Withered bean)

42. 미국 스페셜티 커피협회(SCAA)에서 로스팅한 커피의 중요한 특성으로 평가하는 요소가 아닌 것은?

① 향기
② 중후한 감
③ 밀도
④ 뒷맛

43. 사람이 먹을 수 있는 야채, 과일, 식기 등을 세척할 수 있는 세정제는?

① 1종 세정제
② 2종 세정제
③ 3종 세정제
④ 4종 세정제

44. 에스프레소(Espresso)의 정의를 설명한 것으로 알맞지 않은 것은?

① 빠르게 추출되는 커피란 뜻이다.
② 에스프레소는 일반적으로 빠르다란 의미인 'Express'에서 비롯되었다.
③ 에스프레소는 약 1~2분 정도에 추출한다.
④ 짧은 시간 안에 작업을 끝내야 하는 만큼 원두의 입자도 일반 커피보다 더 미세하다.

45. 에스프레소의 추출 시 적당한 압력이 가해지도록 커피를 다져주는 것을 무엇이라고 하는가?

① 탬핑
② 아로마
③ 마일드
④ 에칭

46. 포터필터의 보관 방법으로 알맞은 것은?

① 드립트레이 위에 올려놓는다.
② 그룹에 장착한 상태로 보관한다.
③ 컵 받침대에 둔다.
④ 깨끗한 테이블 위에 올려놓는다.

47. 에스프레소의 4대 요소가 아닌 것은?

① 혼합(Blend) ② 분쇄(Grinder)
③ 기계(Machine) ④ 크레마(Crema)

48. 더블 에스프레소(Double Espresso)라고도 부르는 것은?

① 리스트레또(Ristretto) ② 룽고(Lungo)
③ 도피오(Doppio) ④ 카페 라테(caffe latte)

49. 에스프레소에 뜨거운 물을 부은 것으로 미국에서 많이 마시는 커피와 비슷하다고 해서 붙여진 이름의 커피는?

① 모카치노(Mochaccino)
② 카페 아메리카노(americano)
③ 콘 파나(con panna)
④ 카페 모카(caffe mocha)

50. 에스프레소 머신에서 수증기가 나오는 막대를 무엇이라 하는가?

① 스팀레벨 ② 스팀완드
③ 스팀노즐 ④ 우유저그

51. 현재 커피숍에서 가장 널리 쓰이게 된 에스프레소 머신 방식은?

① 증기압식 ② 피스톤식
③ 펌프식 ④ 공기압식

52. 에스프레소 머신 시스템에서 필터 홀더를 결합시키는 부분은?

① 그룹헤드 ② 필터홀더

③ 스팀 압력 콘트롤러 ④ 보일러 안전밸브

53. 도저라고 하는 6개의 간격 조절이 가능한 통으로 이루어져 있고 포터필터로 담는 과정에서 뭉침 현상을 완화시킬 수 있는 그라인더는?

① 전자동 그라인더 ② 반자동 그라인더
③ 자동 그라인더 ④ 수동 그라인더

54. 에스프레소 머신의 사용기물에서 원두를 다질 때 사용하는 것은?

① 탬퍼 ② 노크 박스
③ 스팀피처 ④ 그라인더 브러쉬

55. 회전하는 두 개의 날이 돌아 원두를 분쇄하는 방법으로 분쇄 입자조절과 균일한 그라이딩이 어려운 그라인더는?

① 호퍼(Hopper) ② 블레이드(Blade)
③ 밀(Mil) ④ 모터(Motor)

56. 드립퍼의 종류에 해당하지 않은 것은?

① 칼리타 ② 서버
③ 멜리타 ④ 고노

57. 융 드립의 단점이 아닌 것은?

① 취급이나 관리가 어렵다.
② 한잔 추출에 필요한 커피의 양이 다른 것보다 적게 든다.
③ 넬의 모양을 잡는 방법에 따라 유속이 변하기 때문에 안정된 맛을 내기 어렵다.
④ 넬의 투과시간이 느려서 일관적 추출이 어렵다.

58. 커피메이커로 추출하는 커피의 설명으로 틀린 것은?

① 기본 추출방법은 핸드드립과 동일하다.
② 커피메이커도 필요하다면 불림 과정을 할 수도 있다.
③ 추출된 커피는 오랜 시간 보온상태로 천천히 마실 수 있다.
④ 용량에 맞는 페이퍼 필터가 필요하다.

59. 그라인더를 통하여 커피를 분쇄해서 배출 레버를 작동하여 일정한 양의 커피가 나오도록 하는 동작을 무엇이라고 하는가?

① 도징 ② 커핑

③ 탬핑 ④ 그라인딩

60. 간단하고, 쉽고, 빠르면서도 괜찮은 커피 맛을 낼 수 있어 전 세계적으로 널리 이용되고 있는 추출방식은?

① 모카 포트 추출방식 ② 사이폰 추출방식

③ 프랜치 프레스 추출방식 ④ 이브릭 추출방식

정답

01	①	02	②	03	④	04	①	05	②	06	④	07	②	08	④
09	①	10	②	11	②	12	①	13	③	14	④	15	①	16	②
17	④	18	④	19	①	20	②	21	②	22	②	23	④	24	②
25	③	26	④	27	②	28	③	29	①	30	①	31	①	32	②
33	③	34	②	35	①	36	①	37	①	38	①	39	②	40	②
41	②	42	③	43	①	44	③	45	①	46	②	47	④	48	③
49	②	50	②	51	③	52	①	53	②	54	①	55	②	56	②
57	②	58	③	59	①	60	③								

모의고사 2회

01. 우리나라에서 최초로 커피에 대해 기록한 사람은?

① 고종황제 ② 유길준
③ 김종화 ④ 김홍륙

02. 커피는 커피나무의 어느 부위를 가지고 만드는 것인가?

① 커피나무의 잎 ② 커피나무의 줄기
③ 커피나무 열매의 씨 ④ 커피나무의 뿌리

03. 다음은 무엇에 대한 설명인가?

> 19세기말 콩고에서 발견 되었으며, 병충해에 강하고 성장이 빠르며 고온 다습한 저지대에서도 무난하게 자란다. 또한 향기가 부족하며 신맛이 거의 없고 쓴맛이 강하기 때문에 원두커피보다는 대부분 인스턴트커피나 다른 커피와 배합하여 저렴한 레귤러커피의 재료로 많이 쓰인다.

① 로부스타 ② 리베리카
③ 엑셀사 ④ 아라비카

04. 아라비카 종은 자연변이나 교배에 의해 각양각색의 품종으로 다시 나눠지는데, 아라비카 원종에 가까운 품종은 무엇인가?

① 버본 ② 타이피카
③ 카투라 ④ 마라고지페

05. 커피재배의 조건으로 맞지 않는 것은?

① 연평균 기온이 15~24℃ 정도로 30℃를 넘거나 5℃ 이하로 내려가지 않아야 한다.
② 열매 맺을 때까지는 우기, 맺고 나서는 건기가 계속되어야 한다.
③ 서리가 내려야 한다.
④ 땅이 비옥하고 배수가 잘되어야한다.

06. 커피의 향미를 분석하는 순서로 가장 적당한 것은?

① 시각, 촉각, 미각
② 촉각, 미각, 후각
③ 미각, 후각, 촉각
④ 후각, 미각, 촉각

07. 커피나무의 설명으로 틀린 것은?

① 커피나무는 쌍떡잎 식물이다.
② 커피나무는 상록의 열대관목이다.
③ 커피나무는 약 40~45년 동안 수확이 가능하다.
④ 아라비카종은 3~4년 만에 꽃이 핀다.

08. 몬순커피로 유명한 나라는?

① 인도네시아 ② 하와이
③ 인도 ④ 파푸아뉴기니

09. 중과피에 해당하는 당과 수분이 풍부한 과육부분을 무엇이라 하는가?

① 센터 컷 ② 은피
③ 펄프 ④ 외피

10. 세계 총 생산량의 70%를 차지하는 곳은?

① 아시아 ② 중남미
③ 태평양 ④ 아프리카

11. 커피의 밀도와 색상에 대한 설명으로 틀린 것은?

① 저지대 온난화 기후에서 자란 커피는 조직이 단단하고 치밀하여 밀도가 높다.
② 밀도가 좋은 생두는 커피의 맛과 향이 풍부하다.
③ 커피 열매를 수확하여 가공한 후 오래 두면 둘수록 청록색에서 황갈색으로 변한다.
④ 아라비카종의 좋은 생두는 맑고 투명한 느낌이 난다.

12. 블루마운틴을 생산하는 나라는?

① 자메이카　　② 브라질
③ 코스타리카　　④ 콜롬비아

13. 생두에 포함된 결점두나 이물질을 제거하는 작업을 무엇이라고 하는가?
① 핸드 픽　　② 탬핑
③ 에칭　　④ 도징

14. 커피 열매의 수확기로 적당한 때는?
① 북반구에서는 9~3월까지이다.
② 남반구에서는 5~7월까지이다.
③ 우기 건기가 뚜렷하지 않은 나라에서는 일 년에 세 번 수확한다.
④ 적도 부근에서는 일 년에 두 번 수확한다.

15. 다음은 무엇에 대한 설명인가?

> 커피를 재배할 때 바나나나무나 아보카도나무 Shade Tree와 같이 잎이 넓고 큰 나무를 사이사이에 함께 심어 직사광선이나 서리, 강한 바람으로부터 커피나무를 보호한다.

① 썬 그로운 커피　　② 쉐이드 그로운 커피
③ 윈드 그로운 커피　　④ 썬샤인 그로운 커피

16. 과육이 남아 있는 상태로 건조시키는 정제법은?
① 건식법　　② 습식법
③ 세미 워시드　　④ 펄프드 내추럴

17. 식품공전 상에 따른 커피의 분류에 속하지 않는 것은?
① 볶은 커피　　② 인스턴트 커피
③ 조제 커피　　④ 혼합 커피

18. 커피의 신맛을 결정하고 공기 중에 닿으면 화학 반응을 일으켜 커피 맛을 변화시키는 성분은?
① 카페인　　② 조당분

③ 지방산 ④ 카페린

19. 로스팅에 의한 생두의 변화로 알맞지 않은 것은?
① 갈변현상이 일어난다.
② 부피가 늘어난다.
③ 수분 함량이 감소한다.
④ 밀도가 커진다.

20. 로스팅 직후 드립커피 추출시 커피가 부풀어 오르고 기포가 생기는 현상은 무엇 때문에 발생하는 현상인가?
① 수소가스 ② 탄산가스
③ 천연가스 ④ 액화가스

21. 생두의 내부까지 충분한 열이 전달되면 일어나는 현상으로 틀린 것은?
① 커피의 부피가 점점 팽창하기 시작한다.
② 커피의 향은 풋내에서 고소한 단향으로 바뀐다.
③ 센터컷이 갈라지면서 반으로 쪼개진다.
④ 커피의 색상은 짐차 갈색으로 변하게 된다.

22. 원두를 커피 액으로 추출하기 쉬운 상태가 되도록 갈아내는 것은?
① 분쇄 ② 로스팅
③ 원두 ④ 추출

23. 커피 원두를 분쇄하면 나오는 것으로 삽피라고도 하는 이것은 무엇인가?
① 과육 ② 실버스킨
③ 센터컷 ④ 파치먼트

24. 생두를 볶아서 분쇄한 커피로부터 물을 이용하여 맛과 향을 내는 가용성 성분을 최대한 용해시켜서 뽑아내는 과정을 무엇이라고 하는가?
① 배전 ② 분쇄
③ 추출 ④ 여과

25. 드립 여과(Drip filtration) 방식으로 추출할 때 사용하는 기구가 아닌 것은?

① 커피 메이커　② 드립식 추출
③ 워터 드립(찬물)　④ 퍼컬레이터

26. 바디감을 더해주는 원두로 많이 사용되고 있는 것은?

① 코피 루왁　② 만델링
③ 가요 마운틴　④ 모카 자바

27. 커피에 4가지 악영향을 끼치는 것이 아닌 것은?

① CO_2　② 열기
③ 습기　④ 빛

28. 커피를 마실 때 느껴지는 향기를 무엇이라 하는가?

① Fragrance　② Aroma
③ Nose　④ Aftertaste

29. 배전이 강할수록 나타나는 맛은?

① 쓴맛(Bitter)　② 탄맛(Carbony)
③ 감미로운 맛(Delicate)　④ 싱거운 맛(Bland)

30. 커피의 맛을 결정하는 요인으로 맞지 않는 것은?

① 원두의 분쇄 입자 크기　② 생두의 배전조건
③ 커피의 추출 방법　④ 커피 매장의 크기

31. 더블과 같은 뜻으로 사용되는 용어는?

① 리스트레또　② 에스프레소
③ 원샷　④ 도피오

32. 에스프레소의 표면에 생기는 황금색의 거품을 무엇이라고 하는가?

① 크레마　② 크레송
③ 프리마　④ 크레이어

33. 커피의 맛을 더해주는 부재료이며 조금만 넣으도 커피 맛을 더욱 확실히 느낄 수 있게 해주는 것은?

① 유제품 ② 소금
③ 꿀 ④ 초콜릿

34. 에스프레소 보다 추출 시간을 짧게 하여 커피의 가장 맛있는 부분만 추출하며, 더 강한 향미를 느낄 수 있는 에스프레소의 종류는?

① 도피오(Dopio) ② 룽고(Lungo)
③ 리스트레또(Restretto) ④ 라떼(Latte)

35. 아라비카(Arabica)에 대한 설명으로 적합하지 않은 것은?

① 아라비카종의 커피는 아메리카 지역에서 가장 선호한다.
② 부드럽고 향기롭다.
③ 원두의 모양이 납작하고 길며 표면에 홈이 굽어 있고 색깔은 상당히 붉다.
④ 아라비카는 17세기경 아메리카인들이 아시아에서 가져와서 대중화시켰다.

36. 캐러멜 등의 소스를 밀크커피 위에 토핑해서, 송곳류로 일종의 그림을 그리는 작업을 무엇이라고 하는가?

① 에칭(Etching)
② 블랜드(Blend)
③ 에스프레소(Espresso)
④ 카라콜리로(Caracolillo)

37. 가끔씩 커피 열매가 하나의 원두만을 갖고 있는 커피열매가 발견되는데 카라콜리로(Caracolillo)라고도 불리는 이것을 무엇이라고 하는가?

① 에칭(Etching) ② 블랜드(Blend)
③ 에스프레소(Espresso) ④ 피베리(Peaberry)

38. 탬퍼로 커피를 눌러 다지는 작업을 무엇이라고 하는가?

① 탬퍼(Tamper) ② 탬핑(Tamping)
③ 파치먼트(Parchment) ④ 페이퍼필터(Paper Filter)

39. 탬핑을 잘못하면 부족한 향미와 함께 지나치게 묽은 커피가 되는데 이러한 현상을 무엇이라고 하는가?

① 데미타스(Demitasse)
② 네이키드 포타필터(Naked portafilter)
③ 물 터널(Water tunnel, Channeling)
④ 바르맨(Barman)

40. 미국 스페셜티 커피협회(SCAA)에서 표현하는 커피 향미의 다섯 가지 기본요소가 아닌 것은?

① 향기(Aroma)
② 중후한 감(Body)
③ 향미(Flavor)
④ 크레마 (Crema)

41. 브로카(Broca)는 벌레 먹은 원두의 무게함량(%)을 말하는 것으로 주로 로부스타에 해당된다. 좋은 로부스타는 이 항목이 몇 % 미만이어야 하는가?

① 5%
② 10%
③ 15%
④ 20%

42. 거의 모든 구성 원료가 화학제품으로 구성되어 있는 세정제는?

① 1종 세정제, 2종 세정제
② 2종 세정제, 3종 세정제
③ 3종 세정제, 4종 세정제
④ 4종 세정제, 1종 세정제

43. 다음의 글은 배전도에 따른 사용량 결정이다. 들어갈 내용이 맞는 것은?

> 배전이 약한 원두 부피는 작아 보이지만 밀도가 (　　) 때문에 (　　), 배전이 강한 원두의 부피는 시각적으로 많아 보일 수 있지만 부피 밀도가 (　　) 때문에 무게가 (　　).

① 높기, 가볍고, 낮기, 무겁다
② 높기, 무겁고, 낮기, 가볍다
③ 높기, 무겁고, 높기, 무겁다
④ 높기, 가볍고, 낮기, 가볍다

44. 커피 원두를 제외한 모든 이물질 함량(%)을 뜻하는 말은 무엇인가?

① 브로카
② 타입
③ 임퓨리티
④ 마일드

45. 스페셜티 커피(Specialty coffee)에 대한 설명으로 맞지 않은 것은?

① 스페셜티 커피는 생두의 품질, 로스팅, 추출에 있어서 가장 우수한 커피를 뜻한다.
② 스페셜티 커피만의 독특한 품종적 특성과 품질 규격에 맞는 커피콩(green beans), 볶은 커피(roasted beans), 커피 음료(coffee beverage)를 포함 한다.
③ 스페셜티 커피는 대량생산되는 커피에 비해 기후 및 생산과정에 있어서 잘 경작된 커피로 그 맛이 더욱 풍부하며 우수한 향미를 지니고 있다.
④ 스페셜티 커피 등급의 커피콩은 전체 커피콩의 약 17.6% 생산된다.

46. 커핑 시 물 붓기를 할 때 물의 적정 온도는?

① 70~75℃　　② 75~80℃
③ 83~87℃　　④ 93~95℃

47. 에스프레소를 추출할 때 사용되는 압력은 대략 대기압의 몇 배를 사용하는가?

① 2~5배　　② 5~9배
③ 9~15배　　④ 15~20배

48. 크레마가 풍부한 에스프레소 커피를 만들기 위한 조건을 모두 고른 것은?

㉠ 신선한 원두	㉡ 좋은 에스프레소 추출기
㉢ 적절한 분쇄 정도	㉣ 적절한 탬핑
㉤ 신선하고 깨끗한 물	

① ㉠, ㉡, ㉢　　② ㉠, ㉣, ㉤
③ ㉠, ㉡, ㉣, ㉤　　④ ㉠, ㉡, ㉢, ㉣, ㉤

49. 그라인더(Grinder)에 대한 설명으로 잘못된 것은?

① 원두를 분쇄하는데 사용되는 기구를 그라인더(Grinder)라고 부른다.
② 그라인더 중에서 가장 중요한 부분은 그라인더 디스크(날)이며 2개의 디스크가 회전운동을 통해 원두를 분쇄해준다.
③ 그라인더에는 일반적으로 두 가지가 있는데 원뿔형 디스크보다는 평면형 디스크를 주로 많이 사용한다.
④ 원뿔형 디스크의 회전속도는 350~400rpm이고, 평면형 디스크의 회전속도는 1400~1800rpm에 달한다.

50. 추출 정도에 따른 에스프레소의 종류가 아닌 것은?

① 리스트레또(Ristretto) ② 룽고(Lungo)
③ 도피오(Doppio) ④ 카페 라테(caffe latte)

51. 에스프레소 바리에이션에서 가장 중요한 부재료인 우유 스팀의 온도는?

① 60~65℃ ② 65~71℃
③ 71~77℃ ④ 77~83℃

52. 어떤 우유가 거품을 만들 때 가장 좋은 상태인가?

① 미지근한 우유 ② 뜨거운 우유
③ 차가운 우유 ④ 냉동 우유

53. 커지렛대 원리를 응용해 힘들이지 않고 적절한 압력을 가할 수 있는 에스프레소 머신의 시초인 머신은 어느 것인가?

① 반수동식 커피머신 ② 반자동식 커피머신
③ 수동식 커피머신 ④ 자동식 커피머신

54. 로스팅은 열전달 현상에 의한 것으로 생두를 가열시 열이 전해지는 종류가 아닌 것은?

① 전도 ② 복사
③ 대류 ④ 적외선

55. 배수 받침대이며 기계에서 떨어지는 물을 배수로 보내는 역할을 하는 곳은?

① 드립 트레이 ② 그룹헤드
③ 필터홀더 ④ 스팀노즐

56. 에스프레소 머신의 사용기물에서 우유 거품을 내기 위해 스팀을 하는 도구는?

① 탬퍼 ② 노크 박스
③ 스팀피처 ④ 그라인더 브러쉬

57. 리브가 높고 조밀하며 회오리 모양으로 휘어져 있고 투출식 방식으로 이뤄진 드리퍼는?

① 융 ② 멜리타

③ 하리오　　④ 고노

58. 페이퍼 필터의 설명으로 맞지 않는 것은?

① 페이퍼 필터는 사이즈가 맞는 것을 선택한다.
② 페이퍼 필터는 펄프냄새가 커피에 섞일 경우가 있다.
③ 융의 경우는 따로 페이퍼 필터가 필요 없다.
④ 페이퍼 필터는 기름성분을 흡수하지 못한다.

59. 로드로 올라간 물이 커피가루의 2배가 되면 커피성분을 고르게 추출하기 위해 스틱으로 잘 저어주는 작업을 무엇이라 하는가?

① 교반　　② 교류
③ 교정　　④ 교착

60. 달임법의 일종으로 주로 터키에서 행해지는 추출방식은?

① 모카 포트 추출방식　　② 사이폰 추출방식
③ 프랜치 프레스 추출방식　　④ 이브릭 추출방식

정답

01	②	02	③	03	①	04	②	05	③	06	④	07	③	08	③
09	③	10	②	11	①	12	①	13	①	14	①	15	②	16	④
17	④	18	③	19	④	20	②	21	③	22	①	23	②	24	③
25	④	26	②	27	①	28	③	29	①	30	④	31	④	32	①
33	②	34	③	35	④	36	①	37	④	38	②	39	③	40	④
41	②	42	②	43	②	44	③	45	④	46	④	47	③	48	④
49	③	50	④	51	②	52	③	53	③	54	④	55	①	56	③
57	③	58	④	59	①	60	④								

모의고사 3회

01. 커피에 대한 기록을 우리나라에서 최초로 소개한 유길준의 저서는?

① 이향견문록 ② 동방견문록
③ 서유견문록 ④ 견문록등서

02. 우리나라 최초로 커피를 마신 사람은?

① 유길준 ② 고종황제
③ 손탁 ④ 김종화

03. 커피에 대한 설명으로 틀린 것은?

① 이슬람 수도승들의 수양 중 잠을 쫓는 것으로 사용되었다.
② 원기회복의 식품으로 인식되었다.
③ 유럽 최초 커피 하우스는 1945년 이탈리아 나폴리에서 문을 열었다.
④ 11세기경 에티오피아에서 홍해를 건너 예멘으로 이식되고 대량 경작되었다.

04. 영국의 커피 전파에 대한 설명으로 틀린 것은?

① 1637년 터키 유학생에 의해 들어왔다.
② 1688년 로이즈 커피하우스는 세계적인 로이드 보험회사로 발전하였다.
③ 1730년 자메이카에서 커피 재배에 성공하여 블루 마운틴 재배의 시작을 알렸다.
④ 18세기 초 홍차 소비 촉진을 위해 홍차 장려 정책을 펼쳤다.

05. 커피재배 지역들은 하나의 띠를 형성하고 있다. 이들 지역을 무엇이라고 하는가?

① 커피그린존 ② 커피벨트
③ 커피그린벨트 ④ 커피에리어

06. 아라비카의 원산지는 어디인가?

① 브라질 ② 예멘

③ 에티오피아　　　④ 케냐

07. 쓴맛 성분으로 하급품일수록 함유량이 많은 것은 무엇인가?

① 올레산　　　② 탄닌
③ 스테아르산　　　④ 리놀산

08. 로스팅의 기본적인 3단계 과정에 속하지 않은 것은?

① 건조　　　② 열분해
③ 냉각　　　④ 산패

09. 전세계 산출량의 70%를 차지하는 커피 품종은?

① 로부스타　　　② 리베리카
③ 엑셀사　　　④ 아라비카

10. 커피의 원산지로 아프리카 최대의 커피 생산국은?

① 에티오피아　　　② 예멘
③ 탄자니아　　　④ 인도

11. 블루 마운틴의 특징으로 틀린 것은?

① 신맛이 강하여 블랜딩을 하면 조화로운 맛과 향이 생긴다.
② 연질의 원두로서 열의 흡수와 통과가 용이하다.
③ 블루 마운틴의 적절한 로스팅 포인트는 중배전이다.
④ 커피콩이 크고 매끈하게 생겼으며 색상이 선명하다.

12. 다음은 무엇에 대한 설명인가?

> 기계에 달린 수십 개의 봉들이 커피나무에 진동을 주어 나뭇가지를 털어주면 체리가 떨어져 기계와 컨테이너가 연결된 관을 타고 내려가 컨테이너에 담기는 방식이다.

① 핸드 피킹(Hand picking)
② 셀렉티브 피킹(Selective picking)
③ 스트리핑(Stripping)

④ 매커니컬 피킹(Mechanical picking)

13. 분리 - 펄핑 - 점액질 제거 - 세척 - 건조의 과정의 거치는 정제법은?

① 건식법　② 습식법
③ 세미 워시드　④ 펄프드 내추럴

14. 다음은 무엇을 설명하고 있는 것인가?

- 외피가 제거된 커피 열매와 효소를 함께 물속에 담가 자주 저어준다.
- 펄핑이 완료된 열매를 습도 11% 수준까지 건조한다.
- 불량이나 이물질 혼입율이 매우 적어 커피 열매 과육에 영향이 적어 맛이 깨끗하다.

① 세미 워시드 프로세스(Semi Washed Process)
② 워시드 프로세스(Washed Process)
③ 드라이 프로세스(Dry Process)
④ 로스트 프로세스(Roast Process)

15. 커피의 산패과정 중 로스팅 후 커피의 휘발성분이 탄산가스와 함께 증발되는 단계는?

① 1단계　② 2단계
③ 3단계　④ 4단계

16. 그라인더 분쇄입자 조절레버의 숫자가 작아지면 입자가 어떻게 되는가?

① 가늘어진다.　② 굵어진다.
③ 거칠어진다.　④ 고와진다.

17. 분쇄입자의 크기를 나타내는 단위를 무엇이라 하는가?

① cm　② kg
③ mesh　④ gal

18. 반열풍식 로스터방식의 특징으로 맞지 않는 것은?

① 커피의 개성이 강하다.
② 직화식 로스터의 변형이다.

③ 화력, 시간에 따라 맛의 변수가 많다.
④ 직화식에 비해 균일한 로스팅이 가능하다.

19. **다크 로스트에 대한 설명으로 틀린 것은?**

① 원두의 색은 엷은 황갈색이다.
② 원두에서 나온 기름이 막 표면을 가열하기 시작했을 때이다.
③ 신맛과 쓴맛이 완벽한 조화를 이루는 커피에 적합하다.
④ 농도가 진하고 색이 깊으며 풍부한 풍미를 가진 커피를 만든다.

20. **커피 추출방식에서 침지식 방식으로 맞지 않는 것은?**

① 우려내기(steeping)
② 달이기(Decoction)
③ 삼출(Percolation)
④ 가압 추출(Pressurized infusion)

21. **로스팅 후 2주 경과된 상태로 맞지 않는 것은?**

① 크레마의 지속력이 짧다.
② 특유의 톡 쏘는 향미와 껄끄러운 뒷맛이 있다.
③ 드립 추출시 부풀기가 적당히 이뤄지지 않는다.
④ 커피 향미가 약하다.

22. **하부 용기의 물을 가열하여 발생되는 증기압에 의해 상부로 물이 올라가면 커피 가루와 섞어준 후 증기압을 제거하여 내리는 방식은?**

① 우려내기(steeping) ② 달이기(Decoction)
③ 삼출(Percolation) ④ 진공 여과(Vacuum filtration)

23. **에스프레소(Espresso) 분쇄시 평균 입도는?**

① 0.01~0.3mm 이하 ② 0.3~0.5mm 이하
③ 0.5~0.7mm 이하 ④ 07~0.9mm 이하

24. 밀크스팀을 이용하여 우유거품을 형성할 때 우유의 가장 중요한 성분은 무엇인가?

① 지방 ② 단백질

③ 칼슘 ④ 비타민

25. 신선도 유지의 결정적인 조건으로 알맞지 않은 것은?

① 로스팅 된지 일주일 이내의 커피를 원두상태로 구입한다.

② 커피원두를 개봉상태로 밝고 따뜻한 곳에서 냉동 보관한다.

③ 커피를 추출하기 직전에 적정량의 원두만을 분쇄하여 사용한다.

④ 산패에는 빛, 습도, 온도가 치명적이다.

26. 다음 ( ) 안에 들어가는 알맞은 것은?

> 갓 볶은 원두는 이산화탄소가 많이 포함되어 있어 산패의 진행을 지연시킬 수 있으나 맛에 부적절한 영향을 주며, 볶은 지 오랜 시간이 지나 이산화탄소가 다 배출되어진 후에는 시간이 지날수록 산화되어 향미를 잃게 된다. 일반적으로 ( )일 정도의 시간이 지난 후에 이산화탄소가 어느 정도 배출되어지고 산소가 투입되어 화학적 반응이 일어나는데 이때, 커피의 향미를 최고조로 형성한다.

① 1~2일 ② 3~4일

③ 1주일 ④ 10일

27. 커피를 삼키고 난 후에 입 안에서 느껴지는 감도를 나타내는 말은?

① 아로마(Aroma) ② 후레버(Flavor)

③ 바디(Body) ④ 후미(aftertaste)

28. 생두의 가운데 나 있는 홈 부분의 명칭을 무엇이라고 하는가?

① 내과피(Parchment) ② 은피(Silver skin)

③ 과육(Pulp) ④ 센터 컷(Center cut)

29. 생두 자체의 냄새성분으로, 휘발성이 강해 약하게 로스팅 되었을 때 향이 강하며, 신선한 커피에서만 느낄 수 있는 향은?

① 캐러멜 향(Caramelly) ② 향미(Flavor)

③ 과일향(Fruity) ④ 초콜릿 향(Chocolaty)

30. 다음 중 결점두가 생기는 원인으로 알맞지 않은 것은?

① 로스팅 ② 재배
③ 보관 ④ 수확

31. 터키식 커피를 우려내는 추출방식은 무엇인가?

① 모카포트 ② 사이폰
③ 퍼컬레이터 ④ 이브릭

32. 펄프속에서 생두를 감싸고 있는 단단한 껍질 부분의 명칭을 무엇이라고 하는가?

① 내과피(Parchment) ② 은피(Silver skin)
③ 과육(Pulp) ④ 센터 컷(Center cut)

33. 스팀밀크와 소스를 이용해 커피 표면에 그림을 그려 볼거리를 제공하는 것을 무엇이라 하는가?

① 라떼아트(Latte Art)
② 라떼 마키아또(Latte Macchiato)
③ 마키아또(Macchiato)
④ 모카(Mocha)

34. 디카페인 커피의 공정 중 탄소필터를 사용하는 방식은?

① Traditional Process ② Swiss Water Process
③ CO_2 Water Process ④ Wet Process

35. 커피의 산도, 즉 신맛을 나타내는 것으로서 커피 맛에 있어서 중요한 요소는?

① 아인슈패너(Einspanner) ② 야우제(Jause)
③ 어시더티(Acidity) ④ 스칼렛 골드(Scarlett Gold)

36. 커피 빈을 감싸고 있는 속껍질을 무엇이라고 하는가?

① 탬퍼(Tamper) ② 탬핑(Tamping)
③ 파치먼트(Parchment) ④ 페이퍼필터(Paper Filter)

37. 일반적으로 가정에서 비싼 그라인더를 대신해 사용할 수 있는 기구는?

① 토핑(Toping)
② 페이퍼필터(Paper Filter)
③ 휘핑(Whipping)
④ 핸드밀(Handmill)

38. 커피의 로스팅 시 일어나는 물리적 현상으로 옳지 않은 것은?

① 수분이 증발하고 내부 조직이 팽창되면서 1차 크랙이 발생한다.
② 1차 크랙 발생 후 2차 크랙 발생한다.
③ 온도의 상승으로 원두의 은피가 분리된다.
④ 밀도는 줄어드나 원두의 크기에는 변화가 없다.

39. 다음 중 에스프레소 추출속도에 영향을 미치는 요인이 아닌 것은?

① 분쇄된 원두의 입자정도 ② 탬핑의 세기
③ 분쇄된 원두의 양 ④ 물의 양

40. 배전정도에 따라 비례적으로 감소하는 성분은?

① 클로로겐산 ② 카페인
③ 팔미트산 ④ 리놀산

41. 뜨거운 물로 추출된 커피에서 나오는 증기 상태의 향기를 무엇이라 하는가?

① Dry Aroma ② Cup Aroma
③ Nose ④ Aftertaste

42. 정상적이지 않은 생두나 이물질이 섞인 생두를 무엇이라고 하는가?

① 결점두 ② 원두
③ 대두 ④ 잠두

43. 커핑 시 후각평가 항목이 아닌 것은?

① 원두의 향 ② 분쇄 커피의 향
③ 입속에 퍼지는 커피 향 ④ 바디감

44. 에스프레소(Espresso)의 특징으로 알맞지 않은 것은?

① 드립 커피(여과지에 내리는 커피)보다 농도가 짙다는 것

② 같은 부피를 놓고 비교해 봤을 때 드립 커피보다 일정 부피 안에 용해된 고형체의 양이 많다.

③ 카페인의 함유량이 많다.

④ 에스프레소용 커피는 주로 보통 내려먹는 커피보다 강하게 볶은 커피를 쓴다.

45. 에스프레소 추출시 알맞은 온도는?

① 70±5℃ ② 80±5℃

③ 90±5℃ ④ 100±5℃

46. 크레마(Crema)에 대한 설명으로 틀린 것은?

① 에스프레소 커피 상부의 황금빛을 띠는 거품이다.

② 에스프레소를 추출하는데 있어 가장 중요한 요소이다.

③ 에스프레소의 품질을 시각적으로 판단할 수 있는 기준이기도 하다.

④ 크레마는 처음 추출될 때는 엷은 갈색이었다가 시간이 지나면서 점점 짙은 갈색으로 변한다.

47. 크레마의 중요성에 대한 설명으로 틀린 것은?

① 크레마가 매우 적거나 없는 에스프레소는 거의 대부분 품질이 좋지 않다.

② 크레마는 단열층의 역할을 하여 커피가 빨리 식는 것을 도와준다.

③ 커피의 향을 함유하고 있는 지방 성분을 많이 지니고 있어 보다 풍부하고 강한 커피향을 느낄 수 있게 해준다.

④ 그 자체가 부드럽고 상쾌한 맛을 지니고 있어 에스프레소에 있어서 매우 중요하다.

48. 에스프레소의 추출과정에서 우유 온도가 몇 ℃가 되면 스팀을 잠가야 하는가?

① 70℃ ② 80℃

③ 90℃ ④ 100℃

49. 우유의 전용 피쳐(Pitcher)로 알맞은 재질은?

① 스테인레스 스틸 ② 도자기

③ 유리 ④ 나무

50. 머신기에서 뜨거운 스팀이 나오는 곳을 무엇이라고 하는가?

① 스팀레벨 ② 스팀완드
③ 스팀노즐 ④ 우유저그

51. 핸드프레소(Handpresso)가 사용하는 에스프레소 머신 방식은?

① 증기압식 ② 피스톤식
③ 펌프식 ④ 공기압식

52. 샤워스크린의 최소 교체주기로 적당한 것은?

① 1~2개월 ② 3~6개월
③ 6개월~1년 ④ 1년~2년

53. 커피 추출시 압력이 밖으로 새는 것을 막아주는 것은?

① 스팀노즐 ② 드립 트레이
③ 그룹 개스킷 ④ 그룹헤드

54. 에스프레소 머신의 사용기물에서 에스프레소 추출용 글라스는?

① 계량스푼 ② 샷 글라스
③ 휘핑기 ④ 온도계

55. 커피 추출법인 핸드드립에 대한 설명으로 틀린 것은?

① 주전자에 담는 물의 양은 물이 식는 것을 감안하여 180cc 보다 많아야 한다.
② 커피의 온도는 94~96℃가 적당하다.
③ 드립시 물 흐름이 가늘게 형성되어야하기 때문에 드립 전용 주전자를 사용해야 한다.
④ 분쇄입자 크기는 전동 분쇄기로 3~4초 동안 분쇄한 정도가 좋다.

56. 다음 드립퍼에 대한 설명이 틀린 것은?

① 고노 드리퍼는 '점드립'이라고 하는 드립법을 사용한다.

② 융 드리퍼는 페이퍼에 비해 섬유질이 좁아 커피 오일이 적게 투과된다.
③ 칼리타 드리퍼는 어느 로스팅에나 편안하게 추출할 수 있다.
④ 멜리타 드리퍼는 드리퍼 고안자의 이름을 따서 붙였으며 역 사다리꼴 형태를 띄고 있다.

57. 로스팅 단계 중 마일드 미디엄에 해당하는 배전도는?

① 약배전 ② 약강배전
③ 중배전 ④ 중강배전

58. 침지방식의 추출방법이 아닌 것은?

① 가압추출 ② 삼출
③ 우려내기 ④ 달이기

59. 사이폰 추출방법에서 플라스크에 원하는 양만큼의 물을 붓고 겉면의 물기를 닦아주는 이유는?

① 지저분해 보여서
② 열효율을 높이기 위해서
③ 유리 파손의 원인이 되기 때문에
④ 잘 보이게 하기 위해서

60. 사이폰 추출시 필요한 도구가 아닌 것은?

① 로드 받침대 ② 상부포트
③ 하부 플라스크 ④ 필터펜넬

정답

01	③	02	②	03	③	04	④	05	②	06	③	07	②	08	④
09	④	10	①	11	①	12	④	13	②	14	②	15	①	16	①
17	③	18	①	19	①	20	④	21	②	22	④	23	①	24	②
25	②	26	②	27	④	28	④	29	③	30	①	31	④	32	①
33	①	34	②	35	③	36	③	37	④	38	④	39	④	40	①
41	②	42	①	43	④	44	③	45	③	46	④	47	②	48	①
49	①	50	③	51	④	52	②	53	③	54	②	55	②	56	②
57	②	58	①	59	③	60	④								

[한국외식음료연구회 집필진 약력]

박 한
세종대학교 대학원 호텔관광경영학과 박사
호텔리츠칼튼서울 식음료부 교육담당 트레이너
밀레니엄서울힐튼호텔 식음료부
세종대학교 산업대학원 호텔관광외식경영학과 교수
한국외식음료협회 회장

김아영
더 리버사이드호텔 수석바리스타(어시스턴트 매니저)
(주)한솔요리학원 커피바리스타 과정 전임강사

임지은
동해 보양온천 컨벤션호텔 마케팅팀장
중원대학교 항공서비스학과 부교수

이혁준
현대그린푸드 천안점장
국립교통대학교 항공서비스학과 외래교수

김 용
모캄보커피아카데미 원장
호산대학교 호텔외식조리과 겸임교수

김임경
한국관광공사 강원지사 전문위원
프리미엄 한식전문 케이터링 전통상차림 수수 대표

다이앤 정
IHTS호스피탈리티 교육연구원 부원장
JM 제이드 커피하우스 부점장

이지연
서울연희실용전문학교 호텔조리식음료계열 교수
한국외식음료협회 커피칵테일위원회 부위원장

이숙자
플랫빈카페 대표
양주바리스타학원 원장

송기현
경기대학교 관광경영학과 박사
서울신학대학교 관광경영학과 조교수

우영민
서울신학대학교 관광경영학과 외래교수
유원대학교 교양융합학부 외래교수

NCS 기반의 자격취득 기본서 **커피바리스타**

저자 한국외식음료연구회 편저 **발행인** 임영철 **발행처** 도서출판 신화전산기획 **등록번호** 301-2010-034
주소 서울시 중랑구 신내역로 111, 신내SKV1 B동 226호
전화 02-833-5145~6 **팩스** 02-848-2498 **홈페이지** shmnb.com
초판발행 2014년 9월 12일 **제 2판 10쇄** 2024년 5월 20일
ISBN 978-89-5534-176-8 93570 **정가** 23,000원